Karl-Markus Gauß

Die Jahreszeiten der Ewigkeit

Journal

Paul Zsolnay Verlag

Mit Unterstützung von Stadt und Land Salzburg

1. Auflage 2022
ISBN 978-3-552-07276-3

Satz: Nadine Clemens, München
Autorenfoto: © Marco Riebler
Umschlag: Anzinger und Rasp, München
Foto: © plainpicture / Narratives / Emma Lee
Druck und Bindung: CPI books GmbH, Leck
Printed in Germany

MIX
Papier aus verantwortungsvollen Quellen
FSC® C083411

Ich protestiere gegen dumme Witzbolde
und Leser mit schlechten Absichten.

LA BRUYÈRE

I

Die Mehrheit der Minderheiten

Ich verließ meine Wohnung, ohne überlegt zu haben, ob ich mich vor dem Haustor nach rechts in Richtung Altstadt oder nach links in das vorstädtische Viertel meiner Kindheit begeben sollte. Seit ich das Alter erreicht hatte, in dem ich mich nur mehr selten zu einem bestimmten Termin an einem vereinbarten Ort einfinden musste, überließ ich die Entscheidung immer häufiger den Füßen, die am besten wussten, wohin ich wollte. Es war der Tag im Mai, an dem ich sechzig wurde, als sie mich binnen einer halben Stunde zu dem Schulweg brachten, auf den ich 54 Jahre vorher zum ersten Mal eingebogen war. Er hatte an einem Garten vorbeigeführt, in dem ein wütender Hund tagaus, tagein den Zaun entlangraste, vorbei am Haus des Kriegsversehrten mit dem Holzbein, der in seinem Schmerz, ich weiß nicht, ob über den verlorenen Krieg oder das fehlende Bein, manchmal einen tierischen Schrei hören ließ, vorbei am Brennnesselmeer, das dunkelgrün über die aufgelassene Barackensiedlung flutete und durch das zu waten eine von den Freunden erzwungene Mutprobe war, und vorbei an der Kohlenhandlung, in deren Hof die Kinder der armen Leute auf der schwarzen Erde Fußball spielten, bis sie am Abend, wie wir damals sagten, schwarz wie die Neger geworden waren. Heute war kein Köter zu sehen, die Knochen des Invaliden moderten seit einem halben Jahrhundert in einem Grab, das vermutlich von niemandem mehr besucht wurde oder gar aufgelassen worden war, das Areal der Kohlenhandlung war mit Einfamilienhäusern überbaut worden, die wilden Kinder waren auseinandergestoben und mussten bald das Pensionsalter erreicht haben. Dieser Weg voller Gefahren und Verlockungen war unsere Odyssee gewesen, die Ausfahrt ins Abenteuer, von der wir nur über kühne Umwege heimfinden wollten.

Die Aiglhof-Siedlung, die den Namen des alten Bauerngutes trägt, auf dessen Gelände sie am Beginn des Zweiten Weltkriegs ursprünglich für Aussiedler aus Südtirol, die so genannten Optanten, errichtet wurde, lag betäubt in ihrer vormittäglichen Verlassenheit. In meiner Erinnerung waren immer viele Menschen auf den allesamt nach k. u. k. Generälen benannten Straßen und in ihren kleinen Gärten zu sehen gewesen, es war ein dauerndes Kommen und Gehen und Stehenbleiben und Disputieren vor den zweigeschoßigen Häusern, diese Geselligkeit aller Tage, die die Lebensform des Aiglhofes ausgemacht hatte. Nur wenige hinter dem Rollator trippelnde Alte kamen mir jetzt entgegen, die mich keines Blickes würdigten. Endlich sah ich doch ein junges Paar: eine bleiche, in ihrer Übermüdung wie ausgekargt wirkende Mutter, die von ihrem alleinerziehenden Fünfjährigen behutsam durch die Siedlung geführt wurde.

Zwei unserer jüngeren Freundinnen haben jetzt, ehe es zu spät für sie geworden wäre, doch noch Kinder bekommen. Ich freue mich für sie, nicht weil ich glaubte, dass es die Berufung der Frau wäre, Mutter zu werden; vielmehr weil ich erfahren habe, wie gut einem Kinder tun können. Mich haben die meinen von der schweren Krankheit des Zynismus, die mich an Leib und Seele zu zersetzen drohte, geheilt und vor dem selbst verschuldeten Untergang gerettet. Wer Kinder hat, kann es sich nicht gemütlich in seinem Weltverdruss einrichten und als Kollaborateur des Missglückenden darauf setzen, dass die Dinge ihn schon in der schlechten Meinung, die er von ihnen hat, bestätigen werden. Jeder weiß, dass man Kindern als Gutenachtgeschichte nicht erzählen darf, dass die Welt ungerecht sei, von gewissenlosen Schurken beherrscht werde, das Gute eine Niederlage nach der anderen erleide und wir alle dereinst zu Staub zerfallen werden.

Weil wir dazu neigen, eines Tages selbst zu glauben, was wir erzählen, werden wir endlich überzeugt sein, dass die schöneren Geschichten, die wir uns für sie haben einfallen lassen, die wahren sind. So werden die Kinder zu den Eltern ihrer Eltern, indem sie diese durch ihr schlichtes Hiersein neu erschaffen.

Die Zukunft im Gefrierschrank. Facebook und Google kündigen ihren hochqualifizierten Mitarbeiterinnen einen Zuschuss für den Fall an, dass sie ihre Eizellen einfrieren, ihre Zukunft im Gefrierschrank deponieren und ihren Firmen länger ihre ganze Arbeitskraft zuteil werden lassen. Nicht die Arbeitskraft soll gemäß den Bedürfnissen der Frauen verändert, sondern deren biologischer Lebensbogen den Anforderungen des Betriebs entsprechend ausgetrickst werden.

Was wir zu begreifen haben: Es ist leichter, die Natur des Menschen zu manipulieren, als die sozialen Verhältnisse zu verändern. Der ökonomische Verwertungszwang erweist sich als unveränderlich, er ist Naturgesetz ohne Natur. Was verändert werden kann, das ist die Natur selbst, und wenn wir etwas gelernt haben, dann dies: Was immer gemacht werden kann, das wird gemacht werden.

Dann lieber gar keine Kinder. Der berühmte Modeschöpfer mit dem weißen Zopf, ein Greis mit dem Antlitz einer durch Gerbung haltbar gemachten Jugend, begründet, was zu begründen es keinerlei moralische Verpflichtung gibt, warum er nämlich nie Kinder haben wollte: »Entweder sind sie besser als ich oder schwächer. Beides wäre furchtbar.« Den Narziss kränkt, wenn seine Kinder ihn an Ansehen, Können, Begabung übertreffen; aber es kränkte ihn ebenso, würde ausgerechnet aus den seinen nichts Außergewöhnliches werden. An dem Mann finde ich nichts zu tadeln, er weiß um seine Antriebskräfte und hat das Richtige getan.

Als ich die tangentiale Hauptstraße entlangschritt, in der meine Familie gewohnt hatte, passierte ich das Haus, in dessen erstem Stock H., vier Jahre älter als ich und mit einem meiner Brüder befreundet, aufgewachsen war. Das einzige Kind immerzu besorgter Eltern, einer mageren Frau mit leiser, litaneienhaft beschwörender Stimme und eines nahezu sprachlos aus dem Krieg heimgekehrten Beamten, war früh in einem besonderen Status anerkannt. Bereits als Jüngling hatte er sich den durch nichts mehr zu erschütternden Ruf erworben, grüblerisch in seinem Unglück verfangen zu sein. Er zog erst in mittlerem Alter in einen anderen Stadtteil, nach dem Tod seiner Eltern, zu denen er als Jugendlicher, wenn sie gemeinsam auf der Straße gingen, immer Abstand hielt und gesenkten Hauptes ein paar Meter vor oder hinter ihnen schlurfte, als gehörten die drei nicht zusammen. Manchmal läuft er mir in der Stadt über den Weg, sein Körper ist vom beständigen Unglück aufgeschwemmt und unförmig geworden, aber über dem schaukelnden Doppelkinn sitzt immer noch das Gesicht des traurigen Kindes. Ein Auserwählter der Verzweiflung, hängt er an seinem Unglück, als wäre dies das Meisterstück, das ihm gelungen ist und das von ihm bleiben wird.

Über die Vorzüge der Einkindfamilie doziert in dem witzigen Roman »Unendlichkeit. Die Geschichte eines Augenblicks« von Gabriel Josipovici die Hauptfigur, ein Mr. Pavone, an dessen geistiger Signatur sich die des Komponisten Giacinto Scelsi abzeichnet. Pavone alias Scelsi sagt da: »Jedes Kind sollte ein Einzelkind sein, es sollte, so wie in China, ein Gesetz geben, das es verbietet, mehr als ein Kind zu haben. All der seelische Schmerz, der der Menschheit zugefügt wurde, wurde ihr nicht von Vätern und Müttern zugefügt, sondern von Brüdern und Schwestern. Freud hat, besessen von Vater und Mutter, nie begriffen, welche Kraft den Geschwistern innewohnt.«

Das ist ein bemerkenswerter, fast möchte ich sagen, bemerkenswert italienischer Gedanke. Denn Italien ist ja der Staat, der auf einem Brudermord gründet, der Mythos des alten Rom ist der Mord von Romulus an Remus, der über die Mauer gesprungen war, die ihre Herrschaftsgebiete trennte. Umberto Saba grübelte über dieses Phänomen und sah in der italienischen Geschichte – gerade in der Ära Mussolinis, die er zurückgezogen in seinem Antiquariat in Triest überstand – den unheilvollen Hass der Geschwister aufeinander wirken. Nicht die Autorität, der Vater, die Herrschaft wird attackiert, sondern der Konkurrent um deren Liebe, Achtung, Benefizien. So gedeutet, hätten die Italiener grundsätzlich nicht das Zeug zu Revolutionären, weil sie, buhlend um die Gunst des Führers, nicht diesen, sondern immer nur einander beseitigen möchten, oder, wie Saba sagt: »Die Italiener wollen sich dem Vater hingeben und als Gegenleistung die Erlaubnis von ihm erhalten, die Brüder zu töten.«

Carl Djerassi, der mit dem Ruhm, der »Vater der Anti-Babypille« zu sein, aufrichtig gehadert hat, ist hochbetagt gestorben. Als ich zwei seiner im Alter verfassten literarischen Werke rezensierte, hat er mir, wohlorganisiert in diesen Sachen, binnen weniger Stunden auf digitalem Wege gedankt. Aus jedem seiner Dankessätze sprach jedoch die Bitte, bald noch viel mehr für ihn als unterschätzten Dichter zu tun und es zu meiner Herzensangelegenheit zu machen, für ihn und sein literarisches Schaffen zu fechten. Dieser Mann, der für vieles so begabt war und so vieles zuwege brachte, der Ehrendoktorate in aller Welt einsammelte, steinreich wurde und freigebig Künstlern den Aufenthalt auf seinem kalifornischen Landgut ermöglichte, litt furchtbar darunter, nicht etwa dass er den Nobelpreis für Medizin oder Chemie, sondern den für Literatur verpasste, der ihm als der einzig erstrebenswerte erschien. Er war ein hochprofessioneller Manager seines eigenen Ruhmes, aber der Ausnahmefall eines Narzissten, der wusste, dass er einer war, und der sich nicht scheute, das auszusprechen. Seine drängenden Appelle und Bitten, dass ich mich doch für ihn und sein Schaffen in die Schanze werfen möge, waren unverschämt, aber wie er diese Unverschämtheit selbst einräumte, das war nicht uncharmant.

Die Anti-Natalisten bilden eine philosophische Sekte, deren Lebens-, nein Anti-Lebenslehre David Benatar mit dogmatischer Folgerichtigkeit seiner Argumente formuliert. Durch nichts, schreibt er, sei es zu rechtfertigen, Geschöpfe in die Welt zu setzen, denen das Leben mehr Leid als Glück bescheren werde und die eines Tages, ohne ihre Zustimmung in die Welt geworfen, diese ohne ihre Zustimmung wieder werden verlassen müssen. Beides scheint mir nicht zusammenzupassen, denn wer sein Leben als das reine Unglück erfährt, wird den Tod nicht zu fürchten haben, sondern als das Tor verstehen, durch das es hinaus aus dem Gefängnis führt. Glück empfinden zu können – was viele Menschen für sich in Anspruch nehmen –, hält Benatar für eine biochemisch verursachte Selbsttäuschung, mit der die Evolution die Menschheit zu ihrem eigenen Nachteil ausgestattet hat, ist es doch das größte Unglück der Gattung, dass sie nicht schon längst ausgestorben ist. Daher sind sogar jene, die den Fluch, geboren zu sein, mit dem Glück aufgewogen sehen, vor ihrem Sterben ein Leben gehabt zu haben, in Wahrheit zu bedauern, selbst wenn sie verstockt an der Illusion ihres erbärmlichen Lebensglücks festhalten.

Auch den Konsequenzialisten ist die Kinderlosigkeit ein Gebot. Allerdings nicht weil sie den Menschen lieben und ihm das Leiden, leben und sterben zu müssen, ersparen wollen, sondern der Umwelt zuliebe, der sie den Menschen ersparen möchten, sodass sie am Ende gar keine Umwelt mehr wäre. Kann man dem Planeten Erde durch ein Leben ohne Auto jährlich 1,5 Tonnen CO_2 ersparen, wären es durch ein nicht gelebtes Leben, also die energetische Einsparung einer einzigen Existenz, gewaltige 8,4 Tonnen im Jahr. Konsequenzialistisch frage ich mich aber, warum wir durch Selbstabschaffung einem von den Menschen gesäuberten Planeten zu CO_2-freier Luft verhelfen sollten? Aus Respekt vor der Materie? Da halten andere Planeten, die nie von der Seuche Mensch befallen wurden, ganz andere Dinge aus. Der Merkur schert sich nicht darum, dass seine Temperatur zwischen 173 Grad minus und 473 Grad plus schwankt. Auf dem Planeten Wasp-18b sind Sauerstoff und Wasserstoff nicht einmal in Spurenelementen vorhanden, dafür das Giftigste des Giftigen, Kohlenstoff-Monoxid, in unvorstellbarer Konzentration. Und über den vor ein paar Jahren entdeckten Stern HD 189733 ziehen Stürme mit einer Geschwindigkeit von 7000 Kilometern in der Stunde. Die haben das alle ganz ohne Menschen hingekriegt, sodass man zu ihrem Schutz keine Vernichtungsphantasien der Gattung Mensch in die philosophische Tat umzusetzen braucht.

Über die Vernichtungsphantasien, deren intellektuelle Arabesken die Diskussion über Wert und Würde des Lebens, über Schuld und Schande der Menschheit begleiten, gerate ich nachts manchmal ins Grübeln. Denn ich bin zwar ein Kunstschläfer, der überall und fast zu jeder Tages- oder Nachtzeit einschlafen kann, aber alle drei, vier Monate gelingt es mir nicht, und darüber gerät mein Körper so aus dem Gleichgewicht oder meine Seele in solche Unruhe, dass ich gleich mehrere Tage keinen Schlaf mehr finde, nicht in der Nacht, wenn ich mein Herz heftiger klopfen höre, nicht tagsüber, wenn mich leichter Schwindel befällt. Ich stelle dann alles ein, was schädlich ist – das Rauchen, das Trinken von Kaffee oder Alkohol, das beständige Nachschauen, ob das Smartphone eine neue Nachricht für mich hat – und schalte mich auf körperlichen Sparmodus herunter. Es ist merkwürdig, dass ich in dieser Verfassung leichthin Dinge verfassen kann, an denen ich vorher trotz ausdauernden Bemühens gescheitert bin, aber irgendwann lasse ich auch das Schreiben und Denken sein, setze mich in den Lehnstuhl und warte darauf, dass ich nicht mehr bemerke, noch immer wach zu sein. Jetzt werde ich von der Schlaflosigkeit beherrscht, sie füllt mich völlig aus.

Dennoch habe ich mich nie der Gemeinde der Schlaflosen zugerechnet, jener Menschen, die an der Insomnia leiden und dies für eine Auszeichnung halten, weil es die Zugehörigkeit zu einem Stamm der Auserwählten bedeutet. Dieser schlaflosen Elite gehörten und gehören ganz verschieden geartete Menschen an, die paradoxerweise der nämliche Stolz auszeichnet, nämlich dass sie entweder aus Willensstärke mit sehr wenig Schlaf auskommen oder sie unbeabsichtigt gar keinen finden können: Leonardo da Vinci, Nikola Tesla und Ivo Andrić, Napoleon, Hitler, Thatcher, Barack Obama, es wird keine vernünftige Familienaufstellung daraus.

Und natürlich E. M. Cioran, der aus Rumänien stammende französische Aphoristiker, Philosoph, Essayist, der von seiner Schlaflosigkeit wie von einem erlesenen Wein sprach, in dem alle Bitternis seiner Existenz gekeltert war. Cioran verdient die Verehrung, die ihm für Bücher wie »Vom Nachteil, geboren zu sein« von abgeklärten Skeptikern und Genießern stilistischer Brillanz gezollt wird, jedenfalls: Immerhin hat er vor dem Zweiten Weltkrieg in hysterischen Tiraden nur die Vernichtung der Juden gefordert, während er danach, von seinem Antisemitismus bekehrt, die Menschheit selbst als Krebsgeschwür des Planeten erkannte, das es sich verdient habe, ausgemerzt zu werden. Wenn man mit seinen rassistischen Austilgungsphantasien gegen eine einzige oder ein paar Menschengruppen wütet, zieht man sich den Ruf eines Faschisten zu, mit dem sich in postfaschistischen Zeiten nicht gut renommieren lässt; gerät man hingegen in verzückte Raserei, wenn das Menschengeschlecht insgesamt als unwertes Material abgetan wird, dann adelt einen dies zum Denker, der sich nicht scheut, mutig an die dummen Tabus dummer Menschen zu rühren.

Im Radio hörte ich gestern einen berühmten Sohn über seinen verstorbenen Vater sagen: »Er wollte immer helfen, unterstützen und so weiter.« Niemals auf dieses Undsoweiter heruntergebracht zu werden, das ist einer der Wünsche, mit denen ich in mein siebentes Jahrzehnt gehe.

Als ich die Geburtstagsinspektion im Revier meiner Kindheit beendet hatte, kam ich auf dem Heimweg durch den benachbarten Stadtteil Maxglan bei dem geräumigen Haus vorbei, in dem ein Schriftsteller und Maler meines Alters gelebt hatte. Er war ein begabter Kerl und überheblicher Säufer, der seine Frau zuerst methodisch zur Alkoholikerin erzog und sie dann verließ. Nach ihrem Selbstmord ist er aus Salzburg verschwunden, wo er seine Kinder von Verwandten großziehen ließ. Er flüchtete sich ins Hinterland eines Meeres und gab periodisch in Interviews den erfolgreichen Künstler von Welt, während er an alle möglichen Institutionen Bettelbriefe schrieb, aus denen hervorging, dass er nahezu mittellos geworden war und große Entbehrung litt. Vor zwei Jahren ist er gestorben, nach langer Krankheit, die ihm, wie auf Fotos im Internet zu erkennen ist, grausam alles Fleisch von den Knochen geschabt hat.

Ich suchte damals jemanden für meine Zeitschrift, der einen Nachruf auf ihn verfassen wollte, aber ich fand niemanden. Seine Freunde und Freundinnen von früher, geradezu betreten von meiner Anfrage, sagten alle ab, selbst wenn sie mit ihm einst um die Häuser gezogen sind oder im Bett gelegen waren. Alle, die ich auf ihn ansprach, machten abweisende Miene, nicht einmal reden mochten sie über ihn, und wenn ich ihnen doch etwas entlockte, murrten sie nur: Was für ein rücksichtsloser Mensch!

Alles hat er für seinen Traum vom freien Künstlerleben gegeben, aufgegeben, seine Familie, Freunde, bürgerliche Existenz, und als er tot war, zeigte sich tatsächlich niemand bereit, ihm ein gutes Wort nachzurufen. Keinen Einzigen fand ich, dem etwas eingefallen wäre, das sich zur Rechtfertigung dieses Mannes hätte anführen lassen, der in seinen jungen Jahren als Originalgenie durch unsere kleine Stadt ging, für seinen hochmütigen Witz, seine Begabung und seine von Anbeginn wie unanfechtbare Selbstsicherheit bewundert wurde und noch keine sechzig war, als er nahezu vergessen und völlig unbeklagt starb.

Kraftvoll trauern. Zwei Stunden nachdem ihr Mann, der Schauspieler Robin Williams, Selbstmord verübt hat, verlautbart seine eben zur Witwe gewordene Frau über Twitter: »Mein Herz ist gebrochen.« Bewundernswert, welche Kräfte Menschen mit gebrochenen Herzen mobilisieren können, während die Leiber ihrer lieben Verstorbenen noch nicht einmal Zeit hatten zu erkalten.

Hingegen dies. Ein Hochwasser hat einen Landstrich in Norwegen überflutet. Im Fernsehen sieht man ein Dorf, vom Helikopter aus aufgenommen, das unter Wasser steht, einzelne Häuser sind eingestürzt oder fast vollständig mitgerissen worden. Ausgerechnet der Friedhof, der an einem kleinen Hügel angelegt wurde, ragt wie eine Insel des Lebens aus dem aufgewühlten Meer.

Ein kerniger Mann im Gewand des Landarbeiters, der als Bürgermeister vorgestellt wird, tritt vor die Kamera. Und sagt in der Stunde des Unglücks: »Wir haben großes Glück gehabt, dass das Wasser nicht weiter gestiegen und der Friedhof unversehrt geblieben ist. Häuser können wir wieder aufbauen.«

Vom Glück. Nimmt man sich die einschlägigen Ratgeber, therapeutischen Anweisungen, esoterischen Verheißungen vor, die heute Propaganda für das Glück machen, erkennt man bald, dass es darin meist gar nicht um Glück, sondern um Zufriedenheit geht. Um eine zuverlässig zu erreichende mittlere Betriebstemperatur der Maschine Mensch, die mit einer erneuerbaren, im eigenen Seelenkraftwerk hergestellten Energie ausgestattet wird. Gelehrt wird eine besondere Technik der Selbstregulierung, die vor extremen Stimmungen schützt und dem fleißig Lernenden vermittelt, wie er mit sich, den anderen, dem Gegebenen auskommen könne, und dies ein ganzes zufriedenes Leben lang.

Dagegen spricht auch nichts, außer dass Glück etwas anderes ist, nämlich eine Lebensberufung, an der man nicht zweifeln und die man nicht vergessen, aber auch nicht mit dem stumpfen Behagen der Zufriedenheit verwechseln darf. Ich möchte nicht gegen ein verweichlichtes Streben nach Zufriedenheit einen Heroismus des Glücks ausrufen, aber statt sich mit der Zufriedenheit zufriedenzugeben, gilt es doch, den Anspruch auf Glück selbst in glücklosen Zeiten aufrechtzuerhalten. Die Zufriedenheit verspricht, dass einer mit sich keine Scherereien haben und mit den anderen zu einem erträglichen Ausgleich finden werde, sie ist also eine fast schon staatsbürgerliche Art von Wohlbefinden. Das Glück hingegen ist kein solches Beruhigungsmittel, sondern... Sondern.

Das Glück hat eine dürre nervige Cousine, den Spaß, und einen behäbigen selbstgefälligen Vetter, die Zufriedenheit.

Das gute Leben. Wie man es auch theoretisch entwerfen mag, es hat zwei Vorbedingungen, ohne die es praktisch nicht gelingen wird: sinnvolle Tätigkeit und freie Zeit – also Arbeit und Muße.

Die verbesserte Welt. Ein emphatischer junger Ingenieur hält einen Vortrag über die glücklich roboterisierte Welt von morgen. Es wäre gewiss angenehm, wenn Roboter uns die schwere körperliche Arbeit abnähmen und dabei von anderen Robotern überwacht würden, die deren Fehler erkennen und korrigieren. Wie der Techniker redet und redet, gewinne ich den Eindruck, er träume von einer Welt ohne Menschen, weil erst sie eine Welt ohne Fehler wäre. Er spricht sich ins Delir, so grandiose Verbesserungen der verbesserten Roboter schweben ihm vor, in einer sich selbst verbessernden Welt; einer Welt ohne Tragik und Schmerz, denn dies waren ja Störungen, die den fehleranfälligen Menschen charakterisierten, gegen die ein Programm der permanenten Selbstkorrektur die Roboter immunisieren wird. Das menschliche Virus der Fehlbarkeit wird sich in der Welt der Roboter nicht mehr ausbreiten können.

Ja, die beiden würden sich gut verstehen, der namenlose Elektroniker der Weltverbesserung und der Hohepriester der Menschenabschaffung namens Benatar.

Bei einer Wanderung auf den Untersberg ist Georg Daxner ausgerutscht und über einen steilen Steig tödlich abgestürzt. Im Advent hatte er im Salzburger Volksgarten immer seine Zelte aufgestellt und Zirkusgruppen aus aller Welt zu einem Festival eingeladen. Ich erinnere mich, wie ich ihn das erste Mal sah. Es war vor einer Aufführung des Winterfests, als ich einen Mann in einem bunten, karierten Sakko erblickte, der über die Menge schaute, die ins Zelt strömte: interessiert, fast am Sprung, um ordnend einzugreifen, aber zugleich lässig, unaufgeregt, zuversichtlich. Als die Vorstellung zu Ende war, stand er wieder da, als wollte er mit eigenen Augen sehen, dass die Zuseher und Zuseherinnen den Zirkus beschwingt, nein verzaubert verließen.

Mit seinem Einfallsreichtum und seiner fürsorglichen Aufmerksamkeit ist er mir bald als Ideal des Impresarios erschienen. Zwei, drei Mal im Jahr kreuzten sich unsere Wege, und Georg berichtete mir dann mit sich überstürzender Begeisterung von seinen Plänen. Ich widersprach ihm selten, weil ich gegen seine Fähigkeit, sich und uns zu begeistern, nicht ankämpfen wollte.

Verzauberung ist ein Zustand, in dem wir für kurze Frist das Kind in uns wiederentdecken, diesem sein Recht einräumen und uns daran erinnern, dass zum Leben auch das Wunder gehört. Man kann nicht in permanenter Verzauberung existieren, aber bereit sein, sich jeden Augenblick bezaubern zu lassen, was über das ästhetische Empfinden unmittelbar zur Ethik des Alltags führt.

K. schickt mir ein Foto aus Berlin. Vor einer Baustelle haben Sponti ein Transparent aufgehängt: »Für die sofortige Abschaffung des Alltags.« Sie sehen den Alltag als lebensfeindlichen Ort der Pflichten und träumen vom ewigen Feiertag. Was für Kleingeister! Der Alltag ist es, der humanisiert, gefeiert, geliebt zu werden verdient, sonst wird nix draus: nichts aus dem Alltag, nichts aus dem Festtag. Nichts mit dem guten Leben.

Ein Popstar. Tausend Zeitungen haben ihn heute auf dem Titelblatt: den bärtigen Mann von dreißig Jahren mit dunkel schimmernden Augen, der in der einen Hand die Flagge des IS, in der anderen ein Maschinengewehr hält. Das Bild hat das Zeug zur Ikone, es ist der attraktive Che Guevara des Islamismus, den es zeigt. Hochmütig blickt er direkt in die Kamera und wirkt dabei doch entrückt. Er ist Mitglied einer Mörderbande, die verheerende Anschläge verübt und die Bewohner eines Dorfes massakriert hat. Für heute ist er, wonach sich nicht nur Jugendliche sehnen: weltberühmt. So machen die entsetzten und von dem Entsetzen begeisterten Medien Propaganda für den IS.

Vor einem Jahr hat der IS sein Kalifat ausgerufen. Den verfeindeten Geheimdiensten der befreundeten westlichen Staaten blieb das Offenkundige verborgen, dass sich vor ihren Augen eine bestens ausgerüstete militärische Bewegung bildete, die binnen weniger Monate riesige Gebiete erobern würde. Die Soldaten des IS jagen Millionen Menschen in die Flucht, sie haben Abertausende zu Tode gefoltert, auf dem Scheiterhaufen verbrannt, sie öffentlich geköpft, gesteinigt und zahllose Frauen versklavt. Seit Monaten sind bizarre Videos im Netz zu sehen, die die Schlächter selbst anfertigen, nicht allein um ihre Feinde in Angst und Schrecken zu versetzen, sondern auch um in aller Welt Kombattanten zu rekrutieren, die sich nicht trotz dieser Bilder, sondern wegen ihnen der Folterbande anschließen wollen.

Auch aus Österreich sind Jugendliche über die Türkei in den Irak und nach Syrien geschleust worden, die alles dafür gaben, sich endlich als Gotteskrieger austoben zu dürfen. Nach ein paar Monaten möchten die meisten wieder zurück. Was soll man mit ihnen anfangen, die sich blutbesudelt als doppelte Opfer sehen, zuerst Opfer der westlichen Gesellschaft, die ihnen den Respekt verweigert, dann Opfer des IS, der sie als Soldaten im Krieg einsetzen und nicht als Gäste begrüßen will, die ein Anrecht darauf haben, mit Sklavinnen versorgt zu werden.

Rundweg falsch ist es, ihnen zugutezuhalten, dass viele aus übersteigertem, fehlgeleitetem Gerechtigkeitsempfinden in den Krieg gezogen wären. Sie gaben das langweilige Leben zuhause auf, weil sie das Versprechen lockte, ungestraft foltern, vergewaltigen, töten zu dürfen. Der religiöse Fanatismus, zu dem sie, in Glaubensfragen zumeist völlig ahnungslos, über einen islamistischen Crashkurs fanden, ist die Schmierenkomödie, die sie sich dabei selber vorspielen, um das, was sie vorhaben, mit reinem Gewissen tun zu können. Nun haben sie erlebt, dass es zwar geil ist, zu foltern, zu vergewaltigen, zu töten, aber doch nicht so geil, womöglich im Gefecht zu sterben. Da überkam sie das Heimweh nach dem langweiligen Leben zuhause, wo man sich in manch ruhiger Stunde an die Abenteuer der Jugend wird erinnern können.

Der Kommunismus der Toten. Ich hege die Hoffnung, dass der Kommunismus wenigstens im Jenseits ohne seine irdischen Makel, Fehler, Verbrechen verwirklicht werde. Gehe ich über einen Friedhof, erfüllt es mich mit Wohlgefallen, wenn ich auf den Grabsteinen entziffere, dass hier Universitätsprofessoren und Hilfsarbeiter, Reiche und Arme, Bemerkte und Unbemerkte nebeneinander zu liegen gekommen sind. Unter der Erde versammeln sich lauter Ungleiche, doch Gleichgewordene, die einst unterschiedliche Überzeugungen gehegt haben und einander womöglich sogar in Feindschaft zugetan gewesen waren. Schlendere ich zwischen ihren Gräbern, fühle ich das versöhnliche Gefühl in mir wachsen: So verschieden sie im Leben waren, sind sie jetzt doch alle zu den verlorenen, verschwundenen Kindern derselben Erde geworden.

Ich muss aber akzeptieren, dass es in der globalisierten Welt überall Angehörige ethnischer, kultureller, religiöser Gruppen gibt, die nur in gründlich von allem Fremden gesäubertem Gelände bestattet werden möchten. Mir ist dieser Wunsch unverständlich, ich halte ihn für beschränkt, ja für menschenfeindlich über den Tod hinaus. Aber ich akzeptiere natürlich, dass Millionen Muslime, die in Europa leben, es als eines ihrer wichtigsten religiösen Anliegen erachten, dereinst nicht neben den Leichen der Ungläubigen oder Falschgläubigen zu liegen zu kommen. Wie ich auch anerkenne, dass viele Juden aus der nämlichen Vorstellung von Reinheit heraus als Tote unter sich bleiben möchten. Und dass auf dem schönsten Friedhof von Salzburg, dem der Benediktiner von St. Peter, nur die Gebeine getaufter Katholiken bestattet werden dürfen.

Der Wunsch, sich in der modernen Welt mit ihren fließenden Grenzen abzugrenzen, zu separieren, noch im Tode den Kreis der Seinen zu schließen, treibt seltsame Blüten. In Berlin ist der erste Friedhof für Lesbierinnen eröffnet worden, zwölf von ihnen, die noch unter den Irdischen weilen, haben darin bereits ein Bleiberecht für später erworben. Jede Kleinstadt braucht in Wahrheit nicht bloß einen kommunalen und drei oder sechs konfessionelle Friedhöfe, sie braucht Hunderte Friedhöfe, um den zahlreichen Minderheiten, die voneinander unterschieden zu werden begehren, gerecht zu werden: einen Friedhof nur für die Anhängerschaft eines bestimmten Fußballklubs, einen für die Freunde des lateinamerikanischen Turniertanzes, einen für Mitglieder der Selbsthilfegruppe Laktoseunverträglichkeit ... Ihr alle, die ihr im Leben mit Menschen auskommen musstet, die anders waren als ihr, könnt euch zuversichtlich ins Jenseits wenden: Wenigstens der Tod wird euch von denen absondern, die gleich euch gestorben sind.

Die Mehrheit besteht aus lauter gesellschaftlichen Minderheiten, das ist neu. Früher bestand die Mehrheit eben aus der Mehrheit, deren Mitglieder sich nicht dadurch definierten, dass sie sich mit ihren Eigenheiten, Überzeugungen, Hobbys, in ihrer Individualität von den anderen unterschieden. Heute aber fühlt sich ein jeder diversen Minderheiten zugehörig und daher mehrfach benachteiligt. Darum fordern wir alle Respekt für uns und die Weise, nach der wir leben möchten, wir fordern die Umgestaltung des öffentlichen Raumes, der Sprachregelungen, des Steuersystems, der Verwaltung gemäß spezifischen Eigenheiten, die wir als die unseren entdeckt haben.

Weil ich etliche Jahre an den Rändern Europas unterwegs war und Bücher über die kleinsten Nationalitäten und Sprachgruppen geschrieben habe, wurde ich manchmal als Minderheiten-Gauß apostrophiert, meist mit spöttischem Unterton. Anfangs war ich tatsächlich nahe daran zu glauben, die Angehörigen von Minderheiten hätten schon durch die bloße Tatsache, nicht zur Mehrheit zu gehören, dieser etwas voraus. Die Bewunderung, die ich für sie empfand, gleich ob ich ihnen auf dem litauischen Land an der Memel nachspürte oder sie in den großen Städten mitten in Europa entdeckte, ist mir mit der Zeit aber selbst verdächtig geworden. Die Romantisierung hat immer etwas Bemächtigendes, weil sie an den Anderen, den Fremden, den Menschen in seiner minoritären Situation nicht das Maß anlegt, das diesem angemessen ist, sondern jenes, dessen wir selbst bedürftig sind. Also müssen ausgerechnet die, die es aus historischen, politischen, sozialen, kulturellen Gründen schwerer haben als wir, nicht allein benachteiligt, sondern strafweise auch noch edler, mutiger, schlichtweg besser sein als wir. Es ist unverschämt, just Benachteiligten die Last aufzubürden, frei von dem berechnenden Egoismus wie der feigen Angepasstheit zu leben, die dem Normalidioten der Mehrheit durchaus heilig ist.

Mittlerweile gibt es jedoch längst nicht mehr nur die leidenden oder um ihre gerechten Anliegen kämpfenden Minderheiten, wir sind vielmehr eine Gesellschaft der Minderheiten geworden. Und wenn etwas den gesellschaftlichen Zusammenhalt bedroht, außer der Schweinerei, dass sich eine Minderheit von Profiteuren den Reichtum der Gesellschaft unter den Nagel reißt, dann ist es der Aufstand der hunderterlei Minderheiten.

Jeder von uns gehört mehreren an und bekommt es fortwährend mit Angehörigen anderer Minderheiten zu tun, die ihre Interessen vom Staat ebenfalls nicht hinreichend berücksichtigt und ihre Eigenheit von der Gesellschaft zu wenig gewürdigt sehen: die Anwohner des Flughafens, die sich gerichtlich gegen den Lärm wehren, die Reisenden der Billig-Airlines, die sich das Menschenrecht auf Direktflüge nach Antalya nicht nehmen lassen wollen, Nichtraucher, die das Rauchen auch in Räumlichkeiten verbieten möchten, die sie selbst nie aufsuchen, Raucher, die ihrem Laster überall frönen zu dürfen als Probe auf die Freiheit selbst verstehen, Eltern, die um die Gesundheit ihrer Kinder in Kindergarten und Schule bangen, und Eltern, die Impfungen gegen die hochansteckenden Masern oder andere Infektionen als Anschlag auf die körperliche Unversehrtheit ihrer Kinder verweigern ... Jeder hat recht, wenn er sein Recht einfordert, aber alle zusammen kämpfen sie trotzdem nicht für eine gerechte Gesellschaft, was immer das sei.

Die kulturellen Minderheiten überwiegen die sozialen inzwischen bei weitem, dabei war schon die Aufspaltung der sozialen Schichten, von denen es einst nicht sehr viele gegeben hat und die zudem relativ homogen waren, ein folgenreicher Akt der gesellschaftlichen Differenzierung. Und jetzt: Wohin man sieht, lauter Minderheiten! Welche Parteien könnten sie, ihrer aller Interessen verfechtend, noch zu einer neuen Mehrheit vereinen? Jene sicher nicht, die es sich zum Anliegen machen, wechselnden diskriminierten Gruppen ihre Unterstützung anzubieten. Denn die meisten Minderheiten schätzen die meisten Minderheiten nicht.

Selbstmordattentäter. Er tritt heute meist als frömmlerischer Djihadist auf, der möglichst viele Unbeteiligte in die Luft sprengt, darunter auch sich selbst als den einzigen nicht zufällig Beteiligten. Dennoch stellt er weniger ein religiöses als ein popkulturelles Phänomen dar, das ohne die digitalen Netzwerke niemals weltweite Popularität erlangen hätte können. In Wahrheit wollen die frommen Attentäter, die unpolitischen Massakrierer von der amerikanischen Highschool und der deutsche Copilot, der eine Maschine mit 140 Passagieren gegen den Fels steuerte, nämlich dasselbe: Rache nehmen für die Kränkung, die drei Minuten Berühmtheit, die jedem versprochen sind, nicht erlangt zu haben, und eine möglichst große Begleittruppe mit in den feigen Abgang reißen, denn allein zu sterben ist schwer.

Unser Gotteskrieger. Er sagt, er wolle ins Paradies. In Wahrheit will er nur nicht in Dinslaken bleiben.

Es war ein vom Hochnebel in Grau gehaltener Tag und im Friedhof St. Peter war es, mitten in der geschäftigen Stadt, mit einem Mal so still, dass ich den wütenden Schrei der Krähen hörte, die vor der silbernen Felswand, an die der Friedhof gebaut ist, ihre Kreise zogen. Dann sah ich die kleine Urlauber-Familie langsam durch den Friedhof schreiten, voran ein vitaler Mann um die sechzig, mit langen grauen Haarsträhnen, dann eine verblassend blonde Frau, in deren wallender Kleidung das Hippiemädchen von einst steckte, und endlich dieser zehnjährige pummelige Bub, das verträumte Kind seiner relativ alten Eltern. Er verschlang ein riesiges Sandwich, dessen Mayonnaise sich gelb in seinen Mundwinkeln sammelte, und stupste dabei mit der Schuhspitze mechanisch an die steinerne Einfassung des Grabes, vor dem er stehen geblieben war; der Vater hielt einen der Plastikbecher von Starbucks in der Hand, mit denen es Mode wurde, Kaffee in Biermengen zu saufen, und die Frau stapfte rauchend zwischen den Gräbern herum. Ich geriet in Zorn über die mampfende, schlürfende, paffende Achtlosigkeit der drei, obwohl ich natürlich wusste, dass er völlig unberechtigt in mir hochschoss.

Mein Geheimnis. Manchmal male ich mir aus, wie ich einen Gewalttäter, einen Brutalinski, einen ungehobelten Lackel in die Schranken weise. Zuerst fertige ich ihn mit höhnischen Worten ab und reize ihn mit verächtlichen Gesten, auf dass ich ihm, wenn er mich endlich attackieren möchte, blitzschnell zuvorkomme. Ich sage zu einem Mann mit Sakko und Krawatte, der sich am Marktstand vordrängt, dass er ein Neandertaler sei, der sich ins 21. Jahrhundert verirrt habe, und wenn er sich aufplustert, trete ich ihm lächelnd gegen das Schienbein, ramme ihm das Knie in den Unterleib, drehe ihn mit festem Griff am Ohr von mir weg und befördere ihn mit einem Tritt in die Gosse. Ich tue das aber nur, wenn es sich um Gewalttäter handelt. Gewalttäter in Taten oder mit Worten. Oder durch ihre Absichten, die sie vor mir nicht verbergen können. Es ist also die Notwehr der Zivilisation selbst, die mich zu ihrem Werkzeug erkoren hat.

Mein Feind. Bei einer Einladung saß ich abends einem Mann gegenüber, der mir beständig recht gab, buchstäblich bei allem, was ich sagte. Er nickte zustimmend, wenn ich etwas Belangloses von mir gegeben hatte, er bekräftigte mich, wenn ich auf fragwürdigen Behauptungen beharrte, und gab mir stets auf eine Weise recht, als wolle er sich dafür bedanken, dass ich etwas aussprach, was er selbst sich schon lange gedacht hatte. Wir tranken und prosteten einander zu, ich schwadronierte dahin, und er gab mir recht. Er stimmte mir gewissermaßen prinzipiell zu, was ich in eitler Verblendung erst nach einiger Zeit bemerkte. Dann fragte ich mich, ob er der geborene Haussklave war, der auch jedem anderen zugestimmt hätte, oder es speziell auf mich abgesehen hatte: als mein Feind, der mich durch beständigen Zuspruch demoralisieren wollte.

Störung der Totenruhe. Im Fernsehen ist ein spanischer Archäologe zu sehen, wie er ergriffen über das streicht, was vom Rückgrat eines vor 500 Jahren verstorbenen Menschen übrig geblieben ist und aus einem Grab in der Kirche der Trinitarierinnen in Madrid hervorgekratzt wurde. Die Knochen von beiläufig 15 Toten wurden hier gesichtet, gesichert und bewertet, um die eines einzigen zum vollständigen Gerippe ordnen zu können. Was da liegt, soll das Skelett von Cervantes sein, genau weiß man es nicht, weil keine Nachfahren von ihm mehr leben oder ausfindig zu machen wären, mit deren

Genen das in den Knochen aus der Kirche gespeicherte Erbgut verglichen werden könnte. Um schamlos die Knochen eines Mannes zu betrachten, der nicht geschrieben hat, damit wir selig vor seinem Knochenwerk erschauern, werkten etliche Archäologen monatelang und wurden 14 weitere Menschen der Totenruhe entrissen. Man wird ihn nicht mehr lesen, aber seine Knochen bestaunen. Triumph der Nachwelt: Sie bemächtigt sich des Wehrlosen, dem sie zu huldigen behauptet.

Die Wehrlosen. Auf dem Gate des Flughafens Wien wartete ich darauf, dass die Maschine nach L'viv aufgerufen wird. Mir gegenüber saß eine Dreißigjährige, die eingenickt war. Sie war auf der durchbeulten Bank mit dem Gesäß nach vorne gerutscht, sodass sie gleichsam ihre Scham und ihr Gesicht präsentierte, den Unterkiefer hinuntergeklappt, die obere Reihe der Zähne entblößt, die geschlossenen Augen himmel- oder gottwärts gerichtet wie eine Sterbende.

Der Schlafende ist im Besitz der äußersten Wehrlosigkeit. Man glaubt, selbst der Böswillige müsse vor dieser Wehrlosigkeit resignieren und sich abwenden. Aber es ist anders, denn er fühlt sich durch den Anblick des Schlafenden verlockt, ihn zu schänden. Und macht er ihm auch nicht den Garaus, indem er ihn erschlägt, und stiehlt er ihm auch nicht seine Habseligkeiten, verletzt er doch seine Integrität, indem er von ihm, der sich in diesem Augenblick nicht wehren kann, ein Foto schießt und es dem ewigen Archiv des Internet einspeist.

Flughafen und Tod. Am Flughafen, in dem Tausende entweder von einem Terminal zum anderen hasten oder in abgestumpfter Trägheit erstarrt sind, vermeine ich oft den Hauch des Todes zu verspüren. Nicht dass ich den Absturz, den Abflug in den Tod fürchtete. Eher hat es mit der Ortlosigkeit dieses Ortes zu tun, damit, dass wir hier keine Spur unserer Anwesenheit hinterlassen können, und dabei leben wir doch mit dem Anspruch, sichtbar zu werden, sichtbar zu bleiben.

Ob auf dem Flughafen viele Menschen sterben? Wie der König aller Schnellschreiber, Manuel Vázquez Montalbán, der über hundert Bücher und rund achttausend Zeitungsartikel veröffentlichte? Auf die Schnelle sind ihm dabei erstaunlich originelle, kluge und witzige Bücher gelungen, ehe ihn auf dem Flughafen Bangkok jener tödliche Herzinfarkt einholte, vor dem er, wie eine nahe Freundin und Internistin in einem Film über ihn sagte, seit Jahren auf der Flucht gewesen war. Ich habe vor langem zwei, drei seiner historischen Romane gelesen, die wohlrecherchiert, mit gedankenreichen Passagen versetzt und unterhaltsam sind, und auch einen der Kriminalromane, die ihn weltberühmt und reich machten: diese Serie um den Privatdetektiv Pepe Carvalho, der sich am liebsten in den Ramblas von Barcelona herumtreibt, sarkastisch die Ära der Transición, des Übergangs vom Frankismus zur Demokratie, kommentiert und nebenbei Mordfälle aufklärt, während er hauptsächlich damit beschäftigt ist, sich in Lokalen durch umfangreiche Menüs zu essen oder zuhause am Herd zu stehen und zu kochen.

Niemals hat ein Kommunist das gute Leben so konsequent mit dem Kulinarischen verbunden und Speisen wie Getränke mit solch liebevoller Hingabe beschrieben wie Vázquez Montalbán. Es sind exquisite Speisen, die Pepe Carvalho sucht, aber mehr noch die einfachen Gerichte der Region, die

Vázquez Montalbán rühmt, der einer katalanischen Kochkunst nachspürte, die gerade dabei war, verlorenzugehen. Die linke Bewegung hat sich früh aufgespaltet, schon Jahrhunderte ehe dieser Begriff erfunden wurde, und auf der einen Seite einen revolutionären Asketismus propagiert, auf der anderen ein besseres Leben für alle gefordert. Die einen wurden in ihrem revolutionären Streben vom Hass auf die Reichen beflügelt, die sündhaft prassen, die anderen verlangten mit Heinrich Heine Zuckererbsen für alle Menschenkinder. Vázquez Montalbán hat mit ausgeprägt sozialem Appetit verfochten, dass sich die Revolte nicht mit dem Verzicht, sondern dem Genuss verschwistere.

Der berühmte, von der österreichischen Justiz bis nahe an die Vernichtung seiner bürgerlichen Existenz verfolgte, stets von einer Schar ihm ergebener Gefolgsleute begleitete Tierrechtler Martin Balluch verkündet in einem Interview über den Wert des Essens: »Mir ist es wirklich egal, was ich esse, wenn es mir nur Energie liefert.« Wie er es sagt, scheint er, ein Saint-Just der Askese, stolz darauf zu sein, dass ihm Nahrungsaufnahme nur als Energiezufuhr etwas gilt und er alles, was nicht dazu dient, seine Maschine namens Körper am Laufen zu erhalten, als überflüssige Vergeudung sieht.

Es ist ein Verbrechen, dass es Tierfabriken gibt, in denen Tiere mit Hormonen und Antibiotika vollgestopft, in digital hochgerüstete Ställe und Legebatterien gepfercht werden. Es ist ein Verbrechen, dass die landwirtschaftlichen Flächen der Erde von einer oligarchischen Agrarindustrie in Besitz genommen werden, die die Böden vergiftet, die Kleinbauern in den Ruin treibt. Ach, es gibt Anlass genug, dass einem beim Essen der Appetit vergehe. Aber nach etlichen Tausend Jahren der Zivilisierung stolz darauf zu sein, dass einer alles fressen kann, wenn es ihm nur Energie liefert, ist ein Armutszeugnis sondergleichen. Da prahlt einer damit, dass ihm die Fülle des Lebens einzig dazu dient, ihr das Nützliche abzupressen.

Vielleicht wird in fünfzig, in 250 Jahren das Tier als Verwandter des Menschen geachtet werden, den zu töten und zu verzehren als barbarischer Akt gebannt ist wie heute der Kannibalismus. Aber mögen es nicht die Bußprediger der Askese sein, die uns diesen moralischen Fortschritt bescheren!

Eine spät bekehrte Vegetarierin berichtet im Fernsehen von ihrem Erweckungserlebnis. Sie habe mit einem Bekannten in einem teuren Restaurant zu Abend gegessen und sich auf einmal, zu ihrer eigenen Bestürzung, vor diesem schmatzenden, sich die Fleischstücke schwitzend in den Rachen stopfenden Mann so geekelt, dass sie wortlos aufstand und zur Toilette eilte, um sich zu erbrechen.

Sie ist eine unauffällige Mittvierzigerin, die erst, indem sie von der moralisch-vegetativen Revolte ihres Körpers erzählt, zur strahlenden Rachegöttin erwacht, fast dass Funken der Entrüstung aus ihren dunklen Augen schössen. Ich sehe, dass es sie jetzt noch schüttelt vor Ekel, und frage mich, was der Bekannte zu sagen haben würde, an dem sich so heftige Abscheu entzündete, dass es zum Umsturz einer Lebenshaltung ausreichte, ein Titan der Unappetitlichkeit, der seiner Begleiterin, von der er vielleicht hoffte, sie mit einem Festmahl für eine Liebesnacht gewogen zu stimmen, auf den empfindlichen Magen geschlagen ist. Es war der Ekel vor diesem bestimmten Menschen, der sie zur Vegetarierin werden ließ, der Respekt vor dem Tier im Allgemeinen kam erst später dazu und hätte alleine nicht ausgereicht. Konvertiten, die spät und aus Enttäuschung den Glauben wechseln, neigen zu Fanatismus, da lobe ich mir die frühberufene Vegetarierin, die ich schon von ihrem ersten Tag an kenne, sie hat mit elf Jahren beschlossen, der lieben Tiere wegen kein Fleisch mehr zu essen, und hält sich bis heute daran, da sie ihren fleischfressenden Gästen durchaus nicht bloß mit Gemüseplatten aufwartet.

Wenn ich niedergeschlagen bin und von den politischen Nachrichten genug habe, blättere ich in der *Neuen Zürcher Zeitung* zu den Todesanzeigen weiter, um zuverlässige Aufmunterung zu erfahren. Heute war einer Parte ein Gedicht von Ludwig Christoph Heinrich Hölty angefügt:

O *wunderschön ist Gottes Erde,*
und wert, darauf vergnügt zu sein;
drum will ich, bis ich Asche werde,
mich dieser schönen Erde freuen.

Nachdem ich das gelesen hatte, stieg ich im Wohnzimmer auf die Leiter, um im Regal mit den deutschen Klassikern nachzusehen, ob ich nicht einen Band Höltys hatte, und tatsächlich, da stand er ja, eine jener Ausgaben mit Goldprägung, die ich als Schüler und Student auf Flohmärkten kaufte, von denen ich mich auf zufällig gefundene Fährten setzen ließ und die bereits damals nicht viel kosteten. Heute bekommt man sie nahezu geschenkt, sie gelten als unverkäuflich, weil es immer weniger Menschen gibt, die sich für Literatur, zumal für die, die vor mehr als hundert Jahren geschrieben wurde, interessieren, und weil die Jüngeren die damalige Druckschrift gar nicht mehr lesen können. Ich blätterte ein wenig in dem Buch und stieß auf das Gedicht »Lebenspflichten«.

Ungewisser, kurzer Daur
Ist dies Erdenleben;
Und zur Freude, nicht zur Traur
Uns von Gott gegeben.

Der all dies so schlicht und schön schrieb, dass es nach 250 Jahren unmittelbar zu mir spricht, wurde selbst nur 28 Jahre alt. Er soll verunstaltet, abgrundtief hässlich, aber kindlich heiteren, weltfreundlichen Wesens gewesen sein. Lenau schrieb, als er von seinem Tod erfuhr: »Hölty! dein Freund, der Frühling, ist gekommen. Klagend irrt er im Haine, dich zu finden.« Herrlich, der Düsterste der Düsteren, Lenau, spricht vom Freund des Frühlings!

Vor Jahren ging ich in Wien über den Friedhof Hernals, um einmal vor dem Grab des Philosophen und Schriftstellers Günther Anders zu stehen. Meinem zweiten Journal, »Von nah, von fern. Ein Jahresbuch«, hatte ich 2003 eine Notiz von ihm als mein eigenes Credo vorangestellt, weil es, was mich selbst täglich an den Schreibtisch führt, in präziser Verknappung fasst: »Nicht deshalb bricht er auf, weil er ein Ziel vor Augen sieht, sondern weil er keines vor Augen sieht. Aber *um* eines zu sehen. Nicht deshalb greift er zur Feder, weil er eine Einsicht hat, sondern weil er keine hat. Aber *um* eine zu gewinnen.«

Statt seines Grabes, das ich auf dem ersten Rundgang nicht fand, entdeckte ich das eines Salzburger Landsmannes, um den es mehr Legenden als gesichertes Wissen gibt. Ob der 1850 verstorbene Dichter Ferdinand Sauter so abgehaust war, wie die Legende geht, und er seine Gedichte tatsächlich in den Wirtshäusern für ein paar Gläser Wein aus dem Stegreif schuf, ist fraglich, aber die Verse, die auf seinem Grabstein stehen, sind jedenfalls beste österreichische Literatur und universale Lebenskunst:

Viel genossen, viel gelitten,
Und das Glück lag in der Mitten;
Viel empfunden, nichts erworben,
Froh gelebt und leicht gestorben.
Frag nicht nach der Zahl der Jahre,
Kein Kalender ist die Bahre,
Und der Mensch im Leichentuch
Bleibt ein zugeklapptes Buch.
Deshalb, Wandrer, zieh doch weiter,
Denn Verwesung stimmt nicht heiter.

Es ist drei Uhr früh, und seitdem ich, gerade erst eingenickt, aus dem Schlaf auffuhr, spüre ich diese Beklemmung in der Brust. Ich gehe ins Bad und werfe zwei Aspirin C in das Glas Wasser. Mit leisem Zischen lösen sich die Tabletten auf, sie schaukeln von einer zur anderen Seite, als würden sie sich dagegen wehren, aufgelöst zu werden. Ich schaue in das Glas und denke mir im schmerzenden Neonlicht, das ist das Leben, das nicht aufgeben will, und das ist am Ende doch der Tod: die Auflösung. Dann trinke ich den Tod zum Zwecke des Überlebens in großen Schlucken.

Lazarus. Von allen Geschichten um das Leben Jesu beeindruckte mich als Kind keine so sehr wie die von Lazarus, der vier Tage tot ist und dessen in Tüchern gehüllte Leiche bereits zu stinken begonnen hat. Jesus aber sagt zu ihm: Steh auf und geh! Und Lazarus erhebt sich und tritt mit seinen Totenflecken wieder unter die Lebenden.

Das Herrliche ist, dass Lazarus nicht ins ewige Leben ein-,

sondern ins irdische zurückkehrt. Sein irdisches Leben, so schwer es war, möchte der Mensch noch einmal haben, nicht das jenseitige, ewige gewinnen.

Hat auch die Ewigkeit ihre Jahreszeiten? Der Opa war zwar gestorben und in die Ewigkeit eingegangen, aber ihm wurden nach seinem Tod noch Enkel geboren. Als Kind stellte ich mir vor, dass die Ewigkeit ihren Frühling, ihren Sommer, Herbst und Winter haben werde, auch sie würde, wie ich an allem Lebendigen beobachten konnte, wachsen und vergehen und in neuer Gestalt wiederkehren. Das kann nicht sein, wies mich der Bruder zurecht, denn die Ewigkeit, das ist eben die Endlosigkeit des Endlosen, sonst wäre sie ja nicht ewig. Sie gefiel mir nicht, diese Ewigkeit, die Zeit war mir lieber, und ich bin, so lange es nur ging (und weitergehen mag), ihr Anhänger geblieben, der sie gegen die Ewigkeit verteidigen will.

Ein Traum. Ich war nach Linz gefahren, um im Adalbert-Stifter-Haus vorzulesen. Ich nehme im Saal in der ersten Reihe Platz. Die Leiterin des Hauses tritt ans Podium und teilt den Besuchern mit, dass Karl-Markus Gauß leider ohne Angabe von Gründen nicht erschienen und telefonisch auch nicht zu erreichen sei. Gott sei Dank, setzt sie fort, habe sich Albin R. bereit erklärt, spontan für ihn einzuspringen und eine Anzahl seiner selbst komponierten Lieder vorzutragen. Albin R., so hieß mein Musikprofessor am Musischen Gymnasium, der bei den wenigen Schülern, die später tatsächlich Musiker wurden, als zuverlässiger Förderer ihres Talents äußerst beliebt war; von manch anderen hingegen gefürchtet wurde, weil er sie, wenn sie unaufmerksam waren, dazu verdonnerte, aufzustehen und das eben besprochene Musikstück alleine vorzusingen. Ich wundere mich, was der längst verstorbene

Professor bei meiner Lesung zu suchen habe, da stupst mich mein Sitznachbar an, und in diesem Augenblick begreife ich entsetzt, dass ich Albin R. bin, aufs Podium muss und gleich zu singen haben werde.

Die Stimmen von einst. Spätabends gerate ich in ein Hörspiel, das der Deutschlandfunk ausstrahlt. Ich hatte das Radio eingeschaltet, weil ich Hintergrundmusik suchte, und anfangs gar nicht zugehört, was gesprochen wurde. Zwei Kinder berichteten einem alten Pfarrer von den Erlebnissen ihres Tages und dieser dankt es ihnen, indem er selbst ein paar wenig erbauliche Geschichten erzählt, über deren Vortrag die beiden einschlafen. Es war die Stimme des Alten, die irgendwann durch den Schleier meiner Aufmerksamkeit drang, und es war das »sch«, das er mit so vollem Volumen sprach, als müsste er es aus dem Kehlkopf erst kraftvoll auf die Zunge schieben. Die Stimme war knarrend tief, volltönend und klang auf eigenartige Weise künstlich und natürlich zugleich. Am Ende erfuhr ich, dass es sich bei dem magischen Werk um das Hörspiel »Besuch im Pfarrhaus« von Ilse Aichinger handelte, das 1963 produziert wurde, und die Stimme des Pfarrers die des Schauspielers Hans Mahnke war. Er starb ein paar Jahre später, was für ein Glück, dass Stimmen wie die seine aufbewahrt wurden!

Wie klangen die Stimmen früher, in der Zeit ehe sie akustisch archiviert werden konnten? Von etlichen meiner Vorfahren, die starben, ehe ich geboren wurde, haben sich Fotografien erhalten, ich versuchte ihre Gesichter zu erkunden, in ihnen die Menschen zu entdecken, die sie waren, und vielleicht auch Züge von mir; von einigen kenne ich die Schrift, die sie ungelenk oder zügig aufs Briefpapier setzten. Ihre Stimmen aber habe ich nie gehört. Ich malte mir aus, wie der

Mann, der im Radio sprach, ausgesehen haben mochte. Im Internet, das ein immenses, stetig wachsendes Bild-Archiv ist, stieß ich auf ein paar Fotos von Hans Mahnke, der zu seiner Zeit ein berühmter Schauspieler gewesen sein muss, und ich fand, dass die Stimme, die das »sch« so unvergleichlich kräftig intonierte, zu dem Gesicht passte, zu dem runden Kopf mit der fleischigen Nase, der grobkörnigen Haut, dem abgründigen Lächeln.

Vor zwei Wochen saß ich mit den Meinen in einem Gastgarten unter Kastanien, wir erfreuten uns bis spät in den schwülen Abend hinein der Geselligkeit, des Essens, des Weines. Begleitet von zwei Frauen seines Alters ging gegen 21 Uhr ein großer kräftiger Mann mit seinem stadtbekannt verschlossenen Gesicht vorbei und setzte sich an einen entfernten Tisch. Ich kenne ihn seit Jahren, ohne je ein Wort mit ihm gewechselt zu haben, und wenn wir einander in der Stadt über den Weg laufen, nicken wir uns grüßend zu, wobei es die unausgesprochene Vereinbarung vorsieht, dass einmal ich ihm als Erster zunicke und beim nächsten Mal er an der Reihe ist. Später gekommen, verließ er vor uns den Gastgarten, als er an meinem Tisch vorbeikam, grüßte er, was er bisher nie getan hatte, mit einem vernehmlichen Servus. Als er weg war, redeten wir ein wenig über ihn, der sich als Veranstalter eines Jazzfestes auf dem Lande einen Namen gemacht hatte, dann aus seiner Position gedrängt wurde und sich daraufhin daranmachte, in der Stadt ein ähnliches Projekt zu entwickeln.

Heute, am 6. September 2015, sehe ich das Foto Gerhard Eders in der Zeitung, auf dem er mit seinem halb mürrischen, halb melancholischen Blick eingefangen ist, und darunter die Würdigung, die einem Verstorbenen gilt. Vorgestern Nacht ist er einem Herzinfarkt erlegen. Mein Atem geht kurz, ich spüre dieses leere Gefühl im Magen und merke, wie mich eine Welle weher Zuneigung erfasst. Ich habe ihn doch vor zwei Wochen gesehen, gesellig beim Wein! Vielleicht haben wir das Beste aus unserer Bekanntschaft gemacht, indem wir es unterließen, uns zu nahe zu treten.

Die Gesichter von einst. Früher änderten sich mit jeder Generation, nein, in jeder neuen sozialen Epoche die Gesichter. Im Biedermeier hatte man ein anderes Gesicht als in der Ära des Liberalismus vierzig Jahre später. Die Frauen der 1920er Jahre sahen in den Großstädten anders aus als die von 1880 oder 1960. Täusche ich mich, dass es heute kein Gesicht der Zeit mehr gibt, als würden uns die Gesichter aller Epochen zur freien Entnahme aus dem Kostümfundus der Geschichte zur Verfügung stehen? Gestern ging ein originalgetreu nazistisches Gesicht an mir vorbei, das seltsamerweise einem Migranten gehörte, ein paar Schritte hinter ihm schwebte eine Zwanzigjährige mit dem sanftmütigen Lockengesicht des Blumenmädchens meiner Jugend vorüber, und hinter ihr schritt ein stolzes Paar in schwarzem Habit, zwei Altägypter aus der Pharaonenzeit, die sich in die Körper junger Salzburger von heute geflüchtet hatten.

In einer Schachtel mit Devotionalien der Familie finde ich die Pässe der Großeltern, deren Seiten randvoll gestempelt waren, denn bei jedem Grenzübergang wurde ein neuer hinzugefügt, und meine Vorfahren waren viel unterwegs, wenn auch nicht als Touristen oder aus Abenteuerlust.

Was es damals auf dem Blatt mit den Daten des Passinhabers gab: eine eigene Zeile, in der »Besondere Kennzeichen« einzutragen waren. Empfanden es die Leute früher, als es nicht ihr höchstes Ziel war, sich zu unterscheiden, im Stil und mit der Mode der Mehrheit ihre unverwechselbare Individualität auszudrücken, als Demütigung, wenn amtlich wahrheitsgemäß festgehalten wurde: keine? Oder waren ihnen ihre besonderen zugleich die ungeliebten, beschämenden, verdächtigen Eigenheiten, die sie lieber nicht gehabt oder verborgen hätten?

Identitärer Stolz. Ein führender Manager von Apple outet sich via Facebook als schwul, und zwar mit den Worten: »Ich bin stolz darauf, schwul zu sein.« Vor ein paar Jahren hätte er in den USA noch stolz darauf sein können, sich öffentlich als Schwuler zu bekennen, wie heute stolz sein darf, wer den Mut dafür in Russland oder in arabischen Ländern aufbringt, wo Schwule noch immer missachtet oder gar geächtet, verfolgt, ermordet werden. Aber stolz auf das sein, was er schlichtweg ist, ohne dass er sich dafür hätte entscheiden müssen oder dagegen hätte entscheiden können? Es ist keine besondere Begabung, schwul, und keine besondere Begabung, nicht schwul zu sein, keine genetische Auszeichnung, weder kultureller Verdienst noch persönliche Lebensleistung. Worauf ist stolz, wer darauf stolz ist, ein Schwuler zu sein? Auf dasselbe, was Dummköpfe stolz darauf sein lässt, keine Schwulen zu sein.

Der Sarg lag vorne, von Blumen bedeckt, von Kränzen umgeben. Daneben stand der Trauerredner, der sich in wohlgesetzten Worten an die Trauerfamilie wandte. Kein einziges davon richtete er an den Toten, der drei, vier Schritte von ihm entfernt in seinem Sarg ruhte, jedes Wort war auf die Hinterbliebenen bezogen, die in den ersten Reihen der Aussegnungshalle saßen. Wurde ich als Kind auf Begräbnisse mitgenommen, hat mich weniges so fasziniert wie gerade die Trauerrede, die der Redner an den Toten richtete, den er mehrfach persönlich ansprach, als lieben Freund, zuverlässigen Kollegen, gerechten Vorgesetzten, treusorgenden Familienvater. Es war eine dem Kind nicht begreifbare, aber doch unmittelbar einleuchtende Sache, dass der eine lebte und nicht nur von dem Verstorbenen, sondern auch zu ihm sprach, der tot danebenlag und ihm aus einer anderen Welt zuhören konnte. Heute sprechen die Trauerredner nicht mehr zum Toten, sondern für die Hinterbliebenen, sie sprechen nicht vom Schmerz, den es bedeutet, den Freund verloren zu haben, sondern vom Trost, den die Hinterbliebenen finden mögen, so ist das in der therapeutischen Gesellschaft, in der Trauernde für Menschen gehalten werden, denen möglichst rasch geholfen werden müsse, ehe sie uns krank werden und den seelischen Haushalt der Nation belasten.

Ein besonderer Trauerredner. Am Sarg Helmut Schmidts hält der greise, fast zur Kugel ineinandergeschrumpfte Henry Kissinger eine rührende Rede. Selbst wer gegen den Politiker Schmidt manche Vorbehalte hatte, konnte kaum anders, als Sympathie für ihn zu empfinden, wenn er sich als Greis die Freiheit herausnahm, in den von Rauchern gesäuberten Fernsehstudios oder Theatersälen seine Mentholzigaretten zu paffen, ein Mensch aus einer anderen Zeit, der über die unsere im Gespräch mit Scharfsinn und knorrigem Witz zu urteilen wusste.

Mit tief orgelnder Stimme sagt Kissinger: »Für Helmut bedeutete Partnerschaft, gemeinsam zur Wahrheit und Weisheit zu finden.« Fast könnte man vergessen, dass der kuriose Alte, der dem Freund so den letzten Tribut erweist, ein Kriegsverbrecher ist, der auf Vietnam und Kambodscha Tonnen von Napalm abwerfen und für Amerikas Hinterhöfe die

Folterknechte ausbilden ließ. Und ich frage mich, was ich von jemandem halten soll, der mit einem solchen Freund nach Wahrheit und Weisheit suchte.

Bei der Buchpräsentation in dem verwunschenen alten Bibliotheksraum fiel mein Blick auf einen Dreißigjährigen in der zweiten Reihe, der, kaum dass ich zu lesen begonnen hatte, alle Symptome schwerer Übermüdung zeigte und sich verzweifelt bemühte, dass ihm die Augen nicht zufielen. Wann immer er dabei war, einzunicken, fasste ich ihn vom Buch aufblickend scharf ins Auge und wandte mich forciert rezitierend ganz ihm zu, als wäre ich einzig seinetwegen nach Lemberg gekommen, in die einstige Metropole Galiziens, zu dieser Buchmesse, hierher in diese an den Regalwänden dicht mit Folianten bestückten Bibliothek, mit ihrem knarrenden Parkett, der abblätternden Eleganz der geschwungenen hohen Türe und der Fenster, durch deren vom Schlier der Jahre überzogene Glasscheiben trüb das Licht eines Herbsttags hereinfiel. Ich kämpfte mit dem Erschöpften vom Beginn bis zum Ende der Lesung, und unser Kampf endete unentschieden: Er wagte nur offenen Auges zu schlafen, in das ich böse blickte. Wenn er erwachte, würde er von dem Gift, das mein Blick in es träufelte, vermutlich erblindet sein.

Gegen das Leben. Anerkennend steht heute im Feuilleton, Wittgenstein habe zu den Philosophen gehört, die eine »Philosophie gegen das Leben« betrieben hätten. Ich weiß nicht, ob das stimmt, bin mir aber sicher, dass es von verschmockter Verwirrung der Geister zeugt, einen besonderen Adel darin zu erblicken, dass das Leben angegriffen, verneint, verachtet werde. Bald werden wir die Medizin gegen das Leben preisen und von der Pädagogik gegen die Kinder schwärmen.

Viele Königshäuser entwickelten ein überwältigendes Zeremoniell des Todes, um ihre Herrschaft über die Lebenden sakral zu legitimieren. Umgekehrt ist für jeden Rebellen, der nicht als Barbar bei einer von ihm proklamierten Stunde null anfangen will oder den gefährlichen Traum vom Neuen Menschen träumt, völlig klar, dass er die Toten, die Erinnerung an ihre Träume, Enttäuschungen, an ihre Revolte benötigt, um seinem Aufstand gegen die Herrschaft Kraft zu geben.

Beim ersten Konzert nach dem Abtritt der griechischen Junta hat Mikis Theodorakis in die Menge gerufen: »Dieses Land gehört uns – und unseren Toten!« Dieser Satz bleibt, auch wenn Theodorakis ihn dreißig Jahre später ins Nationalistische wandte und von der Freiheit der Griechen selbst auf den Kult des griechischen Nationalismus herunterbrachte.

In dem autobiographischen Buch »Hier, wo wir uns begegnen« erzählt John Berger von den Toten, die ihn durch sein Leben begleiten. Sie kommen von selbst aus ihrer Abgeschiedenheit zu ihm und stehen ihm bei, wünschen aber auch, von ihm beachtet zu werden. Seine verstorbene Mutter entdeckt er eines Tages auf der Parkbank in Lissabon, sie unterhalten sich über seinen Vater, über das Leben der Toten, sie verabreden sich für das nächste Mal in einer Straßenbahn; in Polen trifft er seinen toten Kameraden aus Kindheitstagen, in England den Freund, der gleich ihm an der Kunsthochschule studierte, während auf London die Bomben der deutschen Luftwaffe fielen. Auf Beistand und Hilfe dieser Toten mag er nicht verzichten, denn ohne sie wäre sein Leben ärmer, trauriger, er selbst weniger mutig und zuversichtlich gewesen.

Das Salz der halben Ewigkeit. Ein Besucher hat uns ein kleines Päckchen mitgebracht, es enthält Salz aus einem Stollen, der so tief ist, dass über die Jahrhunderte kein saurer Regen der Industrie durch den Fels gedrungen ist, keine Umweltgifte sich in ihm ablagern konnten. Wir haben also das edelste Salz geschenkt bekommen, das sich aus der vorindustriellen Ära völlig rein erhalten hat. Der Aufkleber auf dem Päckchen spricht von dreitausend Jahren Reinheit und gibt als Ablaufdatum den Oktober des kommenden Jahres an. Unser Salz wird sich also für die halbe Ewigkeit plus elf Monate erhalten haben.

Die Produzenten der Unsterblichkeit. Ein Filmbericht über Ray Kurzweil zeigt den genialen, genial übergeschnappten Erfinder als Mann, der von einer besonderen Form des religiösen Wahns, dem technologischen Irresein, besessen ist. Kurzweil predigt seinen offenen Mundes lauschenden Studenten mit eindringlicher Stimme, dass der Tod des Menschen eine Tragödie sei, die nicht hingenommen werden dürfe und eines nicht mehr fernen Tages auch verhindert werden könne, indem einerseits die verderblichen Teile des Menschen durch Maschinen ersetzt würden, und andrerseits dessen gesamter genetischer Code mitsamt seinem Bewusstsein datenmäßig erfasst und ins Netz geladen werde.

Seine Studenten haben den entrückten Blick von Sektenjüngern, aber auch den nüchternen von Elektronikern: Rausch und Berechnung. Einer wirft ein: Dann wird der Mensch endlich mehr sein als ein Klumpen Fleisch! Kein katholischer Hexenprediger war vor einem halben Jahrtausend von solchem Hass auf die Leiblichkeit des Menschen erfüllt, wie es Kurzweils Stoßtrupp heranwachsender Ingenieure des Übermenschen ist. Denn nichts anderes ist es, wovon sie schwärmen, vom Übermenschen, den sie aber nicht mehr rassisch hervorzüchten, sondern elektronisch zusammenbasteln wollen.

Schlimmer als der Tod ist nur das ewige Leben, das uns von solchen Leuten droht.

Mai 2014 – November 2015

Intermezzo I

Sprachen, Wörter

Zweierlei Abschweifungen. Der *Exkurs* zweigt von der Hauptroute ab, aber so, dass auf dem Umweg geistige Heuer eingefahren werde. Der ausgelassene Bruder des akademischen Exkurses ist der *Schlenkerer.* Er ist kein überlegtes Abschweifen vom geraden Weg, sondern ein Abschweifen aus reiner Lust und Laune.

Sprache und Identität. Ich habe in Süditalien zahllose Menschen getroffen, die kein Wort Albanisch mehr sprachen, sich aber dennoch als Arbërëshe bezeichneten, als Angehörige jener Volksgruppe, die vor fünfhundert Jahren aus dem albanischen Landstrich Arbënor übers Meer geflohen waren, als die Osmanen ihre Heimat eroberten. In Norditalien wiederum bin ich Menschen begegnet, die kein Wort Zimbrisch sprachen, sich aber dennoch emphatisch als Zimbern bezeichneten, unter ihnen diesen merkwürdigen Dichter, der in italienischen Versen die Würde der zimbrischen Sprache und Nation pries.

In der Sprache erfahren wir als Erstes die Zugehörigkeit zu einer bestimmten Gruppe, und in der Sprache wird diese später täglich erlebt. Aber das Sprechen selbst ist nicht der wichtigste Akt, mit dem sich uns diese Zugehörigkeit erweist.

Wichtiger als das tatsächliche Sprachvermögen ist die soziale Sprach-Erinnerung: an das Leid, den Mut, die Arbeit, die Hoffnungen der Vorfahren. Ich bin ein Arbërësh, weil meine Urgroßeltern es waren und deren Vorfahren einst vor der Fremdherrschaft ihre Heimat verlassen mussten, nach Kalabrien übersetzten und nicht viel mehr als ihre Muttersprache über das Meer hatten retten können. Ich bin ein Zimber, weil meine Großmutter, wenn ihr als Kind in der Volksschule ein zimbrisches Wort entkam, vor dem italienischen Lehrer ihren Mund öffnen musste, damit er in diesen hineinspucke und ihr so die Liebe zum faschistischen Vaterland lehre.

Solche Erinnerung ist wichtig, aber man muss ihr wie jeder Erinnerung mit Skepsis begegnen. Bei jenem dichtenden Professor, den ich vor ein paar Jahren auf meinen Wanderungen durchs Zimberland traf, handelte es sich gewiss mehr um Erfindung als Erinnerung, er erfand sich seine familiäre Vergangenheit, wie er sie brauchte, um einer innigen, von der quälenden Trivialität des modernen Lebens noch nicht zerstörten Gemeinschaft anzugehören, nach der er sich sehnte. Er wollte partout ein Zimber sein, dabei war er womöglich nur ein mit sich, seiner Frau, seinen Studenten, seinem Italien unzufriedener Kerl.

Erstsprache. Die »Sozialistischen Frauen Österreichs« empfehlen, anstelle von »Muttersprache« künftig von der »Erstsprache« eines Menschen zu sprechen. Sie möchten die Frau nicht auf die Mutterrolle festlegen, und darum wollen sie die Mutter aus der Sprache entfernen. Das eine ist verständlich, das andere blöde. Um die Mütter aus den Muttersprachen zu bekommen, mindern sie den Wert einer Sprache für das selbstbewusste Leben des Menschen auf das Zählsystem herunter. Als Ausgleich dafür soll das ohnedies unangenehm kriegerische »Vaterland« zum Erstland heruntergestuft werden. Ich trat einst als einer der Ersten mit der plakativen Losung an: »Für ein Europa der Muttersprachen, nicht der Vaterländer.« Mit den Erstsprachen und Erstländern heißt es nun: Der Mensch muss zur Nummer werden, um frei zu sein. Um seine Kinder nicht sexistisch zu reglementieren und eines Claudia zu nennen, das später vielleicht als Claudius durchs Leben gehen will, wird man sie am besten durchnummerieren: Kind 1 et cetera.

In einigen Regionen in Nigeria sprechen Männer und Frauen zwei verschiedene Sprachen, ihre Wörter für die Dinge unterscheiden sich grundsätzlich. Sie verstehen einander dennoch, beide Geschlechter sind zweisprachig. Knaben sprechen bis zu einem Alter, in dem das beginnt, was bei uns als Pubertät firmiert, die Muttersprache, dann wechseln sie in die Vatersprache.

Linguisten stehen vor einem Rätsel. Die Einwohner aber sagen, dass in ihrer Gegend die ersten Menschen lebten und Gott ursprünglich für jede Ethnie zwei Sprachen vorsah; später jedoch, als laufend neue Völker entstanden, habe er die Übersicht verloren und resigniert.

Ich gehe an einem Geschäft in der Salzburger Linzergasse vorbei und lese: »Männer Schluss Verkauf«. Das erinnert mich an den Kebabstand für Kannibalen, der dieses im Angebot hatte: »Putenkebap 4 Euro, Kinderkebap 2 Euro.«

Aus dem Wörterbuch. Als *Reform* bezeichnet man heute den zielgerichteten Versuch, eine Sache zu verschlechtern. Eine Rentenreform hat sich bewährt, wenn den Pensionisten danach weniger Geld zur Verfügung steht oder wenn die Zahl der Anspruchsberechtigten gesunken ist. Die Schulreform hat dafür zu sorgen, dass den Lehrern die Freude am Unterrichten vergeht und die Schüler über das Nötige hinaus verblöden, und nach der nächsten Wahlreform werden junge Mitbürger wählen dürfen, sobald sie die Kompetenz erworben haben, auf einem Tablet herumzuwischen.

Vielsprachigkeit. Früher war sie ein Vorrecht der Privilegierten, des Aristokraten, der mit seinesgleichen in mehreren Sprachen parlierte, des Bildungsbürgers, der sich im Wissen, dass jede Sprache eine neue Welt bildet, eifrig und neugierig daranmachte, sich möglichst viele dieser Welten anzueignen.

Heute beherrschen die Herrschenden außer ihrer Erstsprache nur mehr eine weitere Sprache, das Englische. Vielsprachig aber sind die Armen der Erde, die Wirtschaftsmigranten und Flüchtlinge: Der kosovarische Koch in dem italienischen Restaurant in Salzburg spricht Albanisch, Serbisch, Italienisch, Englisch, inzwischen auch passabel Deutsch, und weil er zu seiner Schwester nach Göteborg übersiedelt, wird bald noch Schwedisch dazukommen. Und so fort, denn die Wege der Migration sind weit.

Artenschutz. In einem Posting schreibt einer: »Was ist an diesem Autor Besonderes, außer dass er einen altertümlichen Wortschatz hat?«

Er hat recht, mit seinem Vorbehalt und seiner Beobachtung. Andere mögen um die Nistplätze bangen, die eine bedrohte Vogelart im Urwald des Amazonas hat, mir tut es um die ausgenisteten alten Wörter leid. Meine Sprachwelt schrumpft, weil Wörter, die in meiner Kindheit noch alltäglich waren, heute altertümlich, gekünstelt wirken, als wären sie das Faible eines abgetakelten Aristokraten, der wohlfeil mit seinen Manieren von gestern Eindruck schinden möchte. Meine Welt wird kleiner, weil ihr fortwährend Wörter abhandenkommen, ein Verlust, der dadurch nicht ausgeglichen werden kann, dass meine schrumpfende Sprachwelt sich beständig erweitert um neue Bezeichnungen für zahllose neue Dinge.

Drei ausgestorbene Wörter. Sauersichtig für einen, der ein unzufriedenes, missmutiges Gesicht macht. Weltling für einen, dem sein sinnliches Vergnügen alles ist. Afterwelt für die Nachwelt, nicht für jene, die vielen am Arsch vorbeigeht.

Abschiedling. Schon als Kind wusste ich um Drohung, Gefahr, Schmerz und Verlockung des Abschieds. Ich habe es gerne gehabt, dass meine Mutter mir, ihrem Kind 4, aus dem Fenster nachschaute, wenn ich zur Volksschule trippelte. War ich um die Kurve gebogen, nahm ich die Mütze dennoch gleich vom Kopf, galt es doch unter den Buben der frühen sechziger Jahre als muttersöhnchenartiges Verhalten, zum Schutz gegen Kälte und Schnee eine Mütze zu tragen, geradeso wie es heute als cool gilt, sie selbst bei Hitze und in Innenräumen nicht abzunehmen. Ich mochte ihn, den täglichen Abschied. Enthalten meine Bücher nicht immer auch Abschiedsreden, gehalten auf Dinge, Haltungen, Menschen, die verschwinden, aus dem Alltag, unserem Denken, dem Leben?

Nun bin ich auf einen Philosophen gestoßen, der eine ganze Lebenslehre des *Abschiedlichen* entworfen hat. Was Wilhelm Weischedel mit diesem Wort meint, ist mir jedoch zu pietistisch auf die Dauerpräsenz des Todes im Leben ausgerichtet. »Mit leichtem Gepäck jeden Tag bereit sein, auf die letzte Reise zu gehen«, so fasst er seine Lehre des Abschiedlichen zusammen. Meine Abschiedlichkeit hat mehr mit der Würdigung der verschwindenden Dinge zu tun als mit der Selbsterziehung, auf sie alle und endlich auf das eigene Leben verzichten zu lernen.

Das herrliche Wort Michael Guttenbrunners: *Überbleibsel* – auf die materiellen Fetzen und Lumpen, die geistigen Fragmente und Bruchstücke gewendet, die den historischen Untergang jener Epoche, die sie einst hervorgebracht hat, überdauern... Der Kritiker und Übersetzer Hans Weigel hatte daraus höhnisch ein »Überspeibsel« gemacht; er hasste den moralischen Rigorismus Guttenbrunners, weil er ihn als dauerhafte Provokation seines eigenen wankelmütigen Charakters empfand.

Wort und Bild. Wir sprechen miteinander weder zum Zweck, dass unser Gespräch von einem Aufnahmegerät aufgezeichnet werde, noch mit der Absicht, unsere Worte für die Ewigkeit auf einem Tonträger gebannt zu wissen. Wir sprechen miteinander, von Mund zu Ohr und Augen zu Augen im Wissen, dass dies eine Sache zwischen uns ist, die wir zugegen sind bei diesem Gespräch, und dass, was wir sagten, einzig in unserem Gedächtnis bleiben und mit uns verschwinden wird.

Wenn die Leute sich heute unablässig Bilder schicken, auf denen sie selbst in wechselnder Umgebung zu sehen sind, benötigen sie dazu ein technisches Medium. Dass sie kommunizieren, nicht indem sie aus der Nähe miteinander sprechen, sondern einander aus der Ferne Bilder schicken, wäre nicht zu beklagen, aber dass sie es nicht tun können, ohne sich eines zwischengeschalteten Mediums zu bedienen, hat Folgen.

Die Worte verfliegen und sind merkwürdigerweise gerade

deswegen wichtig, die Bilder bleiben und sind gerade deswegen bedeutungslos. Sie werden aufgehoben im riesigen Archiv der Bedeutungslosigkeit, dessen Speicherkapazität unermesslich ist und das der Schauplatz des Lebens im digitalen Zeitalter geworden ist.

Richtige Betonung. Darf man *Umvolkung* sagen? Bei vielen deutschen Wörtern kommt es darauf an, wie sie betont werden. Einen Polizisten, der den Verkehr regelt, soll man zum Beispiel um*fahren*, aber nicht *um*fahren. Politiker, die das Wort gebrauchen, hoffen darauf, mit dem Gespenst der *Um*volkung werde es ihnen gelingen, sich zu um*volken*, also eine große Anzahl von Anhängern zu gewinnen, in deren geifernder Mitte sie stehen.

Ein Biokübel mit Flüssigmaterie. Die Nationalsozialisten haben mit dem Wort Umvolkung angekündigt, was den Völkern im europäischen Osten blühen wird, sobald ihre Länder von der Wehrmacht niedergeworfen und von deutschen Wehrsiedlern in Besitz genommen sein werden. Die Politiker der Freiheitlichen Partei haben in Österreich häufig die Umvolkung beschworen und deren Stoßrichtung umgekehrt, als wären es heute die Deutschösterreicher, die vom Zustrom aus dem Osten in ihrer völkischen Substanz geschwächt zu werden drohen. Wurden sie auf die nazistische Bedeutung des Wortes hingewiesen, machten sie ahnungslose Miene, nun aber scheint ihnen Besseres eingefallen zu sein. Statt von der übel beleumundeten Umvolkung sprechen sie neuerdings vom *Bevölkerungsaustausch*, welche Dunkelmänner der jüdischen Weltverschwörung ihn auch immer organisieren.

Ein Migrationsforscher hat im ORF verneint, dass es diesen Bevölkerungsaustausch gebe, und stattdessen eine *Be-*

völkerungsergänzung ausgemacht, nach der der Arbeitsmarkt schlicht verlange. Offenbar stellt aber auch er sich das Volk als einen Kübel mit biologischer Flüssigmaterie vor, in den je nach Belieben Ergänzungsmittel mit gefährlichen oder erwünschten Nebenwirkungen eingefüllt werden. Gewinnt unser Fußballnationalteam noch ein paar Spiele, wird die Zusammensetzung dieser bunten Mannschaft vermutlich als *Bevölkerungsoptimierung* gelten.

Was die Worte bedeuten, wird durch ihren Gebrauch bestimmt. Wenn jemand den *dummen Neger* oder den *diebischen Zigeuner* meint, kann er ihn auch aus dem Afroamerikaner oder dem Roma heraushören lassen. Trotzdem sind die einzigen, die das Recht haben, von Negern oder Zigeunern zu sprechen, die Afroamerikaner und die Roma selber, und sie sind es auch, die darüber zu bestimmen haben, welche Bezeichnung die für sie angemessene ist.

In Bulgarien traf ich auf Roma, die darauf bestanden, keine Roma, sondern Zigeuner zu sein. In dem Buch, das ich gerade über meine Reisen durch Bulgarien und Moldawien schreibe, stellt mich das vor ein Problem: Soll ich auf eine Fremdbezeichnung verzichten, die rassistisch kontaminiert ist, aber auf der die so Stigmatisierten stolz als Selbstbezeichnung beharren?

Der sprachpolitische Versuch, vergiftete, vergiftende Worte aus dem Verkehr zu ziehen, mutet manchmal sympathisch, manchmal als zwanghafter Versuch an, die lebendige Sprache bürokratisch zu reglementieren; so oder so sind die Probleme, um die es geht, weder auf wohlwollende noch auf sprachpolizeiliche Weise aus der Welt zu schaffen. Vielmehr gebiert der Versuch bei den Wohlmeinenden lauter neue sprachliche Ungetüme und bei den Übelwollenden neue, mehr oder wenig einfallsreiche Wendungen, in denen das alte Ressentiment schlagkräftig fortwirkt. (Im informellen Jargon der Wiener Polizei wurden Afrikaner eine Zeitlang als *Südschweden* tituliert.)

Kostüm. Ein Politiker der Österreichischen Volkspartei namens Juraczka spricht im Interview mit der Tageszeitung *Kurier* von den Pflichten der Muslime, sich in Österreich zu integrieren. Denn die Missachtung von Frauen und das Fehlen beim Schwimmunterricht passten nicht zu »unserem europäischen Wertekostüm«. Das ist trefflich gesagt, die Sprache weiß es besser als der Sprecher.

Der sozialdemokratische Jubelabgeordnete Karl Toch, nachdem Bundeskanzler Faymann einen Schwenk in der Flüchtlingspolitik von Willkommen zu Fußtritt vollzogen hat, bei seiner Rede im Parlament: »Und die Politik Faymanns trägt erste Früchtlinge.«

In einem der beliebten Fragebogen, den halbseidene Prominente gerne ausfüllen, lese ich, was eine beliebte Politikerin für ihre größten Schwächen hält: »Meine Ungeduld. Ich kann schrecklich sein, wenn wichtige Dinge sich verzögern. Mein übertriebenes Gerechtigkeitsgefühl: Da bin ich für meine Parteifreunde ein echtes Ärgernis. Meine Begeisterung für die Arbeit. Ich weiß, dass es für meine Familie oft eine Zumutung ist, wie ich mich in die Arbeit hineinknie.« Verhüte Gott, sie finge an, ihre Stärken aufzuzählen!

Die Sau rauslassen: ein Verdikt, das gerade ins Positive gewendet wird. Dem ist nichts zu peinlich! Auch das wurde einst ja als vernichtendes Urteil gesprochen und drückt heute Anerkennung, wenn nicht Bewunderung aus.

– Was haben Sie empfunden, als Sie vom Anschlag
in Nizza erfuhren?
– Da war ich natürlich supertraurig.

Fiebern. In ein paar Tagen erscheint mein Buch über den Alltag der Welt, der Terminplan ist dicht gedrängt, die Lesetour führt fürs Erste quer durch Österreich. Erwartungsgemäß beginne ich zu schwächeln, abends fiebere ich, die Nacht verbringe ich schaukelnd auf einem Kahn, der durch die Finsternis zieht, in der Früh erwache ich erschöpft. Vor jeder großen Reise, auf die ich mich lange gefreut, vor vielen Unternehmungen, die ich sorgsam geplant habe, widerfährt es mir: dieses Entgegenfiebern. Anders als das Wort meist verwendet wird, ist in meinem Entgegenfiebern nichts Freudiges, Erwartungsvolles; eher, als versuchte die Körpertemperatur mich darauf aufmerksam zu machen, dass ich gerade dabei bin zu überhitzen, weil ich enorme Energie für etwas aufzuwenden haben werde, das ich im Innersten gar nicht will.

Dieses Relativpronomen hat mir nie gefallen, in keiner seiner Formen: welcher, welche, welches. Es klang schon vor zweihundert Jahren nicht gut, aber Schopenhauer, der an ihm litt, wusste auch, dass es manchmal nicht zu entbehren ist, denn sonst müsste es heißen: »Die, die die, die die Buchstaben zählen, für Tröpfe halten, möchten vielleicht nicht so ganz unrecht haben.«

Ein Kritiker verwendet in seinem Lob eines Buches gleich drei Mal das Wort »authentisch«. Sieht man sich genauer an, wie er es einsetzt, möchte ich es ohne weitere Erklärung durch »borniert« ersetzen, mal sehen, ob es jemand merkt.

Nebenbei: Borniert ist ein Wort, das die Brüder Grimm noch nicht kannten oder es jedenfalls noch nicht zu den deutschen Wörtern rechneten. Mit dem germanischen Born, der Quelle, dem Quellwasser von Brunnen, hat es jedenfalls nichts zu tun. Aber mit dem französischen *borne,* was Grenzstein bedeutet. Das ist apart, dass das Engstirnige schon von klein auf mit der Begrenztheit zu tun hatte.

Mit Verlaub. Ein Bekannter, weder alt noch in seinem Verhalten altväterisch, unterbrach mich im Gespräch mehrmals mit der Floskel »mit Verlaub«. Er sagte es aber ganz falsch, nicht nämlich, wenn er nachträglich die Erlaubnis einholen wollte für das freche Wort, das er geäußert, die fragwürdige These, die er entwickelt, den grundsätzlichen Einwand, den er gemacht hatte. Nein, er verwendete es im Sinne von »was ich noch sagen wollte«. Manchmal auch von »ehe es mir entfällt«. Die Sprache ist ein fließendes, kein stehendes Gewässer, die Wörter können also ihre Bedeutung ändern. Aber, mit Verlaub, warum sollten wir das in diesem Falle unterstützen?

Im Jargon der Jugend ist Opfer das ärgste, das gleichsam köpfende Schimpfwort. Politisch aber ist geradezu ein Wettkampf um den Status des Opfers im Gange, die Selbst-Viktimisierung, der Eifer, sich den begehrten Status als Opfer zu sichern, ist eine umkämpfte Disziplin. Am weitesten bringen es dabei die Täter: Je mehr Roma in Ungarn Opfer der staatlich geförderten rassistischen Gewalt werden, umso bedrohter fühlen sich dort die schlagbereiten Opfer ihrer Opfer.

Die Kasusformen. Die Menschen, die vor 1500 Jahren in unseren Landen lebten, waren gewiss von ihrem Gehirn her nicht besser ausgestattet als wir. Und wie vieles selbst ihre Weisesten nicht wussten, das heute jedem Deppen bekannt ist! Was sie sich alles gar nicht vorstellen konnten, das heute einem jeden selbstverständlich ist!

Ihnen aber war selbstverständlich, dass jeder Kasus seine eigene Endung hat. Das ist den Heutigen längst zu schwierig, und die Linguisten vermuten, dass die Fallendungen überhaupt fallen werden, über kurz oder lang, weil sie, da es ja Artikel und Präpositionen gibt, zum Verständnis des Genannten nicht notwendig sind. Die Grammatik reduziert sich auf das kommunikativ Notwendige, und wie einige Linguisten das feststellen, habe ich den Eindruck, dieses Notwendige wäre das, was sie auch für das Sinnvolle, Erstrebenswerte erachten. »Der Hund des Mann« genügt, denn »Mannes« ist Überfluss, schließlich ist im »des« bereits ausgedrückt, dass der verdammte Köter ihm gehört. Eigentlich ist aber sogar »Hund des Mann« ausreichend oder »Hund von Mann«, damit verstanden werde, worum es geht, darum nämlich, grammatikalisch korrekt auf den Hund zu kommen.

Dagegen lobe ich mir den württembergischen König Karl I. (1823 bis 1891), der homosexuell war und mehrere skandalträchtige Liaisonen mit Vorlesern, Reitlehrern, Forstbeamten unterhielt. Seiner letzten großen Liebe, einem Elektriker, hinterließ er ein Vermögen und eine Villa am Bodensee sowie ein denkwürdiges Testament, in dem er elegant festhielt: »Er gewährte mir Trost in schwer durchlebter Zeit und er leistete mir wesentliche Dienste in Beziehung der elektrischen Beleuchtung der Kreuzgänge in Bebenhausen.«

Der Marburger Bibliothekar Georg Wenken hat 1887 an Tausende Dorfschullehrer vierzig deutsche Sätze mit der Bitte geschickt, sie mögen sie in die Sprache, den Dialekt des Ortes übersetzen, dessen Jugend sie unterrichteten. Aus den Rückmeldungen erstellte er einen Sprachatlas von 1650 deutschen Dialekten. Heute gibt es die einst hörbaren Unterschiede von Ort zu Ort nicht mehr, allenfalls ein paar alte regionale und neue soziale Dialekte sind noch auszumachen. Mein Freund Fritz Kohles, der bis zu seinem vorzeitigen Ende mit Freude und sprachimitatorischem Talent den unterschiedlichen Sprechweisen oft nahe beieinanderliegender Orte nachspürte, konnte vor dreißig Jahren noch die Unterschiede zwischen dem Großgmainerischen und dem Wals-Siezenheimerischen hörbar werden lassen, zwei Orten, die keine zehn Kilometer voneinander entfernt liegen. Die eine Gemeinde war noch von der bäuerlichen Einwohnerschaft geprägt, die sich erst langsam zu zersetzen begann, die andere schon von Pendlern, die aus der nahen Stadt in das billigere Umland gezogen waren.

Inat. Jede europäische Sprache hat Wörter, die Dinge bezeichnen, die es vorgeblich einzig in dieser einen Sprachnation gibt. Natürlich wird darum mitunter ein Kult getrieben, wie neuerdings um das dänische *Hygge*, als würden nicht auch anderswo die Leute am Winterabend schulternah beim Ofen zusammensitzen und sich darüber freuen, dass es draußen finster und kalt und drinnen warm und gemütlich ist. Die Gemütlichkeit der *Hygge*, ein skandinavischer Exportschlager, eine Art von sprachlichem Wohlfühl-Ikea, hat mit vielen ungemütlichen Dingen zu tun, die sich die Dänen zwar gerne vom Leibe hielten, aber von denen sie gleichwohl betroffen werden, mit den Flüchtlingen, mit der Unwirtlichkeit des

Lebens in einer Zeit, in der sich die ökonomische Globalisierung beschleunigt, die soziale Ungleichheit zwischen Ländern, Staaten, Kontinenten und selbst innerhalb der reichsten Nationen wie der Dänen verschärft ... Da kann einem der Sinn schon nach *Hygge* stehen, nach einem gemütlichen Biedermeier, das sich jedwede Störung aggressiv verbietet.

Richard Swartz, der schwedische Schriftsteller, der ein Wiener Lokalpatriot des sechsten Bezirks ist und einige Monate im Jahr in Istrien lebt, erzählte mir, dass das serbische und kroatische *Inat* im Wörterbuch mit Zank, Hader, Trotz übersetzt werde. Aber dieses türkische Lehnwort bezeichne nicht einfach einen beliebigen Hader, sondern einen Starrsinn, der bis zur Selbstvernichtung reicht: eine Art von Unnachgiebigkeit, die nicht von einem bestimmten Vorfall verursacht würde, sondern eine das Leben umfassend bestimmende Haltung ist. *Inat* ist also der sehr männliche Hang zu einem Trotz, den Karren lieber in die Grube zu fahren als nachzugeben. Und sei es, dass man sich dabei selber ruiniert – man gibt nicht klein bei, sondern bleibt in unversiegbarem Groll bei seiner Entscheidung, bei seiner Sicht der Dinge.

Diese Lebenseinstellung ist auf dem Balkan in der Ära der Osmanen entstanden, als eine Art von Widerständigkeit dem Besatzer und all seinen Drangsalen, aber auch seinen verlockenden Angeboten gegenüber. Sie hat die osmanische Zeit jedoch souverän überdauert, sich von einer renitenten zu einer zerstörerischen Kraft gewandelt und richtet fortgesetzten Schaden an, Schaden, den man anderen, aber bevorzugt sich selber zufügt.

Drei europäische Wörter. Als vor 25 Jahren mein »Europäisches Alphabet« erschien, wurde ich manchmal von Übersetzerinnen um Rat gefragt. Denn natürlich, meine *Heimat* bedeutet etwas anderes als jenes Vaterland, *la patrie*, auf das es im Französischen gebracht zu werden pflegt. Auch das italienische oder spanische *patria* bezeichnet nicht jenen Raum des Vertrauten, in dem sich keiner erst erklären muss, um verstanden zu werden, sondern hat einen etatistischen Klang, als würde die Heimat eine Domäne des Staates sein. Dabei ist sie vor dem Staat da und hat mit dem Patriotismus, wie ihn das Vaterland einfordert, so wenig zu tun wie mit dem staatsbürgerlich Sachlichen, auf das sich etwa die Briten beziehen, wenn sie vom *native country* sprechen. Mit der Heimat ist es also eine merkwürdige Sache, fast könnte man meinen, einzig Menschen, deren Muttersprache das Deutsche ist, könnten eine haben oder sich nach ihr sehnen.

Notorisch gehört es in unserem Sprachgebrauch schon fast zusammen: die Heimat – und die Sehnsucht nach ihr. Heimat, das ist immer die verlorene Welt von gestern, die überschaubar war und die es nicht mehr gibt, das Stadtviertel, das zur Unkenntlichkeit verbaut wurde, der medial zerstörte Dialekt, eine Ordnung, die festgefügt war und von den meisten, wäre sie keine Erinnerung an die Kindheit, sondern ihre Realität von heute, als einengend empfunden werden würde.

Näher als mit *patria* und *native country* kommt man der Heimat schon im Rumänischen, wo sie mit *acasa* übersetzt wird und mit dem Haus, dem Zuhausesein zu tun hat. Dieses Häusliche klingt auch in fast allen slawischen Sprachen an, etwa im *domovina* der Slowenen, die zudem den sprachlichen Glücksfall kennen, für ein bei ihnen weit verbreitetes Gefühl ein eigenes, nahezu unübersetzbares Wort zu haben, nämlich *hrepenenje*. Die *hrepenenje* ist eine besondere Form von Sehnsucht, nicht nach Geld oder Erfolg, einem verstorbenen Menschen oder fernen Land, sondern eine Sehnsucht, die sich gewissermaßen selbst genügt, eine Art von gekeltertem Heimweh, an dem man sich, wenn einem danach ist, auch einen schweren Rausch zuziehen kann.

Überall in Europa bin ich auf Worte gestoßen, die mich klanglich bezauberten und auch deswegen faszinierten, weil sie sich in einem einzigen Wort nicht sinnvoll übersetzen ließen. Der *Hrepenjenje* der Slowenen verwandt ist die *saudade* der Portugiesen, die mehrere Gefühlsregungen und Stimmungslagen vereint und, wenn die fragwürdige Wendung erlaubt ist, den portugiesischen Volkscharakter mitbestimmt. Die *Saudade* hat mit Sehnsucht und mit Wehmut, mit einem schwärenden, ein Leben lang nie verheilenden Schmerz des Verlusts zu tun. Sie war ursprünglich die Sehnsucht des Seefahrers, der sich in den Weiten des Ozeans nach dem festen Boden und seiner Familie sehnt, aber, heimgekehrt, schon nach wenigen Wochen wieder die Sehnsucht nach dem grenzenlosen Meer verspürt. Es handelt sich also um den schönen Schmerz, den man empfindet, wenn man zugleich vom Fernweh und vom Heimweh erfüllt ist. Dass dieser Schmerz süß ist, erfahren wir schon aus einem alten portugiesischen Volkslied, in dem es heißt: »Tränen der Saudade, / kommt und haltet euch nicht zurück, / denn wenn ihr ausbleibt, / tötet ihr mich.«

Ohne *hrepenenje* und *saudade* ist das Leben nicht auszuhalten. Und die Heimat beginnt man bekanntlich erst zu schätzen, wenn sie nicht mehr vorhanden, nicht mehr wiederzugewinnen ist, weil der Fortschritt sie sich einverleibt und ihr das Besondere genommen hat. Die Heimat kann dem abhandenkommen, der an seinem Ort geblieben ist, und mit dem ziehen, der sie verlassen musste. »Im Wort ist meine Heimat«, schrieb der Dichter Theodor Kramer, als er aus der österreichischen Heimat nach England hatte fliehen müssen und dort jeden Tag ein Gedicht in seinem unverkennbar österreichisch gefärbten Deutsch verfasste.

Der Stadschauer. Berichtet man ihm von einem Unglücksfall, blickt er zehn Sekunden später entsetzt auf. Macht man einen Witz, beginnt er zu lachen, wenn die anderen damit gerade aufhören. Der Weg von den Rezeptoren zur Kommandozentrale des Gehirns muss bei ihm weiter und windungsreicher sein, die Verzögerung, mit der er auf die Außenwelt reagiert, lässt ihn dumm erscheinen, was er aber nicht ist. Er ist nur langsam, körperlich wie geistig, in meiner Kindheit hatten wir für einen wie ihn, der beim Spiel den Fußball an sich vorbeikullern ließ, bis er ihm hinterherlief, das Wort *Stadschauer.* »Stad« war das dialektale Wort für still. Stadschauer waren Geistesabwesende, die zu langsam reagierten, beim Spiel, im Gespräch, im Verkehr, beim Streit. Stadschauer war die Steigerungsform von *Schauer,* das Schimpfwort für einen, der allzu lange mit dem Schauen beschäftigt ist, weil sich sein Blick auf irgendetwas geheftet hat und dort hängen geblieben ist.

Deutschlandismus. Seit Jahrzehnten nerven deutsche Wörterbücher, Verlage, Publizisten mit der Formulierung, die Österreicher, namentlich ihre Schriftsteller, würden in ihrer Sprache »Austriazismen« verwenden. Da aber das Österreichische bekanntlich die höchste Entwicklungsstufe der deutschen Sprachvarietäten darstellt, sollte man es umgekehrt halten und dort, wo die deutsche Sprache nicht unverkennbar österreichisch veredelt wurde, von Germanismen oder, wie der Wiener Linguist Rudolf de Cillia vorgeschlagen hat, von »Deutschlandismen« sprechen.

Der Schwerpunkt der Buchmesse von Belgrad ist dieses Mal auf »Vier Länder, eine Sprache« und die Literatur gelegt, die auf Deutsch, auf ein je unterschiedliches Deutsch in Deutschland, Liechtenstein, der Schweiz und Österreich, geschrieben wird. So kam es, dass ich am 22. Oktober 2017 in der Belgrader Messehalle diese Rede hielt:

Meine Damen und Herren, der talentierteste und in seinem Verhalten originellste österreichische Fußballer heißt Arnautović und ist ein Serbe. Er ist ein Serbe, weil ihm sein Vater das sprachliche und kulturelle Selbstbewusstsein eines Serben vermittelt und als familiäre Tradition weitergegeben hat; aber er ist natürlich auch ein Österreicher, der in Wien geboren wurde und aufgewachsen ist. Was ihn auszeichnet, ist also – in alten Begriffen gesprochen – eine doppelte nationale Identität, wie sie zu Zeiten, als die Donaumonarchie noch nicht in Nationalitätenkämpfen zu zerfallen begonnen hatte, etwas Selbstverständliches in Österreich war. Von einigen Hooligans des nationalen Fußballs wird Marko Arnautović dafür gescholten, dass er zwar im österreichischen Nationalteam spiele, periodisch aber mit emphatischen Worten auch Serbien zu seinem Heimatland erkläre. Vor bald drei Wochen hat er im Länderspiel gegen Serbien ein Tor für Österreich geschossen und sich danach des demonstrativen Jubels demonstrativ enthalten; er, der allgemein als ungestüm, ja als respektlos gilt, begründete das in seinem breiten Vorstadtwienerisch mit dem Respekt, den er gegenüber dem serbischen Teil seiner Familie und dem Gegner auf dem Platz empfinde.

Arnautović ist in Floridsdorf, dem 21. Gemeindebezirk von

Wien, aufgewachsen, im zentrumsnahen dritten Bezirk gibt es ein kleines Viertel, das im Roman »Malina« von Ingeborg Bachmann das »Ungargassenland« genannt wird, nach jener leicht hügelabwärts führenden Ungargasse, die in diesem Roman eine große topographische Rolle spielt. Ich bin diese Gegend vor einigen Jahren Haus für Haus abgeschritten und dabei durch verschiedene Zeiten und Welten gekommen. In einer Seitenstraße, die den Namen Marokkanergasse trägt, lebte fünfzig Jahre lang in einer für seine stetig wachsende Bibliothek und Nachkommenschaft viel zu kleinen Wohnung der Serbe Vuk Karadžić, der mit seiner Frau, der Wienerin Anna Kraus, 13 Kinder hatte. Karadžić war der Sohn einfacher Dorfbewohner, die ihm keine höhere Bildung auf seinen Weg in die Welt mitgeben konnten. Aus dem Flüchtling ist in Wien dennoch einer der großen europäischen Gelehrten des 19. Jahrhunderts geworden, der aus den Dialekten seiner Heimat die serbische Hochsprache formte, ihre Rechtschreibung festlegte, ein Wörterbuch mit 27 000 Eintragungen verfasste und die vorher nur mündlich überlieferte Volksdichtung sammelte.

Nur ein paar Gehminuten von der Marokkanergasse entfernt, stieß ich in der Ungargasse 39 auf das Haus eines anderen freien Geistes vom Balkan. Auf einer rostigen Tafel, wie geschaffen dafür, dass man sie im wild brausenden städtischen Verkehr übersehe, steht dort geschrieben: »Zur Erinnerung an Petar Preradović, den großen kroatischen Dichter.« Wie Karadžić das Serbische in der Fremde kodifizierte, hat Preradović das Kroatische als Hochsprache der Dichtung erst als Zögling verschiedener k. u. k. Kadettenanstalten für sich entdeckt und in seinem Werk gewissermaßen erschaffen. Karadžić, der Serbe aus der *Marokkaner*gasse, und Preradović, der Kroate aus der *Ungar*gasse, haben sich in dieser kleinen, großen Welt des dritten Wiener Bezirks kennen- und als Freunde schätzen gelernt. Und das lag auch nahe, denn beide strebten im Grunde nach dem Gleichen, nämlich den Balkan mittels der gelehrten wie der künstlerischen Beschäftigung mit seinen Sprachen aus seiner welthistorischen Einsamkeit in die Moderne zu führen.

»Vier Länder, eine Sprache« ist das Motto, unter dem die Buchmesse von Belgrad steht, die sich der Vielfalt der in deutscher Sprache verfassten Literatur widmet. Deutschland, die Schweiz, Liechtenstein und Österreich haben Anteil an einer gemeinsamen Geschichte, sie haben aber auch seit dem Mittelalter ihre besonderen und eigenen Traditionen, die dazu beitrugen, dass sich diese Länder nicht nur kulturhistorisch unterschiedlich entwickelten. Es war nicht immer so, aber heute wird es von kaum jemandem mehr angefochten: Österreich ist nicht Deutschland, und Liechtenstein ist kein deutscher Kleinstaat, der nur durch die Unbill der Geschichte nicht Teil eines größeren deutschen Reiches wurde, und die Schweiz ist die Schweiz und weder eine Abspaltung Österreichs noch eine unerlöste Provinz Deutschlands. Was die Sprache betrifft, so fällt es mir als Salzburger durchaus schwer, Zürichern zu folgen, wenn sie sich untereinander unterhalten, und auch in Schleswig-Holstein reden die Leute ganz anders als in Tirol oder im Kanton Uri. Gleichwohl ist es Deutsch, das da wie dort gesprochen und geschrieben wird, und die Sprachwissenschaftler haben sich inzwischen darauf geeinigt, dass es nicht nur viele deutsche Dialekte, sondern auch ein paar so genannte Varietäten des Hochdeutschen gibt.

Ihren Reichtum an Stimmen und Klängen verdankt die deutschsprachige Gegenwartsliteratur auch dieser Tatsache, dass es eben nicht die eine verbindliche und vorbildliche

Form, sondern einige voneinander abweichende Varianten des Hochdeutschen gibt. Aber die Unterschiede sind auch wieder nicht so groß, dass es nicht stets die eine deutsche Sprache bliebe. Ich betrachte es als Glück, dass ich Bücher von Autoren aus Basel oder Köln lesen kann und ebenso, dass in meinen Büchern, wenn sie in einer Buchhandlung in Luzern, Vaduz oder Leipzig zu finden sind, nicht steht: Übersetzt aus dem Österreichischen.

Meine Damen und Herren, ich möchte den Kroaten, Bosniern, Montenegrinern, Serben nicht vorschreiben, doch gefälligst bei dem zu verharren, was früher Serbokroatisch genannt wurde. Unterschiede in Klang, Wortschatz oder Satzmelodie, Nuancen des Ausdrucks, der berühmte eigene Stil – das alles sind Dinge, die für die Literatur enorme Bedeutung haben. Aber man kann auch versuchen, die Unterschiede sprachpolitisch zu vergrößern und zu vergröbern. Hätte eine Schweizer Sprachkommission vor fünfzig Jahren verfügt, dass das im Alltag gesprochene Schwyzerdütsch zur verbindlichen Schriftform des Deutschen in der Schweiz werde, müsste man heute Schweizer Romane übersetzen lassen, damit sie auch in Deutschland oder Österreich verstanden werden könnten.

Was mancher Fußballer, der sich vielleicht nur wenig mit Sprache und Dichtung beschäftigt hat, gleichwohl weiß, daran müssen Sprachpolizisten erst erinnert werden: Dass wir alle nicht von einer einzigen nationalen Kultur oder regionalen Identität alleine geprägt werden; und dass die Sprache im Alltag wie in der Kunst nicht dazu da ist, Gruppen gegeneinander abzugrenzen, sondern dass die Menschen sich verständigen und im Wort des anderen selbst entdecken können.

Später am Eröffnungsabend traten zwei junge Frauen und ein Mann zu mir und unterrichteten mich davon, dass zahlreiche Wissenschaftler und Künstler aus vier Staaten, die sich aus der Zerfallsmasse Jugoslawiens gebildet hatten, eben ein Memorandum veröffentlicht hatten: die *Deklaracija o zajedničkom jeziku,* die Deklaration über die gemeinsame Sprache, die einst Serbokroatisch hieß und offiziell in vier Sprachen zerfallen ist. Was die Verfasser und Unterzeichner der Deklaration behaupten: Serbisch, Kroatisch, Bosnisch, Montenegrinisch bildeten eine einzige Sprache, die sich aber wie das Deutsche in verschiedene Varietäten ausgefächert habe, welche alle gleichermaßen als hochsprachliche Formen der einen Sprache und weder als deren Dialekte noch als eigenständige, voneinander unabhängige Sprachen anzusehen wären. Diese Sprache aber ist gerade dabei, zu zerfallen, und zwar aufgrund der sprachpolitischen Direktiven, die die Nationalisten da wie dort erlassen haben, gleich ob es Schulbücher, die Radio- und Fernsehsendungen, die Sprache öffentlicher Verlautbarungen betrifft. Zielgerichtet hätten sie, die verfeindeten Nationalisten, es gemeinsam darauf angelegt, eine Sprache zerfallen zu lassen, dass daraus vier Sprachen werden, in denen sie sich nicht mehr verständigen können.

Die schönen Wörter. Wenn in Spanien bereits gegessen wurde, aber die Leute noch am Tisch bleiben, um weiter beisammenzusitzen, zu trinken, zu reden, dann heißt das *sobremesa.*

Was für ein glückliches Paar! Mir kommt vor, er spreche immer in Großbuchstaben, bei ihr hingegen stehe alles Gesprochene unter Anführungszeichen.

Der Rest. »Die Massenentführung von 276 christlichen Schülerinnen in Nigeria machte über den Twitter-Hashtag weltweilt Furore. Während rund 50 Mädchen noch in derselben Nacht die Flucht gelang und 21 weitere im Herbst entlassen wurden, fehlt vom Rest noch immer jede Spur.«

Wo die reale Entführung in den virtuellen Medien für Furore sorgt, als wäre sie Teil eines globalen Unterhaltungsprogramms, dort darf man sich nicht wundern, wenn jene Mädchen, die in der Verfügung ihrer Vergewaltiger blieben, als Rest gelten.

Fit. Die Mitarbeiterin der EU-Kommission schreit es vor Begeisterung fast heraus: Griechenland ist endlich wieder »flüchtlingsfit«.

Rücksichtloses Herumspazieren. »Zu einem nicht alltäglichen Unfall ist es in Deutschland gekommen. Eine Spaziergängerin ist in Bamberg gegen eine Drohne gelaufen. Das Fluggerät befand sich auf Höhe des Gesichts der Fußgängerin und verletzte diese zum Glück nur leicht.«

Virtuosentum und Kannibalismus. »Er brachte die Menschen im Konzertsaal zum Kochen.«

Stefan Zweig ist der unbedenklichste Großmeister im Gebrauch falscher Superlative. Dauernd steigert er die Dinge ins Unsinnige, ja Unmögliche wie »der menschlichste Augenblick«. Da braucht es natürlich auch die »humansten Denker«, denn menschlich und human reichen nicht in düsteren Zeiten, deren einzigste Rettung der Superlativ ist.

Was wir brauchen, erklärt die Psychologin Martina Leibovici-Mühlberger dem *Kurier*: »Wir brauchen reflexive Kinder, die Teamspieler sind und ihr Kompetenzportfolio nach jeweiligen Anforderungen neu clustern können.« Die Armen, was die alles können sollen müssen, dabei sind sie noch so klein! Selbst was die Erwachsenen brauchen, möchten sie die Kinder für sie erledigen lassen, bis sie völlig zugeclustert sind.

Seit Jahren führe ich einen vergeblichen Kampf gegen den Gebrauch des Wortes *Ex-Jugoslawien*. Ob es um politische Berichte, historische Reminiszenzen oder die Würdigung von Künstlern geht, gewohnheitsmäßig taucht, wenn von jenem Staat die Rede ist, der 1944 von den Partisanen gegründet wurde und in den neunziger Jahren auf blutige Weise zerfiel, ein mysteriöses *Ex* auf. Was soll das sein, ein Ex-Staat? Wer würde schreiben, dass die Ex-österreichisch-ungarische Monarchie oder die österreichisch-ungarische Ex-Monarchie 1918 in national verfasste Nachfolgestaaten auseinanderbrach? Die übrigens mit dem von der Monarchie geerbten Problem, dass sich auf ihren national vorgeblich homogenen Territorien gleich wieder mehrere Nationalitäten fanden, nur eher schlecht als recht umzugehen wussten und diesen bestenfalls den Status von so genannten Minderheiten zubilligten.

Wer würde nicht über die Formulierung stolpern, dass Brecht, Döblin, die Brüder Mann bedeutende Schriftsteller der Ex-Weimarer Republik waren? In den Rezensionen der Romane und Erzählungen von Ivo Andrić, die in den vergangenen Jahren neu ediert wurden, wird jedoch stets darauf hingewiesen, dass es sich bei ihm um den großen Epiker Ex-Jugoslawiens handelte. Mich ärgert das, weil Andrić ein geradezu exemplarischer Jugoslawe war: In Bosnien als Angehöriger einer kroatischen Familie geboren und aufgewachsen, lebte er als Erwachsener meist im serbischen Belgrad, wo er als Schriftsteller bevorzugt Stoffe aus der bosnischen Geschichte aufgriff und als ranghoher Beamter des Außenministeriums in Memoranden und Denkschriften die Einheit der südslawischen Nationen verfocht, gleich übrigens, ob diese gerade in einer Monarchie oder einer sozialistischen Republik verwirklicht wurde. Dass er 1975 starb, macht ihn noch nicht zum Ex-Menschen, der in einem Ex-Staat lebte.

Der Wiener Stadtrat der FPÖ Johann Gudenus behauptet, *stichhaltige Gerüchte* sprächen dafür, dass George Soros hinter der nach Europa brandenden Flüchtlingswelle stehe, mit seinem teuflischen Plan, die Europäer auf ihrem eigenen Kontinent zur Minderheit zu machen. Gudenus meint die originelle Wendung keineswegs satirisch, sondern so ernst, wie es der Lage der Nation entspricht. Bisher glaubte man, ein Gerücht bestehe aus nicht stichhaltigem Material wie Tratsch, Unterstellungen, Ressentiments, Vermutungen und sein Zweck wäre es, einen bösen Verdacht in die Welt zu setzen. Aber seitdem Verschwörungstheorien nicht mehr bloß das Hobby einiger Fanatiker sind, hat sich das Wesen des Gerüchts verändert: Gerade weil es sturzbachartig durch die Kanäle der virtuellen in die reale Welt gespült wird, gilt es nun als Wahrheit, die bisher unterdrückt, verleugnet und endlich auf dem unkontrollierten Wege des stichhaltigen Gerüchts enthüllt wurde.

Hunde mit Migrationshintergrund. In Niederösterreich hat ein verhaltensauffälliger Landesrat namens Waldhäusl ein Regierungsamt inne, das den herrlichen Titel »Integration und Veranstaltungswesen« trägt und zudem den Tierschutz umfasst. Sein besonderes Engagement gilt der Flüchtlingsfrage, verstanden als Schutz vor Flüchtlingen, und dem Tierschutz, verstanden als Schutz national bedrohter Tiere. Die beiden Bereiche haben aber auch viel miteinander zu tun: »Hunde mit Migrationshintergrund nehmen unseren Tieren leider oftmals den Platz in den örtlichen Tierheimen weg.«

Was unterscheidet eine gesamtdeutsche *Anlandeplattform* vom österreichischen Gegenkonzept der *Landeplattform?* Die deutsche Regierung wollte eigentlich *Anlandezentren* errichten, ist aber mit knapper Verspätung draufgekommen, dass sich der Anklang von Zentrum auf Konzentrieren nicht gut macht und dieselbe Sache besser Anlandeplattform heißen solle: In Nordafrika errichtet, werden die Flüchtlinge, die aus der Wüste kommen oder an der Überquerung des Mittelmeeres gescheitert sind, dort ihre Asylanträge zu stellen haben.

Die Österreicher möchten mit einem Wort, das sich nur durch die Vorsilbe vom deutschen unterscheidet, etwas viel weiter Reichendes: Sie wollen die Möglichkeit, einen Asylantrag zu stellen, gleich auf jene Herkunftsländer beschränken, aus denen die Flüchtlinge nichts wie weg wollen. Das ist eine geniale Lösung: Flüchtlinge darauf verpflichten, ihre Verfolgung im Staat der Verfolger nachzuweisen.

Unsere Regierung der jungen Leute: konzentrierte Sprachkontrolle, unfassbarer Dilettantismus, nicht gemildert durch Schlamperei, sondern verschärft durch infantilen Jux und hochmütige Tollerei.

Rhetorik und Sigetik. Der junge Kanzler schweigt sich aus, wo er reden müsste, und er redet alles nieder, wenn er nichts zu sagen hat. Er unterhält zur Rhetorik als der Lehre vom wirkungsvollen Reden ein instrumentelles Verhältnis, hat sich aber nicht einmal die Anfangsgründe der Sigetik angeeignet, der Lehre vom richtigen Schweigen: Wann soll man schweigen, weil es moralisch geboten ist, und wann darf man nicht schweigen, weil es Kumpanei mit dem Verwerflichen wäre?

Die politische Verwirrung gebiert ein sprachliches Ungeheuer nach dem anderen, und bald werden selbst jene, die dafür zuständig sind, nicht mehr wissen, mit welchen euphemistischen Begriffen sie ihre Absichten am besten verschleiern können. Dabei müssen wir aufpassen, dass wir uns nicht schneller, als wir uns das vorstellen wollten, in einer Ex-EU wiederfinden, in der in den letzten Jahren freilich aus etlichen Mitgliedsländern Ex-Demokratien geworden sind.

Abenteuer. Im Nachruf auf einen hochbetagt verstorbenen österreichischen Juden steht herz- wie gedankenlos geschrieben, er habe ein abenteuerliches Leben gehabt. Nachdem Österreich zur Ostmark wurde, hat er als Jugendlicher einige Wochen in Wien in einem Versteck überlebt, ehe ihm die Flucht aus Österreich, aus Europa gelang und er auf einem Elendsfrachter nach Shanghai gelangte. Wo er sich in mancherlei Berufen verdingte, bis er Mitte der fünfziger Jahre über verschiedene Zwischenstationen wieder nach Österreich zurückkehrte. Abenteuer? Als hätte er sich aus freier Entscheidung unbesorgt um bürgerliche Sicherheiten auf den Weg ins rettende Exil gemacht.

Gutes Gelingen: »Olga Neuwirth vertont Vertreibung der Juden.«

Verhaftet. Ich wäre einem elitären Verständnis von Sprache und Kultur verhaftet, lese ich in einem Artikel. Ein Wort, das mehr sagt, als jene wissen, die es aussprechen.

Sätze, wie sie mir gefallen. Sie haben keine Krawatte umgebunden, gehen aber auch nicht im Trainingsanzug herum. Sie tragen nicht zu enge Hosen, ein Leinenhemd mit offenem Kragen und manchmal einen Pulli darüber – und sie bevorzugen festes, doch bequemes Schuhwerk, denn sie müssen weit gehen, ohne zu ermüden.

Aus dem Wörterbuch. Wieder wird von einem gesagt, er wäre an den Rollstuhl *gefesselt*. Zutreffend ist, dass ihn sein Unfall in die Immobilität zwang, aus der aus- und aufzubrechen ihm der Rollstuhl verhilft.

Unschuld. Vorgestellt wird im Kultursender *ARTE* eine Popband namens »La Femme«. Der vielleicht 23-jährige Sänger sagt von sich, er wolle sich in der Kunst »die Unschuld des Kindes« bewahren. Wer sagt so etwas: ein Greis, ein abgeklärter Mann? Nein, fast noch ein Kind. Es ist also eine Phrase, denn kein Kind auf der Welt würde sich selbst als »unschuldig« anpreisen. Die Lüge belohnt der Reporter, indem er lobt, die Welle des Erfolgs, auf der »La Femme« surfe, sei bereits zum *Tsunami* geworden. Also zu einer in aller kindlichen Unschuld todbringenden Flut.

Ein etwa zwölfjähriger österreichischer Jünger von Greta vor der Kamera:

– Es geht um die Zukunft meiner Kinder, deswegen dürfen wir *es* nicht den Politikern überlassen.

– Was?

– Ja, alles halt, das Klima und so.

Hunde, wollt ihr ewig leben? Die deutsche Opernintendantin Eva Kleinitz ist im Alter von nur 47 Jahren gestorben. In der *Welt* wird die charismatische Intendantin gewürdigt: »Eva Kleinitz war nicht viel Zeit in der Musikwelt gegeben, während so mancher alte Mann in der Opernwelt immer noch an seinem Sessel klebt.« Was der allzu frühe Tod der einen mit der verachtenswerten Zählebigkeit der anderen zu tun hat? Keine Ahnung, aber wenn es nicht das Schicksal, sondern ein einfühlsamer Hooligan des Feuilletons wäre, der die Totenscheine ausstellen dürfte, dann würde es in Deutschland nicht nur auf dem Theater anders aussehen.

Aus dem Wörterbuch. Was ist gemeint, wenn die Leute sich angewidert über Populismus unterhalten? Dann handelt es sich beim Populismus um eine Art rhetorischer Müllkippe, in die man werfen kann, was einem stinkt. Dort rottet es vor sich hin, jeder kann seinen Abscheu über die Pestilenz ausdrücken, aber verstehen, warum dieses Gebräu nicht nur hochexplosiv ist, sondern vielen Leuten schmeckt, sodass sie sich am liebsten alle Tage an ihm berauschen, wird er es deswegen noch lange nicht.

Im Wort Populismus steckt der Pop: Der Pop erweiterte sich zum Populismus. Wie der Pop von einer Verheißung der Freiheit, des Aufbegehrens, der Daseinsfreude zur Entfesselung des Konsumismus geriet, der sich schlichtweg alles, auch das Widersetzliche, als Marke einverleibt: Das gehört zu den Dingen meines Lebens, die ich mir als Junger keineswegs vorstellen konnte.

2014–2019

2

Heimatgefühle

Nah dem Viertel, in dem ich aufwuchs, gab es bis Ende der sechziger Jahre ein Kino, das wir alle drei, vier Wochen besuchten. In diesem Vorstadtkino blieben wir Kinder der Vorstadt unter uns, wobei das Programm von Tarzan-Filmen in Schwarz-Weiß, den Possen um Graf Bobby oder Charleys Tante über die Karl-May-Verfilmungen mit ihrer herrlichen Musik bis zu amerikanischen Kriegsfilmen reichte. Eine eigene Sache waren die Paukerfilme, in denen sich autoritäre Lehrer und aufmüpfige Schüler einen filmlangen Unterhaltungskrieg um die krachlustigsten Pointen lieferten. Die Lehrer waren lebensfremde Käuze und verzopft, als wären sie nicht in der Nazizeit geprägt, sondern aus einer operettenhaften Monarchie in unsere Zeit verschlagen worden. Die Schüler wiederum, abgesehen von den Strebern, die an ihren Brillen zu erkennen waren, wollten sich der Riege lächerlicher Lehrer nicht kampflos unterwerfen. Im Nachhinein scheint mir, dass die frechen Schüler nicht gegen die Pädagogik des Drills revoltierten, sondern für ihr Recht auf Streiche und Lausbübereien kämpften, als gälte es die herrschende Schulordnung ausgerechnet mittels infantiler Überschreitungen zu bestätigen.

Kino, das war für uns entweder Klamotte, in der sich berühmte Schauspieler erfolgreich bemühten, wie echte Trottel zu wirken, oder Melodram, in dem große Gefühle nur um den Preis großer Enttäuschungen und Entbehrungen zu haben waren. Im einen Fall konnte man sich ein paar Grimassen abschauen und Kalauer merken, im anderen davon träumen, zum Retter der Bedrückten dieser Erde zu werden, und sich in die bedrohten, verfolgten, unglücklichen Schönen, in die Nscho-tschis aller Völker und Zeiten, verlieben. Verließen wir das Kino, zerfiel unsere Gemeinschaft in zwei Gruppen: Die einen fingen sofort über das, was sie gesehen hatten, zu reden an, imitierten die witzigsten Schauspieler, spielten die tollsten Szenen nach; die anderen trotteten schweigend dahin und wollten nicht dabei gestört werden, noch eine Weile in der anderen Welt zu leben.

Der Besitzer des Kinos, ein stattlicher Herr mit dünnen, farblos blonden Haaren, besaß einen wohltuenden und einen niederträchtigen Charakterzug. Um das in jenen Jahren von der Obrigkeit penibel überwachte Gesetz der Altersfreigabe von Filmen scherte er sich nur, wenn er wusste, dass eine Amtsperson anwesend war, die überprüfen wollte, ob hier Zehnjährige in Filme gelangten, die erst ab dem Alter von zwölf freigegeben waren. Normalerweise aber riss er gleichmütig die Karten ab, die wir ihm reichten, als würde er es für eine Zumutung halten, in seinem Kino als Schätzmeister des Alters amtieren zu müssen.

So leicht es war, in seinen Kinosaal zu gelangen, so herzlos ging er vor, wenn es hieß, diesen wieder zu verlassen. Zwei, drei Minuten ehe der Film zu Ende war – und Filme pflegen ihre dramatischen Konflikte mit Küssen und Schüssen ja gerade in diesen letzten Minuten zu lösen –, trat er in den dunklen Saal und schritt zur Tür rechts neben der Leinwand, um sie zur vielbefahrenen Straße hin zu öffnen, sodass Licht und Lärm in den Raum und in unsere Träume fielen. Dort blieb er stehen, zündete sich eine Zigarette an, deren Asche er zur Tür hinausschnipste, und trieb uns unbarmherzig zur Eile an, bis wir uns vor dem Ausgang versammelt hatten und aus schrägem Winkel zur Leinwand schauten, um die Schlussszene noch mitzubekommen. Dann scheuchte er uns Betrogene hinaus.

Im Kino, gestern. Die junge Frau neben mir trinkt verstohlen rülpsend aus der Bierflasche, bei der Hälfte des Films drängt sie hinaus, weil sie sich deren Inhalts entäußern muss. Sie kehrt zurück, zwingt wieder alle zum Aufstehen, zieht umständlich die Stiefel aus, um ihre Füße unter das Gesäß auf den Sessel zu ziehen, und stößt dabei die Flasche um, die sie am Boden abgestellt hatte und die nun die Bankreihen hinunterkullert. Der Mann drei Reihen vor uns schaut während des Films fünf Mal, ob neue Nachrichten auf seinem aufleuchtenden Smartphone eingetroffen sind, und hinten im Saal quasselt ein Paar, das sich zuhause vermutlich nichts zu sagen weiß, den ganzen Film hindurch. Und ich? Ich hadere mit mir, weil mich ein charakterlicher Defekt zwingt, peinliches Aufsehen zu vermeiden, bis es mir endlich doch reicht und ich meinen Unmut rüpelhaft grob äußere. Das geht mir schon immer so mit mir. Über mich scheint das Schicksal verhängt zu sein, meine Feigheit nur im autoritären Aufbrausen überwinden zu können.

Ab Linz war der Zug nahezu voll. Meiner Wahrnehmung entgehen jene Mitreisenden nicht, die ihre Gepäckstücke, seien es schwere Koffer oder ein Rucksack für Laptop, Pulli und Jause, stets so ablegen, dass sie zwei Plätze besetzen und sich die Zumutung ersparen, im Zug womöglich gar einen Sitznachbarn zu haben. Zwängen sich später Zugestiegene suchend nach einem freien Platz durch den Waggon – mit einem Säugling am Arm oder einem Gehstock in der einen, einer Reisetasche in der anderen Hand –, starren sie ungerührt aus dem Fenster oder auf ihr Smartphone, vollauf damit beschäftigt, nichts zu sehen, zu hören, zu bemerken und gleichmütige Miene zu machen. Es wäre ein Leichtes – und ist doch zu schwer für mich –, jetzt aufzustehen, die betagte Dame zu einem jener Plätze zu führen, den dort ansässig gewordenen Soziopathen zu ersuchen, doch einen Platz freizumachen und mich dann zufrieden mit mir und ausgesöhnt mit der Welt zu meinem Sitz zurückzubegeben. Gegen meinen Willen tue ich es aber nicht, sondern verbringe die Zeit damit, Reisende zu beobachten, wie sie ihr Gepäck taumelnd durch den Waggon schleppen, vorbei an elektronisch wohladjustierten Asozialen, die sich zwei Sitzplätze für ihre eine verächtliche Existenz zu sichern verstanden. So lasse ich die Wut in mir wachsen, irgendwann ist sie größer als meine Scheu, Aufsehen zu erregen, dann springe ich auf, herrsche einen Jüngling mit lockigem Haar, der versonnen der sphärischen Musik aus seinem Ohrenstöpsel lauscht und angestrengt der Welt rundum nicht achtet, unvermittelt an, dass er sich trotz seiner sozialen Verwahrlosung unverzüglich bequemen solle, den schicken Rucksack wegzunehmen und Platz für die gehbehinderte Dame zu machen. Was dieser, die Augen schreckensgeweitet, die zarte Haut von einer pubertären Röte überzogen, auch unverweilt zu tun pflegt.

Nie bin ich rhetorisch einfallsreicher als in solchen Momenten, in denen meine Wut etwas Welterrettendes hat und sich in kalte sprachliche Verachtung entlädt. Es ist halt so, die gemeine Rücksichtslosigkeit und allgemeine Aggressivität, denen wir heute allerorts begegnen, sie stören mich dermaßen, dass ich manchmal grad dreinschlagen könnte.

Der Lastkraftwagen stand in der Nähe des burgenländischen Ortes Parndorf in der Augusthitze, und als die Polizei die Tür des Laderaums öffnete, fand sie die verwesenden Leichen von 71 Flüchtlingen, die sich auf eine Reise begeben hatten, welche sie in den sicheren Teil Europas hätte bringen sollen. Das Bild des Autos am Pannenstreifen, die stockenden Erzählungen der Polizisten haben uns wuchtiger getroffen als die Nachrichten, die wir seit Monaten vom verheerenden Krieg im fernen Syrien erhalten, der Hunderttausenden das Leben gekostet hat und Millionen in die Flucht treibt. Ja, ich bin überrascht, wie viele meiner Landsleute sich jetzt daranmachen, den durch das Land ziehenden Flüchtlingen zu helfen und denen beherzt beizustehen, die für kurz, länger, gar für immer in Österreich bleiben werden.

Seit die Schule im Herbst wieder begonnen hat, bekommt es meine Frau, die seit dreißig Jahren Kinder unterrichtet, die aus der Fremde stammen, nicht nur mit Schülern zu tun, wie sie vorher noch keine hatte, sondern auch mit vielen Männern und Frauen, alten und jungen, aus den verschiedensten Berufen, die ein paar Stunden in der Woche beim Sprachunterricht oder in lebenspraktischen Bereichen helfen möchten. Sie treffen auf Kinder, die wie alle Kinder wissbegierig sind und sich freuen, etwas Neues zu lernen, und auf andere, die während der Schulstunde ihr Haupt auf den Tisch legen und in tiefen Schlaf versinken; wie jener Faris, der nicht weiß, wann und in welchem Land er von seinen Eltern und Geschwistern getrennt wurde und der, wenn er nach einer halben Stunde Tiefschlaf aufschreckt, schluchzend behauptet, er heiße nicht Faris, sondern Rasie und müsse sofort zum

Bahnhof, weil heute, ganz sicher, sein Bruder Faris dort eingetroffen sei und herumirre. Oder die, wenn sie etwas nicht zuwege gebracht haben, schreiend zur Wand laufen, die Farbe von ihr zu kratzen und zu schlucken beginnen. Oder solche, die verloren und unerreichbar ins Leere blicken, zurück auf jene zwei Jahre, die sie brauchten, um von einem Ort in Syrien bis hierher in diese Schule nach Salzburg zu gelangen.

Die Schulverwaltung, die zu Recht darauf achten möchte, dass die ausländischen Schüler auch wirklich Deutsch lernen in den österreichischen Schulen, verschickt elektronisch diese Nachricht an meine Frau: »Wir möchten Sie zu einem Webinar über das Kompetenztool der EduPage einladen.« Sonst noch was?

Ein Satz, gesprochen vor sechs Wochen, von dem fast jeder sofort begriff, dass er einen Satz von historischer Bedeutung vernommen hatte: »Wir schaffen das.« Als ich ihn hörte, fragte ich mich unwillkürlich, ob Merkel ihn so meinte, wie er sich anhörte, als nachgerade lutherisch zuversichtliche Ermutigung der Deutschen, ob sie sich ihn wohl überlegt hatte oder ob er ihr gewissermaßen zugestoßen war. Wie 26 Jahre vorher einem ostdeutschen Politiker namens Günter Schabowski ein Satz widerfuhr, dessen Folgen er selbst nicht abgesehen hatte, damals, als er auf einer Pressekonferenz in Ostberlin bekanntgab, dass die DDR ihren Bürgern künftig Auslandsreisen erlauben werde und er, gefragt, ab wann diese Absichtserklärung gesetzlich in Kraft trete, schließlich sagte, indem er mehrmals in seinen Unterlagen nachschaute und die Brillen aufsetzte und abnahm: »Nach meiner Kenntnis ist das ... ist das sofort, unverzüglich.« Keine Stunde später wurde die Berliner Mauer gestürmt.

Es ist fast ein Aufstand jenes Österreich, von dem man sich gerne einredet, es würde gar nicht existieren: Nun ist es aber auf Bahnhöfen, in provisorischen Flüchtlingsunterkünften und den Schulen zur Stelle, um das zu tun, was geboten ist. Ich habe nur wenige historische Momente erlebt, in denen mir die eigene Nation in so hellem Licht erschien wie in diesen Wochen und Monaten, da sich Hunderttausende für die Flüchtlinge engagieren, als wäre es schlicht das Selbstverständliche.

Zwei Meldungen am selben Tag, auf zwei verschiedenen Seiten derselben Zeitung: 85 Prozent der Österreicher, sagt die Erhebung eines demographischen Instituts, sollen auf die Hilfsbereitschaft und Herzlichkeit, mit der unser Land den Flüchtlingen begegnet, stolz sein. Ja, stolz. Fragt man die Leute sonst, was sie mit nationalem Stolz erfülle, werden meist Dinge genannt, für die keiner von uns etwas kann, etwa »die Berge« oder die »schöne Natur« oder »die Kultur«, die vor hundert und mehr Jahren, jedenfalls ohne Zutun der heute Lebenden, geschaffen wurde.

Ein anderes demoskopisches Institut hat erhoben, dass über ein Drittel der Österreicher, sollte morgen gewählt werden, die FPÖ zur stärksten Partei machen würde. Es handelt sich um ein österreichisches Mirakel: Der nationale Stolz entfacht sich an Dingen, die man ablehnt und bekämpfen möchte.

Auf einer Demonstration in Salzburg ging ich hinter einer jungen Frau, die in der Hand eine selbstgefertigte Tafel trug, auf der sie mit roter Farbe zwischen die Worte »I« und »refugees« ein rotes Herzerl aufgemalt hatte. Sie war mit solcher Begeisterung für die gute Sache unterwegs, dass man sie selber hätte herzen mögen. Alle Welt lässt sie wissen, dass sie Flüchtlinge liebt. Ist das nicht eine Nachricht, gleichermaßen rührend wie stupide?

Natürlich kann man einen bestimmten Flüchtling lieben oder auch mehrere! Aber warum sollte man alle Flüchtlinge lieben, gewissermaßen den Flüchtling an und für sich als Teil einer eigenen Gattung von Mensch?

Flüchtlinge haben, wenn sie diesen Status zu Recht beanspruchen, ein Anrecht darauf, Asyl zu erhalten; sie haben keinen Anspruch darauf, geliebt zu werden oder auch nur besonders willkommen zu sein. Die Juden, die dem ihnen zugedachten Tod durch die Flucht ins Exil zu entrinnen versuchten, waren fast nirgendwo willkommen. Aber es hat wenigstens ein paar Länder gegeben, die auf ihre eigenen Gesetze geachtet und die Menschenrechte beachtet, sie daher aufgenommen und ihnen die Chance geboten haben, ihren Platz in der neuen Welt zu finden. Dass das zum baldigen Nutzen dieser Länder geschah, ist ein Weiteres, vom potentiellen Nutzen des Flüchtlings hängt sein Anspruch, in seiner lebensbedrohenden Not Asyl zu erhalten, jedoch nicht ab. Wir brauchen Flüchtlinge nicht zu lieben, aber wir dürfen sie auch nicht danach messen, ob morgen aus ihnen jene Staatsbürger geworden sein könnten, die wir bitter benötigen werden. Sie sind nämlich keine besseren und auch keine begabteren Menschen, sie sind Menschen, die um ihr Leben fliehen mussten, das genügt.

Der Galaabend der Flüchtlinge. Der TV-Moderator Kerner führt durch eine Show, welche die Millionen Deutschen, die sich der Willkommenskultur verpflichtet fühlen, in ihrer Haltung bestärken möchte. Im Lauf von zwei Stunden spricht er mit mindestens zwanzig Leuten: mit Prominenten – das kann er sehr gut; mit Flüchtlingshelfern – das bringt er gerade so hin; und mit Flüchtlingen, die dummerweise bei ihrer Gala nicht fehlen dürfen – zu ihnen findet er keinen Draht, und daher stellt er ihnen nur Fragen, die er gleich selber beantwortet, während er den mundtot Gemachten freundschaftlich den Arm um die Schulter legt.

An einem wolkenlos strahlenden Sonntag im Dezember fahre ich mit dem Zug nach Dornbirn, um dort anderntags beim so genannten Montagsforum aufzutreten. Als der Zug Tirol passiert und Vorarlberg erreicht, liegen tief unter der Bahnstrecke die Täler im Schatten, darüber erheben sich dichte Wälder, die von aperen Wiesen durchsetzt sind, und ganz oben thronen die Gebirgsketten, deren scharfkantige Spitzen in der Wintersonne glitzern. Abends schlendere ich durch Dornbirn und kann nicht einmal ermessen, ob der Marktplatz mit seinen berühmten Gebäuden schön ist oder nicht, so vollgeräumt ist das ganze Gelände mit Getränkeständen, Imbissbuden, Delikatessenläden, in denen Vorarlberger Käsknöpfle, italienische Ravioli, Schweizer Raclette offeriert werden, mit den Verkaufslokalen voller Tand und Glitter, heimischer Handwerkskunst aus Holz und Plastikzeug aus China. Der Christlkindlmarkt hat einige Tausend Leute in die Stadt gespült, und mir kommt vor, dieser wäre weniger für die Touristen gemacht als der viel berühmtere in Salzburg, dafür sind hier türkische Familien zu sehen, die sich in Dornbirn offenbar auch im Advent der christlichen Heilserwartung zu den Einheimischen zählen, was sie in Salzburg nur ausnahmsweise tun und was ihnen dort auch nur ausnahmsweise zugestanden wird. Hier jedenfalls stehen die Dornbirner Türken mit den Alteingesessenen zusammen, zu denen sie sich nach den sechzig Jahren, seitdem die ersten ihrer Vorfahren in die Vorarlberger Textilindustrie eingerückt sind, selbst rechnen.

Hundert Jahre ehe die Türken nach Vorarlberg zogen, haben Abertausende Vorarlberger ihre Heimat verlassen, weil sie dort kein Auskommen fanden oder die politische und religiöse Unterdrückung nicht mehr leiden mochten. Zumal in Dubuque in Iowa haben sich viele Dornbirner angesiedelt und diese Stadt, ja den ganzen Bundesstaat ökonomisch, politisch, kulturell mitgeformt. Das gelang ihnen als Zuwanderern aus dem europäischen Rheintal, die in der neuen Heimat noch lange als eigene Gruppe zu identifizieren waren, und Einzelnen von ihnen gelang es besonders gut: etwa jenem bettelarmen Freidenker Johann Josef Rhomberg, auf dessen Spuren mich vor Jahren Meinrad Pichler mit seinem prächtigen Buch über Vorarlberger Rebellen gesetzt hat. Rhomberg – der Name ist heute noch in Vorarlberg, aber auch in Iowa populär – war ein emphatischer Lehrer, scharfsinniger Religionskritiker, unbeugsamer Demokrat und einflussreicher Publizist, dessen Wahlspruch »Freiheit, Bildung und Wohlstand für alle« lautete. Im Streit zwischen den puritanisch frommen Temperenzlern, die für das Verbot von Alkohol eintraten, und den meist aus deutschen Ländern stammenden Libertären, die die Askese ablehnten, schlug er sich auf deren Seite. Zwei Generationen von Auswanderern aus Dornbirn, Vorarlberg, den deutschsprachigen Ländern hat Rhomberg mit seiner Reformpädagogik und seinem Kampf gegen den rücksichtslosen Kapitalismus der »Landverschleuderung nebst Waldverwüstung« beeinflusst, sein Hauptwerk, den Roman »Josef Freifeld. Ein Social-Roman aus dem deutschamerikanischen Leben« veröffentlichte er unter dem Pseudonym Max Arlberg.

Dornbirn zählt nicht mehr als fünfzigtausend Einwohner, aber es hat eine kulturelle Einrichtung aufzubieten, die in Europa so leicht nicht ihresgleichen findet. Vor bald zwanzig Jahren ging ein erfolgreicher Manager in Pension, begann Geschichte, Theologie und Islamwissenschaften zu studieren und dachte sich, dass es wohl mehr Menschen wie ihn geben werde, die, aus dem Berufsleben ausgeschieden, nicht vor dem Fernseher auf den Tod warten, sondern sich über das, was Wissenschaften und Künste Neues zu bieten haben, auf hohem Niveau unterrichten lassen möchten. So gründete er eine Akademie samt Veranstaltungsreihe, für die er Geographen und Biochemikerinnen, Politologen, Künstlerinnen, Philosophen zum Vortrag lädt. Keine andere Veranstaltungsreihe kenne ich, die zu einem so abschreckenden Termin, nämlich am Montag von halb zehn bis zwölf Uhr Vormittag stattfindet – und zu der sich gleichwohl selten weniger als siebenhundert Zuhörer einfinden. Sie kommen nicht nur aus Dornbirn, sondern reisen aus ganz Vorarlberg mit seinen nahe beieinanderliegenden Kleinstädten an, viele kennen einander, denn um am Montag im Kulturhaus Einlass zu finden, muss man ein Abonnement für das ganze Semester erwerben, und dieses Abonnement erneuert sich, wird es nicht aufgekündigt, stets von selbst. Und da die Reihe immer mehr Zulauf erfährt, sind die Wartelisten lang, und recht besehen kommen neue Abonnenten erst zum Zug, wenn andere gestorben oder in den immerwährenden geistigen Ruhestand übergetreten sind.

So erzählte es mir Heinz Bertolini selbst, der das Montagsforum einst erfunden, inzwischen die Leitung freilich in jüngere Hände gelegt hat. Er war zu meiner Lesung gekommen, in der ich zwischen den vorgetragenen Passagen einiges über die Literatur im Allgemeinen und mein Leben mit ihr im Besonderen berichtete, und dies vor einem Publikum, so aufmerksam und herzlich dem darüber in heitere Dankbarkeit geratenden Mann auf der Bühne zugetan, wie man es sich als Autor nur wünschen kann. Bertolini war knapp über achtzig, er hätte auch zehn Jahre jünger sein können mit seinem wettergebräunten Gesicht, dem kantigen Kinn, der kräftigen Nase, dem schneeweißen, doch vollen Haarschopf und vor allem mit seinen wachen Augen und der eindringlichen Art zu berichten und nachzufragen.

Nach der Veranstaltung luden mich Bertolini und die Mitarbeiterinnen des Montagsforums zum Mittagessen in ein Dornbirner Gasthaus ein, und von jedem der Tische nickten mir freundlich ältere Herrschaften zu, die den Vormittag im Kulturhaus verbracht hatten. Ich hatte, was persönlichen Rekord bedeutete, über achtzig Bücher signiert, es war ja bald Weihnachten und die Leute kauften meine Bücher als Geschenk für ihre Lieben. Oder Liebsten. Es war an diesem Dezembertag in Dornbirn, dass ich die merkwürdigste Widmung meines Lebens in ein Buch zu schreiben hatte. Eine elegante Dame, schlank, mit zartgliedrigen Fingern, hatte sie mir aufs Wort vorgesprochen, und an Widerspruch oder Nachfrage war bei der Entschlossenheit ihres Auftretens nicht zu denken: »Für Mario von Mariella, weil sie ihm endgültig verziehen hat. Schöne Weihnachten, Karl-Markus Gauß.«

In meiner Bankfiliale, in der ich schon die zweite Generation von Angestellten kommen und gehen habe sehen, steht am Schalter ein junger, akkurat gekämmter und gekleideter Mann, der aus einer anderen Zweigstelle zur Aushilfe geschickt wurde. Er schiebt mir den Erlagschein mit den Worten zurück: Hier fehlt die Unterschrift. Urplötzlich schießt mir ein Erlebnis wieder ein. Vor 35 Jahren weigerte sich zuerst der Schalterbeamte, dann der Vorstand eines Postamts, mir mein Gehalt als Zivildiener auszuhändigen, weil die Unterschrift, mit der ich dies zu bestätigen hatte, nicht mit meiner Musterunterschrift übereinstimmte. Wohl zehn Mal musste ich vor den beiden und dem sich interessiert um uns bildenden Kreis von Postkunden eine Probe meiner Unterschrift geben, und jedes Mal fiel sie anders aus.

Bis heute verfüge ich über keine unverwechsel- und identifizierbare Unterschrift, und gerade wenn ich weiß, dass sie geprüft werde, verfehle ich meine eigene Signatur am weitesten. Vielleicht bin ich zum Fälscher berufen, ist es doch dessen Begabung, sich die Handschrift von vielen anzueignen, aber über keine eigene zu verfügen. Werde ich bedrängt, gerate ich in Panik, nicht zu wissen, wie sie geht, meine »richtige Unterschrift«. Hastig kritzelte ich meinen Namen oder etwas, das nach ihm aussah, auf den Erlagschein, schob ihn zurück und eilte wie ein Betrüger davon; nein, kein Betrüger ginge so dilettantisch zu Werke.

Fernsehweihnachten. In der deutschen *Tagesschau* treten nacheinander auf: Papst Franziskus, der verlangt, dass wir in den Augen der minderjährigen Flüchtlinge den Blick Jesu erkennen mögen; Kardinal Reinhard Marx, der Erzbischof von München und Freising, der die Katholiken aufruft, die Weihnachtsbotschaft als Auftrag zu nehmen, sich um die Ärmsten, die Kranken, die Heimat- und Obdachlosen zu kümmern; der evangelische Superintendent Heinrich Bedford-Strohm, der an die Gläubigen appelliert, die asoziale Wirtschaftsordnung des Neoliberalismus durch eine gerechte und nachhaltige Ökonomie zu ersetzen. Als Letztes folgt die

Ansprache des Bundespräsidenten Steinmeier, und sie endlich klingt, als würde sie von einem Pfaffen stammen.

Silvester. Wahrscheinlich ist die große Knallerei, mit der so viele Schadstoffe in die Luft gejagt und über unseren Ansiedelungen verteilt werden, wirklich nicht zu rechtfertigen. Aber eines spricht jedenfalls nicht gegen den lauten Brauch: dass an diesem Abend sinnlos Geld vergeudet werde. Dass Leute, die nicht wohlhabend sind, an einem Tag im Jahr einen Teil ihres Geldes für eine sekundenschnell verglühende Leuchtrakete, für ein paar Donnerkracher des Saluts verwenden, das ist ja gerade das Schöne daran. Es heißt ihnen, dieses eine Mal ihr Geld nicht wohlüberlegt, sondern, begeistert vom Überflüssigen, für das Überflüssige einzusetzen. Zu vergeuden. In die Luft zu jagen. Es zu verpulvern. Freilich wäre es klüger, wenn sie nach ihrer finanzpolitischen Erziehung als gehorsame Staatsbürger ihre Notgroschen in Aktien anlegen würden. Aber immerhin an diesem einen Tag möchten sie aus der über sie verhängten Zwangsökonomie ausbrechen und das Sinnlose tun, dessen Reiz und Renitenz eben darin besteht, sinnlos zu sein. Diese Freude an der Überschreitung soll den Leuten jetzt endgültig ausgetrieben werden, nicht aus berechtigten ökologischen, sondern aus politischen, staatsbürgerlichen, gesundheitspolizeilichen Gründen. Wer mit seinen Kindern oder Enkeln im Garten fünf Leuchtraketen abfeuert, muss begreifen lernen, dass er sich und die Seinen damit zum plebejischen Abschaum befördert.

Heimatgefühl in der Linie 21. Eine adrett gekleidete Frau von einigen sechzig Jahren redet laut auf ihre Begleiterin ein. Es ist ein Sturzbach von Niedertracht und Bosheit, der sich aus ihr ergießt, sie zetert über ihren Cousin, der vor sechs Wochen gestorben ist, dem sie aber keine Träne nachweint, weil er sie dreißig Jahre lang nur belogen und sich nie um sie gekümmert habe, sie zieht über die Tochter ihres Chefs her, die nie zu arbeiten gelernt hat, sie schimpft über die Frau ihres Bruders, die ihr freundlich gekommen wäre, aber falsch wie eine Schlange ist – so geht das atemlos dahin. Die Gespräche im Bus sind verstummt, fassungslos hören wir zu, wie hier ein Mensch seine ganze Gehässigkeit ausspuckt.

Endlich erhebt sich eine weiche, in ihrem Übergewicht wabernde Frau, schwer krank, mit Plastikschläuchen, die von einem kleinen Köfferchen, das sie in Händen hält, zu ihren Nasenlöchern führen, und sagt mehr traurig als empört: »Was sind Sie doch für ein böser Mensch, unerhört, was Sie daherreden.« Eine Station später, beim Landeskrankenhaus, steigt sie aus, und sogleich versucht die Dame, neuerlich ihre Maschine der Bezichtigung anzuwerfen, aber, als müsste sie die Ausgestiegene vertreten, fährt ihr prompt eine Mutter mit zwei Kindern auf dem Schoß in die Parade: »Schämen Sie sich, es ist eine Schande, dass wir uns so etwas anhören müssen!«

Herrlich, meine Salzburger Landsfrauen. Sie ersparen mir Wut und Zivilcourage.

Heimatgefühl am Schalter. Am Hauptbahnhof sitzt ein Bediensteter der Österreichischen Bundesbahnen in blauer Uniform mit roter Krawatte hinter dem Schalter. Ich schaue zuerst auf die Krawatte, und als meine Augen höher wandern, sehe ich, dass an diesem Mann fast alles rot ist: die Gesichtshaut – bis zum Hals, der aus einem weißen Hemd ragt, und bis zum Haaransatz: eine kräftige Röte liegt über dem Antlitz. Die farblos grauen Augen unter dem Bogen der rotblonden Brauen ruhen in einem rötlich eingetrübten Augapfel. Und am Haupt: rote Strähnen. Er ist hilfsbereit und freundlich und spricht zu mir, fast hätte ich gesagt: mit hellroter Stimme.

Heimatweh auf der Straße. Eine Frau, schlank, mit einer eleganten Aura von Unglück und Verzicht ausgestattet, verließ die Confiserie in der Kaigasse. Kaum war sie auf die Straße herausgetreten, nahm sie ein Bonbon aus dem Säckchen, schob es mit gespreizten Fingern in den Mund und fing selig zu lächeln an, ich hatte den Eindruck, ein Schauer des Behagens ginge durch ihren Körper und ihre Seele. Ich lächelte sie an, fast dass ich ein nettes Wort an die Unbekannte gerichtet hätte. Als sie merkte, dass ich ihr Entzücken, nein, dass ich sie in ihrem Entzücken bemerkt hatte, erstarrten ihre Gesichtszüge wie schockgefroren, es fehlte nicht viel und sie würde mich, als hätte ich sie in einem intimen Moment ausgespäht, beschimpft haben: Voyeur! Unhold!

(Ein ausgestorbenes Wort: hold. Der holde Knabe mit lockigem Haar, das Mädchen, wie hold es lächelt! Im Wörterbuch der Brüder Grimm wird »hold« mitsamt seinen Ableitungen noch auf vier eng bedruckten Seiten abgehandelt. Heute hat das Holde nur mehr in seiner absoluten Negation, in der Gestalt des Unholds, überlebt. Hold hatte ursprünglich zwei Richtungen: Von oben war der Herr, sofern er sich als gütig erwies, dem Untertan gegenüber hold. Von unten war der Untertan hold, wenn er seinem Herrn treuergeben blieb. Erst im 19. Jahrhundert kam die Bedeutung von hübsch, lieblich, anmutig hinzu. Und dann dauerte es sprachgeschichtlich gar nicht mehr lange, bis es um das Holde und die Holden geschehen war.)

Kleine Salzburger Heimatkunde. Am selben Tag wird im Gemeinderat zweierlei beschlossen: dass einige Verkehrsampeln für Fußgänger gleichgeschlechtliche Pärchen von Grün- und Rotfiguren zeigen sollen und dass das Bettelverbot in der Fußgängerzone verschärft werde.

So tolerant sind wir: Schwul darf man schon sein, aber arm immer noch nicht.

Große Salzburger Landeskunde. Salzburg, das so lange als souveränes Erzbistum einen eigenen Staat bildete, dessen weltlicher und geistlicher Herr der Erzbischof war, fiel nach den Napoleonischen Kriegen und dem Wiener Kongress an Österreich. Das ist jetzt zweihundert Jahre her, und das Jubiläum bietet Anlass für ein enormes und enorm vielfältiges kulturelles Programm, das sich ein ganzes Jahr lang über alle Gaue des Landes erstrecken wird. Den Auftakt macht ein Festakt am 15. Jänner 2016 im Mozarteum, und als mich Fritz Urban, der Intendant des Salzburg-Jahres, fragte, ob ich die Eröffnungsrede halten möchte, schoss mir als Erstes durch den Kopf, dass in den vergangenen Monaten doch Tausende Flüchtlinge ins Land gekommen oder durch unser Land gezogen sind und ich ja selbst das Kind von Flüchtlingen bin.

Meine sechsköpfige Familie schaffte es mit mir als ihrem ersten gebürtigen Österreicher erst zwei Jahre nach meiner Geburt, elf Jahre nachdem sie in Salzburg gelandet war, aus der Barackensiedlung für Volksdeutsche herauszukommen und in eine eigene Wohnung zu übersiedeln.

Spricht man über die Geschichte Salzburgs, muss man auch über die unaufhörliche Wanderung sprechen, die Salzburg geprägt hat: über die Zuwanderung, die von den Erzbischöfen gefördert und organisiert wurde und nicht nur Musiker, Kapellmeister, Hofmaler, Architekten hierherbrachte, und über die Abwanderung, die oft eine erzwungene war, wie die der Protestanten, die der Erzbischof Firmian noch 1732 vertrieb, nach Ostpreußen, wo viele von ihnen an Krankheiten starben, andere sich übers Meer in die USA aufmachten und sich in der Nähe der Stadt Savannah in Georgia ansiedelten. Über die Zuwanderung von deutschsprachigen Heimatvertriebenen aus den von den Nationalsozialisten verwüsteten Ländern in der Mitte und im Osten Europas nach 1945, die, anfangs keineswegs willkommen geheißen, das Ihre zum Aufbau des Landes beitrugen; über die Gastarbeiter, die auf der Suche nach einem besseren Leben nach Salzburg kamen und ohne die jener Wohlstand, der uns heute selbstverständlich ist, niemals erwirtschaftet hätte werden können; über die Versprengten so vieler Länder und aller Kontinente, die sich in kleinerer Zahl hier ansässig machten und alle etwas vorher in der Stadt Unbekanntes mitbrachten, und sei es indische, thailändische, chinesische Küche; über das Strandgut von niedergeschlagenen Aufständen und Kriegen aus Ungarn, der Tschechoslowakei, Jugoslawien, ohne die in Salzburg nichts mehr ginge. Und auch über die Wirtschaftsemigranten, die Salzburg seit den fünfziger Jahren in Richtung Südafrika oder Australien oder wohin sonst noch verließen und deren Lücken ohne Zuzug demographisch nicht zu schließen gewesen wären.

Es ist unausweichlich, bei dieser Rede den Bogen ins Heute zu schlagen, da ganz andere Menschen zu uns kommen, Flüchtlinge aus Syrien, dem Irak, Afghanistan. Darauf wird bei uns fast ausschließlich auf zwei strikt gegensätzliche Weisen reagiert, die beide unangebracht sind: mit Euphorie oder Panik. Es ist eine wohlmeinende Täuschung, anzunehmen, dass sich die meisten Flüchtlinge, umfassend talentiert und hochmotiviert, binnen kurzer Frist in die österreichische Gesellschaft eingefügt haben werden, zu ihrem und unserem Nutzen. Und es ist eine bösartige Täuschung, die Flüchtlinge rhetorisch zu einer fremden Masse Mensch zusammenzuballen, die weder willens noch fähig wäre, sich jemals mit jenen zivilisatorischen Werten zu identifizieren, die auch bei uns erst nach langen Auseinandersetzungen allgemein akzeptiert wurden.

Was ist 1916 auf der Hundertjahrfeier gesagt worden, mitten im Ersten Weltkrieg, und was hätte, mit dem Wissen von heute, der mir unbekannte Festredner von damals zu sagen nicht unterlassen dürfen? Wie wird sich, in die andere Richtung gedacht, Salzburg in hundert oder, sagen wir, in fünfzig Jahren mit diesem Jubiläum seiner Geschichte auseinandersetzen? Wie könnte es 2066 um Salzburg als Teil Österreichs stehen? Was natürlich mit zwei weiteren Fragen zusammenhängt, nämlich was bis dahin aus Österreich als Teil Europas und aus Europa als einem Teil der globalisierten Welt geworden sein wird. Es wäre ein Nachruhm, der zu fürchten ist, wenn die Salzburger 2066 von uns als jenen Vorfahren sprechen müssten, denen das Glück beschieden war, in besseren Zeiten gelebt zu haben.

Ja, auch solche kenne ich in meinem Bekanntenkreis: Jugoslawien trauern sie immer noch nach. Aber die Europäische Union möchten sie zerfallen sehen.

Längst wird an der Europäischen Union nicht nur diese oder jene angemessen scharfe Kritik geübt, vielmehr wird ihr eine verächtliche Abwertung, nein, ein Hass zuteil, der sich gegen alles und auch das Gegenteil davon richtet, Hauptsache, es geht gegen Brüssel, das den nationalen Regierungen immer entweder zu viel vorschreibt oder ihnen zu viel durchgehen lässt. Wer stellt sich jenes Europa vor, wenn die verhasste Union endlich zerfallen sein wird? Kein Mensch bei Verstand kann glauben, dass soziale Gerechtigkeit leichter zu erkämpfen sein werde, gute Zeiten für die ökologischen Bewegungen anbrächen und die Solidarität im Kleinen und Großen siege, wenn, ja, wenn 27 Staaten erst eine Souveränität wieder erlangten, die sie längst vor der Gründung der Union eingebüßt hatten.

Eurokommunismus, Eurokapitalismus. In meiner Jugend hatte mich die Vorstellung fasziniert, gegen den sowjetischen und den chinesischen werde sich ein spezifisch europäischer Kommunismus entfalten, der nicht auf Kommandowirtschaft und einem diktatorischen Einparteiensystem aufbaut, sondern die besten demokratischen Traditionen aufgreift und verwirklicht, was über die Jahrhunderte im imaginären Archiv der Revolten gelandet war. Die erste Zeitschrift, für die ich Monat für Monat Essays, literarische Porträts, Buchkritiken verfasste, das *Wiener Tagebuch,* spürte mit internationalen Beiträgern wie Claudio Magris, Eric Hobsbawm, Rossana Rossanda, verfemten Dissidenten des Ostblocks und aus ihrer Partei ausgetretenen oder ausgeschlossenen österreichischen Kommunisten vor allem den Chancen und Grenzen eines solchen Eurokommunismus nach.

Heute wäre ich es vorerst zufrieden, wenn sich gegen den angelsächsischen und den chinesischen ein spezifisch europäischer Kapitalismus behauptete, zu dem immerhin ein gewisser sozialer Ausgleich gehörte, der Eurokapitalismus.

Nirgends auf der Welt gibt es so viele Gegner der Europäischen Union wie in Europa, ja, so viele Feinde Europas selbst wie in Europa. Wenn sie glauben, politisch links gesinnt zu sein, weisen sie, was an europäischen Errungenschaften der ganzen Welt gehören sollte, notorisch als eurozentrisch ab. Der Schärfe, mit der sie europäische Missstände und Traditionen kritisieren, korreliert eine absonderliche Nachsicht, die sie gegenüber despotischen Regimen in der Nähe und der Ferne üben; deren eklatante Mängel an Demokratie pflegen sie nicht diesen, sondern den Europäern vorzuhalten, die in arrogantem Dünkel der ganzen Welt vorschreiben möchten, wohin sich die Gesellschaften auf Erden zu entwickeln haben.

Es gibt auch den neoliberalen Antieuropäer, der sich selbst aber gerne als »glühenden Europäer« bezeichnet. Wofür er glüht? Für die grenzenlose Zollfreihandelszone, die leichte Manövrierbarkeit der Arbeitsmasse Mensch, die Zerstörung dessen, was die Menschen aller Kontinente mit Europa verbinden, des Sozialstaates.

Wie Salzburg 2066 aussehen wird? Man braucht kein Prophet zu sein, um zu sagen: Es wird, was die Herkunft der hier lebenden Menschen betrifft, bunter sein als heute, da Menschen aus immerhin 147 Ländern hier leben. Bunter heißt nicht von vorneherein schon besser. Aber auch nicht einfach schlechter. Was daraus wird, hängt von uns selber ab, denn die Geschichte geht ihren Weg nicht nach ehernen Gesetzmäßigkeiten, und sie hat kein vorgegebenes Ziel.

Radu Lupu spielt mit der Kremerata Baltica im Großen Saal des Mozarteums zwei der weniger populären Klavierkonzerte von Mozart. Wir hören ihn nicht nur, hingerissen sehen wir ihm auch dabei zu, dem siebzigjährigen rumänischen

Pianisten, der langsam, fast tänzelnd durch die Reihen der jungen Musiker zum Klavier tritt. Ein größeres Maß an entrückter Bescheidenheit, an charismatischer Hingabe – an das Stück, aber auch an das Orchester – kann man sich nicht vorstellen. Lupu sitzt völlig ruhig auf seinem Hocker, er spielt, fast ohne Bewegung der Arme, nur der Hände und Finger – und seiner Seele. Hat der Pianist gerade Pause, legt er die Hände ineinandergefasst auf den Oberbauch, wie es auf alten Bildern fromme Schulmänner tun, spielt er nur mit der Rechten, streicht die Linke seinen feinen weißen Bart oder sie deutet, mit sparsamen, fast unmerklichen Gesten, den um ihn gruppierten Instrumentalisten, etwas leiser oder langsamer zu intonieren. Die schnellen Läufe über die Tasten absolviert er ohne jede Bemühung, wie nebenhin und frei vom Ehrgeiz, auf das Virtuose daran aufmerksam zu machen. Ist der letzte Akkord verklungen, erhebt er sich und wendet sich zuerst nicht dem Publikum zu, sondern den Musikern, und noch von der letzten Reihe aus sieht man, dass sie alle strahlen.

Wenn ich mir ein paar Wochen zu viel zugemutet habe, nötigt mich ein mir ureigener Instinkt, von einer Stunde zur anderen alles liegen zu lassen und für nichts und niemanden mehr zur Verfügung zu stehen. Ich weiß nicht, was es ist, das mich dazu zwingt, vielleicht ist in diesem Hang zu flüchten, mich wie ein Strolch aus dem Staub zu machen, mein innerster Wesenskern beschlossen, sofern ich einen solchen habe. Jedenfalls trete ich unverzüglich den Rückzug an, ich verpasse wichtige Treffen, die seit langem vereinbart waren, lasse geplante Konferenzen, Abendessen, Wanderungen, Theaterbesuche, öffentliche Veranstaltungen, private Festivitäten sausen und lege mich stattdessen aufs Fauteuil, um in seliger Antriebslosigkeit dahinzudämmern. Auf Briefe antworte ich nicht mehr, E-Mails lese ich erst gar nicht, selbst auf Nachrichten am Anrufbeantworter reagiere ich nicht, allein die Vorstellung, aufstehen, zum Telefon gehen, eine Nummer wählen und mit irgendwem sprechen zu müssen, lässt mich so etwas wie Dankbarkeit mir selbst gegenüber verspüren, dass ich so nachsichtig war, mich von dieser Pflicht zu entbinden. Ich habe mich gefragt, ob dies womöglich die Reaktion eines depressiven Charakters sei, bin mir aber sicher, dass es die Reaktion eines klugen Charakters ist, der weiß, wo er seine Notbremse findet.

An der Kippe. Gespräch im O-Bus:
»Die sind doch geflüchtet!«
»Ja, aber freiwillig.«

Das europäische Wort des Tages. Viktor Orbán fordert, die illegalen Zuwanderer europaweit »einzusammeln«. Ehe man Menschen in Lager steckt und zum Müll wirft, muss man sie zuerst sprachlich entmenscht und die Bürger im Dauerbeschuss mit solcher Sprache abgestumpft haben, bis sie das Ungeheuerliche nicht mehr bemerken.

Eine europäische Geschichte von gestern. Der rumänische Schriftsteller Nichifor Crainic, der sich nach Ende des Ersten Weltkriegs in Wien aufhielt, schrieb in seinen Erinnerungen, die Wiener seien stolz darauf gewesen, dass in ihre Stadt Menschen aus so vielen Ländern strömten, um zu studieren, sich zu bilden, eine Zeitlang unter Wienern zu leben. So weit sei die Sympathie mit den Fremden gegangen, dass am »Abend die Betrunkenen in der Straßenbahn den fremdländischen Herrn Doktor umarmt und geküsst haben, nur weil sie in ihm den ausländischen Studenten erkannten«. Das war damals, als

Wien hungerte und die Spanische Grippe Abertausende dahinraffte.

Unter Atheisten. Als Atheist habe ich es nicht leicht, bei meinem Unglauben zu bleiben, vor allem, weil mich in der Regel mit meinen Brüdern und Schwestern im Unglauben gar nichts verbindet. Die meisten von ihnen, mit denen ich es zu tun bekam, haben zum Atheismus nicht durch Überlegung, Kritik, Selbstprüfung gefunden, sie haben weder einen Glauben noch einen Unglauben gesucht, folglich konnten sie auch keinen finden. Nein, sie praktizieren ihre Ungläubigkeit aus einem begeisterten Mangel an Zeit und Interesse, sodass ihnen alles, was über den Tag hinausweist, als überständiges Zeug verächtlich wird. Sie müssen bei der Arbeit schuften, im Fitnessstudio schwitzen, neue Kochbücher lesen, Diäten ausprobieren, ihre Nächsten schikanieren, je nach den finanziellen Möglichkeiten auf die Malediven oder nach Antalya fliegen – und über all diesen Verpflichtungen haben sie einfach vergessen, womit sich ihre Vorfahren ausdauernd über ein paar Jahrtausende so heftig beschäftigten, dass daraus Hochkulturen, Sittenlehren, humanistische Philosophien, mörderische Kriege wurden. So haben sie nicht nur auf Gott, sondern selbst auf die Frage nach ihm vergessen, und die Leerstellen, die sich darüber in ihrem von jeder transzendenten Anmutung befreiten Gemüt auftun, werden mit esoterischer Fertigware zugestopft.

Die religiöse Energie wird von den alten Religionen abgezogen und in das weltliche Netz eingespeist, wo es andere Dinge spirituell erwärmt und deren Vergöttlichung bewirkt: Angebetet sei der Konsumismus, der nationale Staat, die Verschönerung des Körpers, die Abhärtung der Seele, das Sonnengeflecht der Eingeweide, das Tantra der Finanz ... Die religiösen Gefühle marodieren ein wenig herum, bis sie ein Gut finden, an dem sie sich aufrichten und dem sie eine sakrale Note geben können.

Woran die Österreicher glauben. Nur mehr ein Viertel glaubt an das christliche Wunder, aber ebenso viele daran, dass in Häusern böse Geister wirken können, die zu verjagen es bestimmte Rituale braucht. Meine Landsleute glauben nicht mehr an die Kirche, aber an energetische Kraftorte. Nicht einmal 15 Prozent glauben an den Sinn der Beichte, aber höchstens 15 Prozent – habe ich selbst statistisch erhoben – halten die heute praktizierte mediale Beichte, das tränenreiche Bekenntnis vor laufender Kamera und eingeschaltetem Mikrophon, für sündhafte Unkeuschheit.

Wenn ein alter Glaube zerfällt, tritt man sich tausenderlei Scherben und Splitter von Aberglauben in die abgehärtete Seele.

Wie das mit dem Opium ist. Ewig wird sie just von denen, die damit ihre Religionskritik aufbessern wollen, falsch zitiert, die Stelle aus der »Kritik der Hegelschen Rechtsphilosophie« von Marx, seiner mit 26 Jahren in mitreißenden sprachlichen Bildern verfassten Religionskritik: »Religion ist Opium *für* das Volk.« Wer so etwas sagt, ist davon überzeugt, dass eine ausbeuterische Kaste von Pfaffen das Volk mit einer schändlichen Droge versieht, um es dumm und brav im Status der Unmündigkeit zu halten. Wer an so etwas glaubt, erklärt sich die Weltgeschichte als große Verschwörung, Gott sei Dank hat er, was Anhänger von Verschwörungstheorien eben auszeichnet, den Durchblick und die üble Sache mit dem Gottesglauben und der Religionsverschwörung durchschaut.

Marx hatte jedoch geschrieben: »Religion ist das Opium *des* Volkes.« Das eine Wörtchen markiert einen fundamentalen Unterschied. Nicht böse Ausbeuter verabreichen die Religion dem dummen, armen Volk als Rauschgift; Marx erkannte vielmehr, dass sich die Menschen in ihrem Elend und Unglück auf schöpferische Weise eine jenseitige Welt erschaffen, in der sie die Gerechtigkeit verwirklicht sehen, von der sie nicht wissen, wie sie diese auf Erden erringen könnten. Wie sie sich den Himmel ausmalen, das zeigt, dass sie sich nach Gerechtigkeit sehnen und nach einem Leben, in dem sie ihre schöpferischen Kräfte entfalten können, und dies nicht nur zum schnöden Eigennutz. Dass sie sich jene Welt, in der sie leben möchten, in einem jenseitigen Paradies entwerfen, bedeutet zugleich, dass sie wissen, was ihnen zum unverschnittenen Menschentum fehlt, und dass sie nicht wissen, wie sie dieses im Diesseits erlangen könnten. »Die Religion ist der Seufzer der bedrängten Kreatur, das Gemüt einer herzlosen Welt, wie sie der Geist geistloser Zustände ist. Sie ist das Opium des Volks.« Das hat mit dem dummen Geschwafel vom Opium *für* das Volk rein gar nichts zu tun, so ein Kleingeist wie jene, die ihn zitieren, war Marx keineswegs.

(Richtig ist aber auch, dass damals, als ich zwanzig war und den Marxismus studierte, dieser das Opium leidender Bürgerkinder war.)

Mein liebster Atheist ist schon vor einiger Zeit gestorben, er war ein ungemein sympathischer Physiker, der regelmäßig in der Fernsehserie *Science Busters* nicht nur wissenschaftliche Probleme erklärte, sondern auch Seitenhiebe auf die Religionen aus sogenannter naturwissenschaftlicher Perspektive verteilte. Ich war immer frappiert darüber, dass es ausgerechnet sein Atheismus war, der diesen humorvollen Mann nötigte, zuverlässig unter sein intellektuelles Niveau zu gehen, sich geradezu dumm zu stellen. Kaum dass er auf die Religionen zu sprechen kam, triumphierte in ihm der Geist des 19. Jahrhunderts, und ein ums andere Mal wiederholte er dann, dass man bei wissenschaftlichen Thesen beweisen könne, ob sie richtig seien oder nicht, religiöse Ideen sich aber dieser kritischen, rationalen Bewertung entzögen.

Natürlich, aber was ist damit gesagt? Fast alle Dinge, die mir wichtig sind, lassen sich wissenschaftlich weder falsifizieren noch verifizieren, weil sie schlicht jenseits von Beweis und Nichtbeweisbarem existieren. Was ist Liebe? Ist sie ein Unding, an dem nur beschränkte Menschen hängen mögen, denen es an naturwissenschaftlicher Vernunft mangelt? Wäre sie dann gerechtfertigt, wenn Naturwissenschaftler bewiesen, dass es sie als biochemische Reaktion gibt, oder Gehirnforscher ein bestimmtes Areal im Hinterhauptlappen gefunden haben, in dem die Begabung zur Liebe ihren bisher unbekannten Wohnsitz hat? Wie verhält es sich mit der vielen Menschen wie eingeborenen Sehnsucht nach Gerechtigkeit? Man kann sie preisen, anstreben, man kann auch versuchen, sie sozial, politisch, theologisch, moralisch zu begründen; aber beweisen? Wie sollte man beweisen, dass es gerecht zugehen solle auf der Welt, wie beweisen, warum Gerechtigkeit vielen Menschen wichtig ist?

Als hätte er den Religionen den wissenschaftlichen Todesstoß versetzt, beharrte der in dieser einzigen Sache höchst unfreie Freigeist darauf, dass sich deren Grundannahmen wissenschaftlich nicht beweisen ließen. Stimmt doch, weiß eh jeder! Wie vieles aber lässt sich in diesem engstirnigen Sinne nicht beweisen: Schönheit, Freundschaft, Mitgefühl, Mut, Geselligkeit, Standfestigkeit, Nachsicht, Großzügigkeit, Selbstkritik, Ironie etc. etc. etc.

Sich treu bleiben! Eine hübsche dreißigjährige Reporterin der Zeitschrift *News* wechselt die Branche und wird Pastorin. Jetzt zieht sie durch die Talkshows der Republik und sagt den begeisterten Vertretern der Medien, dass ihr diese nicht mehr genug gewesen wären. Sie finde aber, die Kirche müsse lernen, ihre Botschaft als Event zu verkaufen, sonst werde sie die Gläubigen nicht mehr erreichen. Deswegen habe sie alle Zeremonien und Riten der Kirche und heiligen Messe erlernt, um die Show auch glaubwürdig rüberbringen zu können. Das alles waren ihre Worte: Botschaft, verkaufen, Event, Show, rüberbringen, müssen. Was in mir wuchs, war die Sehnsucht nach verstockten alten Pfaffen.

Heiser hören. Bischof Erwin Kräutler, der im Amazonas den indigenen Einwohnern im Kampf gegen die Zerstörung ihres Lebensraumes beisteht, spricht im Radio von der Aufmerksamkeit, die er als Priester den Menschen schulde. Ihnen zuzuhören, darauf komme es an. Und dann sagt er von sich, er habe sich in seinem Leben oft »heiser gehört«.

Die guten alten Bräuche. Wir besuchen in Großgmain die steinalte Frau Kohles, die Mutter meines verstorbenen Freundes Fritz, die, einst eine strenge Person, als Greisin eine heitere Gleichgültigkeit ausstrahlt und zu einer hinreißenden Form von Altersanarchismus neigt. Ehe wir zurückfahren, streifen wir ein wenig in der Gemeinde herum, in der ich als Jugendlicher so oft war, bis wir in die Nähe des Josef-Meinrad-Parks geraten und die Gesellschaft beobachten, die sich vor Stunden zur Aufstellung des Maibaumes eingefunden hat und nun in wachsender Berauschung den Tag genießt.

Ein Traktor, der einen Anhänger zieht, tuckert langsam die Hauptstraße heran und biegt auf den Weg zum Park ein.

Auf dem Traktor sitzen zwölf mit gelben T-Shirts und Lederhosen bekleidete Burschen, und am Ende ihres Anhängers ist ein Galgen aufgestellt, von dem eine lebensgroße Plastikpuppe baumelt, die lange Zunge wie in einem letzten Röcheln weit herausgestreckt. Natürlich handelt es sich um eine Frau, die die Puppe darstellen soll, um eine nackte Frau mit riesigen Brüsten und gespreizten Beinen, das Geschlecht mit roter Farbe im ansonsten fleischfarbenen Plastik kenntlich gemacht. Die Stimmung ist ausgelassen, die Gruppe wird mit Riesenhallo begrüßt, und ein Vater geht mit seinem Vorschulbuben an der Hand näher heran, um mit ihm, der sich einmal zu einem richtigen Mann auswachsen soll, die geschändete Frau am Galgen zu betrachten. Ja, so ein Heimatfest, ein echtes, auf dem alte Traditionen unverfälscht hochgehalten werden, hat schon was!

Die Tracht gab es früher für den sonntäglichen und den alltäglichen Gebrauch, sie konnte Fest- und Arbeitskleidung sein. Die sonntägliche Tracht zog man an, wenn man zur Kirche ging, Feste und Feiern besuchte oder auf ein Amt musste. Zur heiligen Messe oder in ein Amtsgebäude geht man heute nicht mehr in Tracht, man geht überhaupt nicht in Tracht, sondern hält Parade mit ihr. Ob man so auch eine besondere völkische Gesinnung, ein trotziges Bekenntnis zur verklärten Welt von gestern spazieren führt, wie manche behaupten und befürchten?

Ich glaube nicht, die Wiedergeburt der Tracht besagt vor allem, dass die Kulturindustrie alle Schönheiten und jeden geistigen Dünkel gleichermaßen hinwegfegt und auch aus der Tracht, dieser Kleidung einer bestimmten Region und Zeit, eine Erscheinung der textilen Globalisierung macht. Sowenig, wer heute in einem T-Shirt mit dem Konterfei Che

Guevaras einherschreitet, für den antiimperialistischen Freiheitskampf in der Dritten Welt werben will, sowenig macht, wer in Dirndl oder Lederhose steckt, Propaganda für den christlichen Ständestaat oder für die Rückeroberung der Stadt durch das Dorf. Er macht Reklame für ein modisches Stück Kleidung, also für eine Industrie, die sich alles einverleibt, alte Würde und altes Ressentiment, und alles zerstückelt, neu zusammensetzt und ausspeit, auf dass die Konsumenten es fressen.

Ein Absatz mit lauter Fragen. »Mode ist Kommunikation«, lese ich. Aber was will die Dame kommunizieren, die eine schwarze Seidenbluse mit einem güldenen Totenkopf am Rücken trägt? Und der Jüngling, der unter dem feinen Blazer ein T-Shirt mit dem Konterfei von Mao – freilich als Kopie der Kopie der Seriengrafik von Warhol – angezogen hat? Will die eine mir mitteilen, dass alles Leben nichtig sei und der Tod den ewigen Sieg davontragen wird? Und möchte das adrette Bürschchen mich davon überzeugen, dass der Tag kommen werde, an dem die dekadenten Städter endlich wieder zur Zwangsarbeit aufs Land verfrachtet werden? Oder sagen sie beide nicht vielmehr: Es ist alles eins, nichts bedeutet mehr etwas! Aber ist das »Kommunikation«?

Wie blind starren sie aus dunkel glänzenden Augen in eine Welt, die sie fürchten, diese zwei zotteligen, hässlichen Hunde, die immerzu bellen, wenn sie von dem alten, gehbehinderten Mann langsam durch die Gegend geführt werden. Alle Bewohner des Viertels fürchten, scheuen oder hassen diese Tiere, denn bereits frühmorgens, wenn sie das erste Mal ausgeführt werden, ziehen sie bellend ihre Bahn, sie verbellen die wenigen Passanten, die zur Arbeit eilen, wecken die

Leute ringsum, die noch ein paar Viertelstündchen Zeit für den Schlaf hätten – zwei Kreaturen, von niemandem geliebt. Außer von diesem Greis, der sich schwertut, zwei Mal täglich mit ihnen die Treppen aus seiner Wohnung hinunterzugehen und dann die große Runde zu drehen. Unentwegt spricht er auf sie ein, um ihnen die Furcht zu nehmen, von der er behauptet, sie würde ihr ganzes Sein ausfüllen, ihre Körper beständig zittern lassen, ihre armen Hundeseelen quälen. Er hat sie aus der Gefangenschaft eines rumänischen Tierheims befreit, jetzt bleiben sie verstockt stehen, die Beine gespreizt und wie in den Boden gestemmt, sobald sich jemand nähert. Das Fell sträubt sich ihnen, und sie bellen, was ihre Kehlen hergeben. Der Mann ist kein Tierfreund, kein Hundenarr, wenn sich andere Hunde nähern, scheucht er deren Halter schon von weitem mit barschen Zurufen von seiner Straßenseite, er mag keine Hunde, nur diese zwei. Beruhigend redet er in weichem Singsang auf sie ein, als wären sie besonders goldige, besonders eigensinnige Kinder, die er liebt, und wie es üblich ist bei Kindern, sind sie das Objekt nicht allein seiner Liebe, sondern auch seines Stolzes, die zwei hässlichen, zähnefletschenden Köter.

Vom Brexit zum Öxit. Grinsend erklärt Nigel Farage bereits am Tag, da sich die Briten für den Austritt aus der Union entschieden haben, dass er sie in seiner Kampagne, in der er von den Vorzügen des Brexit zu schwärmen pflegte, schlichtweg belogen und betrogen hat. Am Tag danach meldet sich natürlich der österreichische Präsidentschaftskandidat Hofer zu Wort, der den Wahlgang im Mai verloren hat, aber seine Niederlage beim Verfassungsgerichtshof anfechtet, weil seine FPÖ auch gegen die Mehrheit der Österreicher deren Bundespräsidenten stellen will. Er faselt von einem Öxit und meint auf Nachfrage großzügig, er werde dieses Jahr noch zuwarten, um zu sehen, ob sich die Union endlich ihrer wahren Werte besinne, oder eben, wenn sie es auch weiterhin nicht tue, für eine Volksabstimmung über den Austritt Österreichs aus der Union eintreten.

Welche Werte meint er? Nur Dinge, die dem Beitritt der Türkei oder Aserbaidschans zur Union nicht entgegenstehen: Große Freihandelszone. Keine Einmischung in die Angelegenheiten der Mitgliedsstaaten. Was die FPÖ kirtagsmäßig beschwört, um die bierstumpfen Sinne zu wecken, direkte Demokratie, Gleichberechtigung der Geschlechter etc., zählt ihm für gar nichts, und was das Europäische Parlament in diesen Bereichen an guten Gesetzen beschlossen hat, zeugt ihm nur von der Diktatur des bürokratischen Zentralismus.

Ausgerechnet dieser Mann, der drei mickrige Jahre seines Berufslebens in der Privatwirtschaft tätig war und sich sonst sein Lebtag als Parteisoldat verdingte, präsentiert sich als Antipolitiker, der der politischen Kaste das Fürchten lehren werde. Ein Mann, der die Heimat zum Privateigentum seiner Partei erklärt, aber Ehrenmitglied einer deutschnationalen Verbindung ist, die die österreichische Nation für eine Missgeburt hält. Wenn sich ein solcher Mann im Dezember bei der erzwungenen Wiederholung der Stichwahl nicht aufhalten lässt, werde ich der Erste sein, der sagt: Ja, gerade den haben wir verdient.

Der deutschnationale Österreicher müsste ein doppelt einsames Wesen sein: Erstens weil es Österreich gibt, dessen staatliche Existenz er für einen historischen Irrtum hält. Zweitens weil es heute ein Deutschland gibt, das ihm als Verrat am

Deutschtum selbst erscheint und an dem er sich daher nicht orientieren, nach dem er sich nicht sehnen kann. Denn alles, was ihm an Österreich verhasst ist, findet er im Deutschland von heute erst recht vor. Und doch setzen die deutschnationalen Burschenschaftler, die die FPÖ gekapert haben und sich als Patrone der von ihnen verachteten kleinen Leute aufspielen, gerade jetzt zum Sturm auf die Republik an.

Ein österreichischer Richter wollte neulich einen korrupten Angeklagten beleidigen und sagte unwirsch, es müsse Schluss sein mit solchen »altösterreichischen Beamtenmanieren«. Den Zorn des Mannes verstehe ich, es wäre aber zu wünschen, dass er wüsste, was er sagt.

Der altösterreichische Beamte der Monarchie war das Gegenteil eines Korruptionisten, und die wütende Kritik an ihm, wie sie in den deutschnationalen Zeitungen von damals geübt wurde, war gerade nicht von den individuellen Fehlern verursacht, die ein einzelner Beamter haben mochte, sondern von dem untadeligen Amtsverständnis, das der Beamtenstand selber hatte. Dieses bestand darin, nicht die nationalen Anliegen einzelner Nationalitäten zu befördern, sondern penibel die Interessen eines übernationalen Staates zu beachten. Amerikanische Historiker wie Timothy Snyder wissen das längst und halten – ich glaube: zu Unrecht – das Rechtswesen der Donaumonarchie selbst jenem der Vereinigten Staaten des 19. Jahrhunderts für überlegen; einen österreichischen Richter von heute braucht das nicht zu kümmern.

Die altösterreichischen Beamten hatten kein deutsches oder tschechisches Vaterland, sondern eine einzige Heimat: den Staat. Ihre nationale Entwurzelung wurde von Staats wegen gezielt betrieben. Beamte, die in der Steiermark aufwuchsen, hatten keine Chance, es dort zu etwas zu bringen, wo sie Freunde, Familie hatten und folglich private, familiäre Rücksichten nehmen müssten, sondern in Galizien oder Mähren; in Kroatien geborene Beamte wurden in Wien oder in Vorarlberg eingesetzt, Wiener im Friaul: Immer galt es, sie aus dem Umfeld, in dem sie geboren wurden, herauszureißen und in die Fremde zu verschicken, sodass sie kein anderes Ideal haben konnten als den Dienst am Staat. Man mag das für herzlos und autoritär halten, die Korruption jedenfalls hat es nicht befeuert. Und wenn heute mehr Leute in Staatsdiensten altösterreichische Beamtenmanieren hätten, würden die staatsnahen Betriebe nicht als Selbstbedienungsläden der jeweils regierenden Parteien geführt werden.

Heimatgefühl im Taxi. Ich fahre mit einem Taxler, der passabel Deutsch spricht, aus der Türkei stammt und ein vorbildlicher Österreicher ist. Irgendwann kommen wir auf Australien zu sprechen und er sagt, mit seinem Akzent und voller Überzeugung: »Lieber verdiene ich bei uns wenig als dort drüben viel! Verstehst du?« Natürlich verstehe ich dich, du wackerer anatolischer Landsmann.

August 2015 – Juli 2016

Intermezzo 2

Kleine Charakterkunde

Sie war seit zwanzig Jahren mit einem Trottel verheiratet, und inzwischen sah man ihr das an.

Der Moment, in dem ich die Achtung vor einer Frau verlieren kann: Wenn ich ihren Mann kennenlerne.

In die Falsche verliebt. Das Problem ist nicht, dass er traurig ist. Das Problem ist, dass er in seine Traurigkeit verliebt ist. So sehr, dass er sie mit niemandem teilen möchte. Allerdings verbirgt er sie nicht unter einer Burka, dass sie sich nur ihm zeige, sondern er stellt sie unverhüllt vor uns hin, damit jeder ihre ganze Schönheit erkenne. Und ihn bewundere, der sie alleine besitzt.

S. strotzt vor Empfindsamkeit, er ist feinfühlig auf spitzensportlerartige Weise, sein berühmter Zartsinn hat etwas Athletisches.

Das war ein kluger älterer Herr, der mir das Geheimnis seiner guten Ehe erklärte: »Ich liebe mich. Ich liebe sie. Vor allem aber liebe ich uns, und zwar als uns beide.«

Talent. Sein größtes Talent heißt Fleiß. Dieses kann ihm niemand absprechen, nein, man muss es, sieht man den Mann sein wackeres Leben führen, mit Bewunderung rühmen. Er ist der einzige Künstler, den ich kenne, der nicht gekränkt ist, wenn man ihn fleißig nennt. Als Künstler müsste er ja auf anderen Eigenheiten und Begabungen beharren, wie das die vielen tun, die es als Angriff auf ihr Schöpfertum nähmen, würde ihnen Fleiß zugesprochen werden. Er nicht, er kennt seine Grenzen und weiß, wodurch es ihm gelingt, immer bis dicht an diese heranzugelangen.

Im 75. Lebensjahr ist in New York Gilbert Kaplan gestorben, ein Wirtschaftspublizist, der 1965 unvorsichtigerweise in ein Konzert ging und Mahlers Zweite Symphonie, die sogenannte Auferstehungssymphonie, hörte. Dieses Erlebnis hat ihn im Mark erschüttert und seinem Leben eine neue Richtung gewiesen. Der musikalische Dilettant lernte Partituren lesen und eignete sich nach und nach das Wissen des Musikologen und das Handwerk des Dirigenten an. Zunächst auf eigene Kosten begann er die von ihm erforschte Symphonie mit kleinen, wenig namhaften Orchestern einzustudieren. Nach zwanzig Jahren baten ihn große und berühmte ans Pult. Anfangs belächelt, dann angefeindet, galt er schließlich als singulärer Kenner dieses Werks, als gefragter Dirigent des Stücks. Schon für sein Debüt studierte und lernte er so gründlich, dass er es erst 17 Jahre nach seinem Erweckungserlebnis gab. Dann aber wurden es weltweit mehr als sechzig Orchester, darunter auch die Wiener Philharmoniker, die ihn für Mahlers Zweite Symphonie engagierten. Nie hat er ein anderes Stück dirigiert, nie auch nur den Wunsch geäußert, es zu tun.

Das Monster. Er ist der wahrhaftigste Mensch, den ich kenne. Vor die Wahl gestellt, die ganze Wahrheit zu sagen oder gnädig etwas auszulassen, wird er sich immer für das Erste entscheiden. Darum stellt er Freunde öffentlich bloß, denen er zu Recht mangelnde Begabung oder fehlende Courage attestiert. Was er nicht weiß: dass zur Humanität auch das nachsichtige Überschweigen, die menschenfreundliche Lüge gehören.

Ich war den ganzen Tag so höflich, dass das Letzte, was ich vor dem Einschlafen hörte, mein Zähneknirschen war.

Der eingebildete Trinker. Er führte mich in ein Fachgeschäft für Whiskeys und Schnäpse. Er prüfte jede Flasche einzeln, las genau, was an Informationen über das Produkt angeboten wurde, und ich gewann den Eindruck, dass er bereits vom Lesen der Etiketten betrunken wurde. Genau besehen, brauchte er nur die teure und elegante Flasche, nicht deren Inhalt. Er glich dem Liebhaber von Bibliotheken, der die Buchrücken mit der Hand entlangstreift, aber keines der Bücher lesen wird. Aufklappen, um den Staub zu schnuppern, die Blume des Buches zu erschnüffeln, das ja, aber nicht austrinken.

Der rechtschaffene Lügner. Der größte Lügner, den ich kenne, ist ein Mensch frei von Arglist. Die Lüge ist sein natürliches Element, er bewegt sich in ihm wie der Fisch im Wasser, und wie der Fisch keine Schuld daran hat, dass er nicht atmen, fliegen, laufen kann, ist er nicht aus Charakterschwäche auf das Lügen gekommen. Er kann nicht anders als lügen, und daher lügt er auch nicht, um etwas Unrechtes, Peinliches, Böses zu verbergen oder um sich einen Vorteil zu verschaffen. Fragt man ihn, was er gestern gemacht habe, behauptet er, er wäre im Kino gesessen, dabei hat man ihn im Einkaufszentrum gesehen. Erkundigt man sich nach dem Urlaub, klagt er, seine Tochter habe einen Sportunfall erlitten und es sei noch nicht abzusehen, wann sie wieder ohne Krücken werde gehen können; man sieht sie aber anderntags, wie sie zur Schule eilt. Natürlich wird mein Freund immerzu bei einer Lüge ertappt, das macht aber nicht ihm etwas aus, sondern nur uns, seinen Freunden. Uns ist es peinlich, ihn lügen zu hören, nicht ihm, der sich flink und anmutig wie ein Fisch im Wasser in seinem Element, dem großen Lügenteich, bewegt.

Wenn er loslegt, lässt er die Argumente in Gefechtsformation aufmarschieren. Jedes von ihnen hat seinen Platz, jede Attacke ihre wie zur Parade einstudierte Wirkung, jeder Einfall soll Verwirrung im Kreis der Gegner, seiner Gesprächspartner, stiften. Aber haben die Gedanken ihren festen Platz in seiner strategischen Planung, sind sie dann noch Gedanken? Ist es nicht das Wesen eines Gedankens, dass er sich nicht an Befehle hält?

Karriere. Von den großen Erfolgen seiner Jugend hat er sich zeitlebens nicht mehr erholt.

Erfolglosigkeit. Ich habe begabte Kollegen moralisch verfallen sehen, bis sie am Ende dies waren: größenwahnsinnig aus Erfolglosigkeit.

Seine Unfähigkeit, sich dankbar zu erweisen, verschafft ihm immer mehr Leute, die er verachtet, über die er schlecht spricht, deren Leben er mit Missgunst verfolgt. In der Menge, die er hasst, sind alle versammelt, die ihm je Gutes erwiesen.

Wer immer ihm hilft, ist schlecht beraten, denn er bekommt es mit übler Nachrede entgolten. Je mehr Dank er schuldet, umso böser wird er. Und endlich: Dem er am meisten verdankt, den hasst er inbrünstig, aus ganzer Seele und mit reinem Gewissen.

Die wenigen lichten Momente, die dieser geistig unregsame Mensch hatte, verdankte er dem Alkohol, ohne ihn hätte er alle seine Tage stumpf und stier dahingelebt. So leuchtete wenigstens manchmal in seinem Gemüt ein Funken Freude, Witz und Daseinslust auf.

Tagsüber bin ich ein Einzelgänger, der lieber alleine bleibt, aber abends will ich intelligente Gesichter um mich sehen und ein immer gut nachgeschenktes Glas Wein.

Es war vorgestern, dass ich mich geradezu absichtslos betrunken habe. Anderntags erwachte ich klopfenden Herzens, und im Bad starrte mich ein Greis mit wirrem Haar aus aufgequollenen Augen an. Als ich das Glas Orangensaft trank, schmeckte es nach verdünntem Putzmittel, einem Glasreiniger mit Zitrusfrische, der sich über den pelzigen Teppich meiner Zunge verteilte. Ich beschloss, drei, nein gleich fünf Jahre keinen Alkohol mehr zu trinken. Am besten wird sein, dass ich mindestens bis nächsten Sonntag fünf Jahre lang keinen Tropfen mehr zu mir genommen haben werde.

Er schien kein Ziel zu haben, nicht einmal ein Bild dessen, der er sein wollte. Er war einfach da und lebte, wie es ihm vorsatzlos anstand, und damit hat er alle bezaubert.

Der Bessernde. Durch seine bloße Anwesenheit stimmt er die Menschen milder, lässt er sie aufmerksamer werden, nachsichtiger. Er muss sich, wo und in welcher Runde immer, nur dazusetzen, und gleich werden die Mienen heiter. Stehen ein paar zusammen und er tritt dazu, schauen sie sofort unbeschwerter, sie werden nicht ernster, sondern vergnügter. Über alldem ist nichts Besonderes an ihm auszumachen, sein Leuchten findet sich nur in den Gesichtern der anderen, nicht auf seinem eigenen, das so durchschnittlich ist wie nur eines. Er ist nicht der bessere, er ist der bessernde Mensch.

Die Fröhliche. Sie ist nicht weniger froh als der Frohe. Aber froh ist man aus einem bestimmten Grund, fröhlich hingegen ist eine Eigenschaft, eine Haltung oder gar eine Tugend: Sich auf die Dinge und Menschen und sich selber zu freuen. Die Fröhlichkeit ist auf die Welt und die Menschen gerichtet, für sich alleine kann man zufrieden oder zuversichtlich, aber nicht gut fröhlich sein.

In meiner Rangordnung der Tugenden steht sie weit oben, die Fröhlichkeit. Wer über sie verfügt, weiß anderen durch nichts als seine Art zu sein den Tag schöner zu machen, ja sie zu bessern. Man findet sie überall, die Geschöpfe der Fröhlichkeit, heute stieß ich auf eines im Supermarkt, wo die wohlbeleibte, grob tätowierte Kassiererin ihre Arbeit nicht nur freundlich und aufmerksam erledigte, sondern von tief innen eine ihren Kunden zugeneigte Fröhlichkeit ausstrahlte.

Die Geselligkeit, sie rühme ich als die eigentlich demokratische Tugend, als Begabung, sich selbst in seinem weltzugewandten Wesen zu erhalten.

Ein Manager stirbt. Ein Schweizer Spitzenmanager hat Selbstmord verübt – der harte Hund fühlte sich von seinem Chef, einem noch härteren Hund, nicht genug gewürdigt. Die TV-Dokumentation zeigt ihn als Opfer kalter Machtspiele in seiner geschäftskalten Welt. Er hinterließ zwei Briefe. In dem an seine Frau schwört er, dass sie und die Kinder das Wichtigste in seinem Leben gewesen wären, nach diesem Bekenntnis beschränkt er sich aber darauf, ihr kühl die finanzielle Situation der Familie und die von ihm umsichtig geregelte Erbschaft zu erklären. Der andere war an den Vorstand des Konzerns gerichtet und ist ein leidenschaftliches Manifest, eine schreiende Anklage. Vielleicht, sagt die Witwe, eine rundum sympathische Frau, vielleicht waren wir ihm doch nicht so wichtig, wie wir glaubten.

Ein anderer Manager will länger leben. Er arbeitet 18 Stunden, die restlichen sechs läuft, säuft, fickt und schläft er für die Firma. Jetzt aber zieht er sich für vier Wochen in ein Kloster zurück, wo er unter mönchischer Anleitung das richtige Atmen erlernen möchte, und zwar fersenwärts, um sich energetisch zu erden. Das Kloster hat sich zur esoterischen Wiederaufbereitungsanlage für die Brennstäbe von Managern modernisiert, die erschöpft ins Kloster kommen und es fit für den neoliberalen Daseinskampf verlassen.

Im Fernsehen tritt eine zierliche Frau auf, die vor zehn Jahren bei einem Unfall Mann und beide Kinder verloren hat und seither durch die Talkshows als lebendes Wunder tourt, das es fertigbringt, selbst damit fertig zu werden. Heute antwortet sie auf die Frage der Moderatorin, ob sie aus den Schicksalsschlägen auch etwas Positives gelernt habe: »Ja, natürlich, ich habe heute viel weniger Angst als früher, weil ich weiß: Ich kann das.« Was kann sie? Ihren Mann und ihre Kinder verlieren und daraus ein mediales Lebensprogramm machen.

Der Witwer. Er trauert, indem er alle Vergnügen meidet, die er mit ihr, seiner dahingegangenen Frau, teilte. Er besucht nicht mehr das kleine Restaurant, in dem sie so gerne zu besonderen Anlässen einkehrten. Er achtet darauf, nicht mehr jene Wege ins Grüne einzuschlagen, auf denen sie so oft mit ihm unterwegs war. Er trinkt den Cognac nicht mehr, den sie sich manchmal am Abend genehmigt haben. Nach und nach gewöhnt er sich alles ab, was ihn an das Glück, das sie gemeinsam hatten, erinnern könnte. Er glaubt, er tue es aus Respekt ihr, der so Geliebten, gegenüber, aber er tut es, um ein anderer zu werden, für den sie keine Rolle mehr spielt.

Albumblatt für Alexandre Kojève. Er stammte aus einer reichen russischen Familie, emigrierte während der bolschewistischen Revolution, verlor in Frankreich sein ganzes Vermögen, schlug sich in Paris als Vortragender auf Volkshochschulen durch, die außer bildungshungrigen Arbeitern auch junge Wissenschaftler, Philosophen, Künstler besuchten, die später weltberühmt wurden. Für Kojève war der Mensch jenes Tier, das von seinem Begehren, begehrt zu werden, bestimmt wird. Einzig der Mensch kenne dieses Begehren, von anderen geschätzt, anerkannt, geliebt, begehrt zu werden, nur sein Begehren richte sich auf etwas Immaterielles: eben darauf, zu spüren, begehrt zu werden. Kojève ging so weit, diesen Gedanken auf die Psychologie der Liebenden zu übertragen: »So ist die Beziehung von Mann und Frau« (ja, freilich, heute dürfte er unter Beziehung nicht einfach nur die zwischen verschiedenen Geschlechtern verstehen) »nur dann menschlich, wenn der eine nicht den Körper, sondern die Begierde des anderen begehrt.«

Kojève war ein interessanter Selbstdenker. In einer Diskussion in Berlin rief er bei den deutschen Studenten, unter ihnen Rudi Dutschke, höchstes Befremden hervor, als er sie aufforderte, sich nicht nur in Straßenkämpfen und Seminardebatten zu üben, sondern auch in der revolutionären Tugend, die altgriechische Sprache zu erlernen. Da haben die Revolutionäre beiderlei Geschlechts natürlich herzhaft lachen müssen. Kojève starb während eines Vortrags, den er in Brüssel hielt, und weil er eine Verfügung bei sich trug, dass er am Ort seines Todes bestattet werden wolle, musste sich die gesamte Pariser Intelligentsia zum Begräbnis auf den Weg nach Brüssel machen; die von Berlin nicht, die war damals bereits dem Charme eines Zuhälters namens Andreas Baader verfallen, der sie garantiert mit den Zumutungen des Altgriechischen verschonte.

Jules Renard, manchmal geistreich, manchmal allzu angestrengt, geistreich wirken zu wollen, schreibt, dass faul zu sein bedeute, sich ins Bett zu legen, ohne müde zu sein. Das ist ganz falsch, kein fauler Mensch tut das. Faulheit heißt, am Morgen nicht gleich aufzustehen, obwohl man nicht mehr müde ist, nur weil man nicht ganz wach werden möchte. Den Dilettanten der Faulheit erkennt man an seiner nachmittäglichen Untätigkeit. Den Fortgeschrittenen in der Kunst des Müßiggangs kann man am Morgen, am Vormittag, zu Mittag bewundern. Denn irgendwann hört jeder zu arbeiten auf, aber nicht jeder schafft es, erst gar nicht damit anzufangen.

So richtig fleißig bin ich nur im Faulsein.

Zwei Führungskräfte. Der eine hat eine angesehene Stellung und hofft doch inständig, dass man ihm nicht dahinterkomme: dass er sich noch immer vor den Fragen des Vaters, dem Zuruf des Lehrers, dem Auftritt der uniformierten Obrigkeit, vor all den Autoritäten fürchtet, die ihn durchschauen und wissen, dass er gelogen, den Unterrichtsstoff nicht begriffen, irgendetwas falsch gemacht hat.

Der andere hat keine Ahnung, ist aber überzeugt, alles zu wissen und zu können. Korrupt, wie er von klein auf ist, nimmt er sich alle Privilegien, weil er überzeugt ist, dass sie ihm, dem Tüchtigen, zustehen. Geht etwas schief, hält er die Realität für einen Irrtum, nicht sein eigenes Tun für einen Fehler.

Aber wann bin ich schon richtig fleißig?

Im Fernsehen wird ein Politiker interviewt, der es immerhin bis in den deutschen Bundestag gebracht hat, wenn auch nur auf eine von dessen hinteren Bänken. Es fällt sogleich auf: Dieser große, massige Mann jenseits der fünfzig hat das Gesicht eines fürwitzigen Knaben. Die Knollennase, die geschwungenen Brauen, die fragend blitzenden Augen – in dem Abgeordneten steckt ein beifallsheischendes Kind, das immerzu fragen möchte: Hab ich wirklich alles richtig gemacht?

Ich mag ihn nicht, weil er mich in eine sündige Lage versetzt und mich zu einem schlechteren Menschen macht. Vom ersten Tag unserer Bekanntschaft konnte ich in ihm wie in einem offenen Buch lesen, stets wusste ich, was er mit jenen Floskeln, diesen Gebärden vertuschen und welchen Eindruck er womit schinden wollte. Kaum machte er den Mund auf, hörte ich schon, was er nicht sagte, aber eigentlich hätte sagen wollen, ich hörte, was er verschwieg, weil er sich dafür schämte, und was er verschwieg, weil er sich danach sehnte. Vielleicht war er mir in seiner verkorksten und ehrsüchtigen Schauspielerei zu nah, eine Karikatur, in der ich ein paar von den Zügen, die ich an mir selbst nicht leiden konnte, zugespitzt, übertrieben begegnete, als dass ich an meinem Wissen über ihn hätte Freude finden können.

Ein anderer Midas, verwandelt er alles, wovon ihm erzählt wird, in Klatsch, Gerücht, Nachrede.

Wo er sprechen sollte, hat er gemauschelt, und wo es etwas zu denken gab, dort brachte er es nur auf Hintergedanken.

Flottierende Kritik. An diesem Abend, an dem die Gespräche munter mäanderten, fiel mir E. dadurch auf, dass er mit der größten Leichtigkeit alle Meinungen, die in der Runde bekundet wurden, widerlegen konnte. Es focht ihn nicht an, dass er sich dabei manchmal selbst widersprach, seine Kritik benötigte überhaupt keinen Standpunkt, keine Moral, keinen ideologischen Halt mehr, beweglich, wie sie war, genügten ihr vollauf die Widersprüche und Schwächen in der Argumentation der anderen. Seine Kritik flog aus, wohin immer, und war sich darin selbst genug.

Voreiligkeit. Wieder ertappte ich mich dabei, jemandem bereits antworten zu wollen, noch ehe er seine Frage zu stellen die Zeit hatte. Ich beiße mir auf die Lippen, ich verbeiße mir die Unhöflichkeit, ihn nicht aussprechen zu lassen, ich nicke ihm aufmunternd zu und ärgere mich über ihn, der umständlich seine Frage endlich herausbekommt, von der ich schon wusste, was ich auf sie antworten werde.

Zwei, die zusammengehören. Im *Standard* wird ein Philosoph und Religionskritiker namens Michael Schmidt-Salomon zum Interview gebeten, das zur eitlen Selbstoffenbarung eines Atheisten gerät, das in mir die heftige Sehnsucht erweckt, einer von uns beiden möge wieder zur Religion finden, denn mit ihm möchte ich weder im Glauben noch im Unglauben vereint sein. Der Atheismus, den er ausbreitet, ist ein völlig primitiver, an den entfesselten Kapitalismus angepasster Relativismus jedweder Werte. Diese konsumistische Beliebigkeit gilt ihm als Zeichen, nein als Wesen einer Demokratie, in der »die Verehrung des christlichen Messias kein höheres Ansehen genießen soll als etwa die Verehrung von Borussia Dortmund, Monty Python oder Dolly Buster«. Bei Dolly Buster, der Pornoqueen von gestern, spürt man, für wie frech und rebellisch er sich in seinem aggressiven Spießertum hält, wenn er nichts anderes behauptet, als dass alles eins sei und gleich viel gelte, ein komplexes theologisches System und die Schaubläserei der Pornoindustrie. Dann ist es freilich auch nicht edler, für die Menschenrechte sein Leben zu geben als für einen Wettkampf im Vertilgen von Currywürsten, und der Nazirock hat den gleichen Anspruch auf Achtung wie die Zwölftonmusik.

In derselben Zeitung schwadroniert ein paar Wochen später eine von jedem Geist – sei es der heilige oder jener der Aufklärung – verlassene Theologin gegen das Burkaverbot. Gegen dieses kann man zwar argumentieren, aber wie tut sie es? Wir wollten unsere Welt doch alle bunter und vielfältiger haben, schreibt sie, und dazu gehörten eben auch andere Sitten und fremde Gebräuche! Die Burka, damit die Welt bunter werde? Auf so was kann nur eine Katholikin mit schlechtem Gewissen verfallen. Kein islamischer Religionswächter käme auf die Idee, die Verhüllung der Frau, die Burka zu preisen, weil so die Vielfalt, Buntheit, Fröhlichkeit, Abwechslung im einförmigen Leben zunähme.

Was ich mir wünsche? Nicht viel, nur ein Schiffsunglück, das den radikal zeitgeistigen Atheisten und die radikal zeitgeistige Theologin als Einzige auf ein einsames Eiland spülte. Sie würden sich anfangs wohl nicht verstehen, aber da die Menschen zu lernen fähig sind, werden sie bald erkennen, dass sie nicht nur am selben Knochen kauen, sondern er ihnen auch auf die nämliche Weise schmeckt, und so steht einer glücklichen Vereinigung nichts im Wege.

Seit Jahren geht mir dieser schreckliche O. auf die Nerven. Stets tritt er zur Unzeit auf, stellt sich, mit wem immer ich wo immer zusammenstehe, unaufgefordert dazu, auf der Straße, im Foyer des Theaters, in der Halle des Bahnhofs, und beginnt mitzureden. Oder einfach zu reden, worüber es ihm gerade beliebt. Ein Mensch ohne Gefühl für die angemessene Entfernung, rücksichtslos, ein echter Störenfried. Er leidet an einer gravierenden Wahrnehmungsschwäche, nein, er lässt die anderen daran leiden. Denn er nimmt es ja weder wahr noch zur Kenntnis, dass er stört. Oder wenn er es doch merkte, dann verfügt er über eine gloriose Kraft, der Abneigung, die man ihm entgegenbringt, zu trotzen.

Brüder. Mehr Lärm von sich macht der Übertreiber. Aber es gibt auch seinen Bruder im Geiste, den Untertreiber, der die Dinge gewissermaßen zum Unwichtigen, Belanglosen, Unbedeutenden hin aufbläht: ein Übertreiber auch er.

Schüchternheit. Zu manchen Zeiten meines Lebens hat mich die Schüchternheit geplagt. Es waren jene Zeiten, in denen ich mich zu wichtig nahm. Der Schüchterne ist der Zwilling des Angebers, beide glauben, alle Welt achte auf sie: Der Schüchterne leidet daran, der Angeber genießt es. Beide täuschen sich.

Hatte ich Probleme, war er da, um sie mir als Freund kleinzureden und mich zuversichtlich zu stimmen. Wurde ich bitter enttäuscht, wusste er, wie er mich wiederaufrichten konnte, indem er mir die Enttäuschung aus dem aufgewühlten Gemüt fortredete. War ich am Straucheln, war er zur Stelle, mich aufzufangen. Als ich mich jedoch mit keinen Problemen herumschlagen musste, nicht enttäuscht war und keinen brauchte, der mir beistand, wurde er missmutig. Was mir gelang, versuchte er mir fortan schlechtzureden, wenn ich meiner froh und sicher war, erinnerte er mich an frühere Missgeschicke, die mir neuerlich widerfahren könnten, und wenn ich rundum zuversichtlich durchs Leben schritt, gab er sich Mühe, mich zu verunsichern. Ich hatte geglaubt, ihn als Helfer in der Not zu brauchen, jetzt sah ich, dass er mein Unglück brauchte, um mir beistehen zu können.

Es war eine halb private Veranstaltung, in der dem Privaten doch eine fast offiziöse Bedeutung zuzukommen schien. Ich bemerkte es, als ein Gast aufgefordert wurde, sich mit einigen Worten vorzustellen. Er begann damit, dass er aufzählte, was er alles nicht war und alles nicht konnte. Er wäre kein Welterklärer und wisse schon vom rein technischen Vorgang her nicht, wie man es anstellte zu twittern. Er fuhr fort, sich selbst zu charakterisieren, indem er sich jede Fähigkeit absprach, mediatorisch tätig zu werden, also als Verhandler zwischen streitenden Menschen oder gegensätzlichen Positionen zu vermitteln. Obwohl er es sich vielleicht anders vorgenommen hatte, kam er nicht mehr los davon, sich zu präsentieren, indem er all die Dinge aufzählte, die ihn nicht interessierten oder die er nicht beherrschte. Die Litanei seiner Unzulänglichkeiten erfasste immer weitere Bereiche, Charakterzüge, Defizite. Dieser Mann war stolz auf alles, was er nicht konnte, er war stolz, so viele Fähigkeiten nicht zu besitzen, über die fast jeder verfügte, und wie er das alles ausbreitete, begriff ich, dass er damit rechnete, gerade dafür geschätzt zu werden, der eitelste Mensch, den ich jemals kennengelernt hatte.

Ich fragte die Leute, wie D., von dem so viel erzählt wurde, denn ausschaue? Man teilte mir mit, dass er mir ähnlich sehe. Ich möchte nicht behaupten, dass ich ihn sofort zu hassen begann. Aber ich mochte ihn nicht, den anmaßenden Kerl.

Ganz Ohr sein. In einem Amt sitze ich einem aufmerksamen und präzise formulierenden Beamten gegenüber. Drei Mal während meiner Anwesenheit läutet das Festnetztelefon. Jedes Mal, wenn er den Hörer ergreift, ihn ans linke Ohr hebt und das Gespräch mit dem Anrufer beginnt, nimmt er mit der rechten Hand seine Brille ab, legt sie neben die Stifte auf den Schreibtisch und schließt die Augen.

Die Aura des Dirigenten. Er wirkt und werkt mit einer geradezu drahtigen Innerlichkeit. Er ist spirituell der Musik hingegeben, zugleich aber sportiv. Er ist durchgeistigt und durchkörperlicht in einem. Hingabe und schiere Präsenz.

Sein Wissen besteht aus einer Handvoll Bausteinen, die er immer neu aufeinanderstellt. Er tut es mit dem Selbstbewusstsein des großen Baumeisters, wiewohl seine Bauwerke nur die Größe kindlicher Spiele haben.

Immerhin. Er war dumm, aber auf seine Weise. In seinem Kopf war ein ziemliches Durcheinander. Aber es war schon sein eigener Kopf.

Dieser da hingegen ist gescheit und hat immer recht. Das ist das Dumme an ihm, diesem Langeweiler.

Nachteile der Brillanz. Einer meiner Gesprächspartner bei einer Diskussionsrunde war der berühmte F., ein charismatischer Propagandist der guten Sache. Der Mann sieht blendend aus, ist sachlich nahezu unüberbietbar beschlagen, kann druckreif formulieren und sagt fast immer das Richtige. Wird ihm aber eine Frage gestellt, denkt er kurz nach, sagt zwei, drei kluge Sätze – und lässt dann die Maschine, die seine universell einsetzbaren Merk- und Meinungssätze auswirft, einfach weiterrattern. Im allergrößten Tempo kommt er vom Hundertsten ins Tausendste, schüchtert die Leute mit Statistiken und Daten ein und erweckt den Eindruck, er rede gar nicht mehr, er zitiere sich vielmehr selbst und spreche auch nicht mehr über irgendeine Sache, sondern halte seine Rede an die Nation, nein, an die Menschheit.

Er ist ein Anarchist mit der beständigen Sehnsucht, von den Autoritäten gelobt zu werden. Am meisten schätzt er es, wenn sie ihn dafür loben, dass er sich von ihnen nichts sagen lasse und mutig Dinge verfochten habe, gegen die sie einst waren. Er erfüllt die Erwartungen, die sie von einem Anarchisten haben, auf seine Unberechenbarkeit ist Verlass.

Der Wechselduzer. Er ist kein geborener, aber ein rasch zu einem solchen aufgestiegener Chef. Zu den interessantesten Eigenheiten, die er, der allgemein respektierte Mann, ausgeformt hat, gehört der periodisch in ihm hochschießende Wunsch, von seinen Mitarbeitern nicht als der unnahbare Vorgesetzte empfunden zu werden, den er gewohnheitsmäßig gibt, sondern als der feine Kerl, der er früher einmal war. Er fühlt sich dann selbst verjüngt, fast wie der Student, der einst um die Häuser zog. In dieser Stimmung, bei Betriebsfeiern, überkommt es ihn und er trägt, nicht betrunken, aber illuminiert und hingerissen von seiner Sehnsucht, einmal nicht neben oder über den Menschen zu stehen, sondern einer von ihnen zu sein, ein paar Leuten das Du-Wort an und redet dann recht herzlich von persönlichen Dingen mit ihnen.

Anderntags sieht er sich peinlich gezwungen, das Du-Wort wieder zurückzunehmen, man ist es von ihm bereits gewöhnt und keiner nimmt es mehr persönlich als Liebesentzug. Mit einigen langdienenden Angestellten war er schon vier, fünf Mal für einen Abend per Du, um dann wieder für zwei, drei Jahre per Sie mit ihnen zu verkehren. Er ist der Wechselduzer, der die Macht hat, über die Anrede zu bestimmen. Lächerlicherweise hat er aber nicht immer Macht über sich selbst, sondern wird Opfer der humanistischen Laune, die sich sein Charakter und seine Herkunft aus kleinen Verhältnissen mit ihm erlauben.

Gewissen. Was sie gerne tut: mit den Gespenstern ihres schlechten Gewissens hadern.

Albumblatt für Alexandru Vona. Er war ein Abkömmling sephardischer Juden und überlebte in Rumänien die Zeit des Völkermordes, indem er sich eine andere Identität gab. 1947 schrieb er in drei Wochen einen Roman, dann übernahmen die Kommunisten den Staat, und Vona floh ins Exil. Von seinem Romanmanuskript sprachen die besten Autoren Rumäniens mit Hochachtung, aber dann stirbt Vonas junge Frau bei einem Unfall, und er rettet sich in Paris aus der künstlerischen Arbeit mit ihrer gefährlichen Muße und ihrem Alltag, in dem der Autor auf sich selbst zurückgeworfen ist, stundenlang mit niemanden zusammen als den Gespenstern seines Lebens, in den Beruf des Bauingenieurs.

Er schafft keine bedeutenden Bauwerke, aber hat über vier Jahrzehnte viel Arbeit, wie er das auch braucht, um nicht innezuhalten und von den Gespenstern, die er floh, eingeholt zu werden. Nach und nach vergisst er glücklich, dass er in seiner Jugend ein Dichter war. Als er schon über siebzig ist, wird eine Abschrift des Manuskripts in einem Koffer in Rumänien entdeckt und ohne sein Wissen veröffentlicht. Der Autor erfährt am Ende seines Lebens weltweiten Ruhm mit diesem einen Roman, »Die vermauerten Fenster«, den er vergessen hatte. Ich stelle mir vor, dass es ihm unangenehm war, so spät als pensionierter französischer Ingenieur an ein Werk seiner Jugend in einem anderen Land erinnert zu werden, galt die Wertschätzung doch einem Mann, der er nicht mehr war. Er hatte nicht von der Wiederkehr des Schöpferischen in sein Leben geträumt, nicht vom Ruhm des Dichters. Er hatte nach den Jahren, in denen er in Rumänien um sein Leben bangen musste, und nach dem Tod seiner Frau einfach irgendwie weiterleben wollen, es war ihm gelungen, durch das strikte Reglement des Alltags als fleißiger Ingenieur.

Der Böse. Mein Gott, er hat halt nur eine Begabung, und aus der wollte er etwas machen.

Echte Reue. In der Strafanstalt Graz-Karlau hat ein Mörder, der mit einer lebenslangen Haftstrafe einsitzt, weil er seine Freundin mit einer Axt erschlagen hat, seinen Zellengenossen erschlagen, der 18 Jahre Haft erhielt, weil er seine Freundin in der Badewanne ertränkt hatte. Als Motiv gibt der Täter an, sein Opfer habe es all die Jahre, die er mit ihm die Zelle teilte, an echter Reue fehlen lassen.

Prekäre Begabung. In jedem Kerl den Lumpen erkennen, der sich in ihm verbirgt. Darüber nach und nach selber zum Lumpen werden.

Er träumt von einer Massenbewegung, deren einziges Mitglied er selbst ist. Alle anderen hat er ausgeschlossen, weil sie Verräter, Lumpen, Opportunisten waren, sich verkauft oder das große Ziel aus den Augen verloren haben. Er kämpft allein, aber für die Sache aller.

Er weiß, was es geschlagen hat. Ein wenig wackelig auf den Beinen, macht der hagere Greis seinen täglichen Spaziergang durch das Viertel, wie stets ist etwas Vornehmes um ihn, das ihn bis ans Ende seiner Tage nicht verlassen wird. Und wie immer spricht er mich auch heute an, mit einem Zuruf, der ihn selbst amüsiert: Morgen gehe ich zum letzten Mal einen Hut kaufen!

Gewohnheitsmäßig werden in den Biographien von Künstlern das Leben und die Kunst auf einen dogmatischen Gegensatz gebracht. Als wäre es über jeden Maler, jede Schriftstellerin verhängt, sich entweder für die edle Sache, also die Kunst, zu entscheiden oder für das Leben, dies jedoch um den Preis, das Heiligste, die Berufung zum Künstlertum, zu verraten. Ich habe etlichen Schriftstellern beim Greinen darüber zugehört, dass sich Literatur und Familie nicht vertrügen und man entweder das eine haben und das andere bleiben lassen solle oder sich für das andere entscheiden könne, aber dafür auf das eine verzichten müsse.

Der Gegensatz stört mich nicht nur gleichsam ideologisch, weil er eine Kunst ohne Leben und ein Leben ohne Kunst als das Gegebene verlangt, sondern ich kann an mir auch selbst ermessen, dass er sogar lebenspraktisch falsch und konstruiert ist. Ich war immer ein besserer Mensch, wenn ich zugleich ein besserer Autor war. Die Meinen hatten immer mehr von mir, wenn ich im Metier des Schreibens glücklich und konzentriert bei der Sache war. Mir ist beides immer gemeinsam gelungen oder beides zusammen missraten, der Alltag und die Literatur. Wenn ich ein unleidlicher Vater und Ehemann war, blieb ich auch als Autor unter meinen Möglichkeiten, wenn ich als Autor zur individuellen Bestform auflief, war auch das Zusammenleben mit mir das reine Vergnügen. Scheitern und Gelingen, beides immer auf allen Linien.

Die Kritik, die Unwürdige an mir üben, trifft mich immer noch. Das Lob Unwürdiger kann mich hingegen nicht mehr erreichen. Die mir feindselig sind, haben noch Macht über mein Empfinden.

Bewundern können! Ja, bewundern. Nicht anhimmeln, nicht verklären, nicht in ein Idol vernarrt sein. Sich wundern, wie gut es gelingen kann, und sich darüber freuen.

2014–2019

3

Schneller als das Erdbeben

In meiner Familienlegende spielt Dresden eine besondere Rolle. Noch in hohem Alter hat meine Mutter erzählt, wie sie in den Tagen, ehe die Royal Air Force ihre Angriffe flog, verzweifelt versuchte, aus der mit Flüchtlingen überfüllten Stadt herauszukommen. Sie war damals 25 Jahre alt, wurde von ihrer jüngeren Schwester begleitet und hatte einen Säugling und einen dreijährigen Buben bei sich, mit denen sie Monate vorher aus ihrer Kleinstadt in der Batschka aufgebrochen war und sich einem donauschwäbischen Flüchtlingstreck angeschlossen hatte. Im Herbst 1944 wurde die Wojwodina mit ihren drei Regionen – der Batschka, dem Banat und Sirmien –, in der die Wehrmacht und deren ungarische Verbündete Abertausende Juden und Serben massakriert hatten, von den siegreichen Partisanen ethnisch gesäubert. Wer von den Donauschwaben, ob er mit den Nationalsozialisten kollaboriert hatte oder nicht, im Land blieb, wurde in Lager getrieben, dem Hunger preisgegeben. Auf ihrer Flucht ist meine Mutter durch verwüstete Regionen und Länder gekommen und endlich in Sachsen gelandet, wo sie nicht bleiben wollte. Ein undankbarer Flüchtling wie von heute, strebte sie dorthin, wo die weit verstreute Familie vereinbart hatte, sich nach dem Krieg, wenn es sich nur irgendwie machen ließ, wieder zu vereinen. Auf dem lärmenden, von hin und her drängenden Massen besetzten Bahnhof schaffte sie es mit den Ihren in einem der letzten Züge unterzukommen, die Richtung Österreich fuhren. In der Nacht darauf wurde Dresden fast völlig zerstört. Nun war ich selbst auf dem Weg dorthin, ins Literaturhaus, das nach Erich Kästner, der in der Dresdner Neustadt aufwuchs, benannt ist. Wie ich es mir immer vornehme, aber viel zu selten tue, weil ich keine Zeit dafür zu haben meine, verwende ich mein Honorar dieses Mal tatsächlich dazu, ein paar Tage in der mir unbekannten Stadt zu bleiben.

Wir verließen Salzburg zur Mittagsstunde. Zwischen Regensburg und Hof fanden wir auf der bayerischen Autobahn weder Rast- noch Tankstellen, der sogenannte Exportweltmeister, das reichste Deutschland aller Zeiten, ließ die Infrastruktur des eigenen Landes seit Jahren großzügig verkommen. Als wollten sie alle Welt und die eigene Bevölkerung mit ihrem Sparwillen einschüchtern, setzen die wechselnden Regierungen auf einen Verfall der öffentlichen Einrichtungen, wie ihn sich die Bürger manch ärmerer Staaten nicht gefallen lassen würden. War ich in den letzten Jahren in Deutschland unterwegs, ob mit Bahn, Bus, Metro, Auto, fühlte ich mich oft an die Verwüstung erinnert, in der Margaret Thatcher ihr Land hinterließ. Damals wohnten wir ein paar Wochen in einer Kleinstadt unweit von London, und wenn meine Frau, die Kinder und ich abends von London hinaus nach Woking fuhren, saßen wir mit lauter wohlbestallten Angestellten in Zugabteilen, so grindig, versifft und überfüllt, dass in Österreich jede Gruppe obrigkeitsfrommer Ausflügler zu randalieren begonnen hätte.

Irgendwann mussten wir von der deutschen Autobahn abfahren, damit die Chauffeurin, die mich seit 35 Jahren durch mein Leben lenkt, zu ihrem Kaffee kam, und gelangten in einen Ort namens Kreith. Hier gab es nur Häuser, deren Fassaden mit gemütvollen Sprüchen versehen waren, Trutzburgen des Frohsinns, die von wehrhaften Gartenzwergen bewacht wurden. Im Zentrum stand ein Haus mit dem Schriftzug »Alter Wirt Hausschlachtung«, das geschlossen hatte, sodass uns erspart blieb zu erfahren, wie der alte Brauch, die Generationenfolge zu ordnen, heute gepflegt wurde. In einer Nebenstraße fanden wir endlich die einfache Gastwirtschaft, die wir gesucht hatten. Neben der Eingangstür hing eine Schautafel mit dem Foto eines Akkordeon spielenden Schmachtfetzens von Mann mit ölig sich kringelndem Haar. Als wir das zur Nachmittagsstunde völlig leere Lokal betraten, tauchte nach einiger Zeit aus der Dunkelheit der hinteren Räume der Akkordeonspieler auf, um zehn Jahre älter, zwanzig Kilo schwerer, einen gefärbten Lockenschopf reicher und um hundert Prozent sympathischer als auf seinem Porträt, wie sich auch über den Kaffee, den er servierte, nichts Schlechtes sagen ließ.

Wir hatten befürchtet, nein, erwartet, in Dresden bei jedem Schritt auf Spuren der gesellschaftlichen Verrohung zu stoßen, für die der Name Pegida, der Patriotischen Europäer gegen die Islamisierung des Abendlandes, steht. Doch fanden wir die Stadt in gegenteiligem Sinne gerüstet, hing doch von jedem zweiten Haus ein Transparent, das für Weltoffenheit und Toleranz warb und dazu aufforderte, die Heimatstadt keineswegs den xenophoben Menschenfeinden zu überlassen.

Einmal waren wir abends im Straßengarten eines spanischen Lokals an der Ecke von Böhmischer Straße und Alaunstraße eingekehrt und mit einem Dresdner Paar, etwas jünger als wir, ins Reden gekommen. Wir verschlangen pikante Tapas und tranken rauchigen Wein, und unsere neuen Bekannten zeigten sich gar nicht erfreut, dass uns ihre Stadt und deren Bewohner so gut gefielen. Sie laborierten heftig an der deutschen Krankheit, dem Besucher alles, was ihm an ihrer Heimat gefallen mochte, auszureden und diesen zu ermahnen, gefälligst hinter die Dinge zu sehen und zu erkennen, wie vieles im Argen lag. So aßen und tranken und debattierten wir und blickten dabei zwei Stunden lang auf den kleinen, von Punks, Säufern, Obdachlosen bevölkerten Park gegenüber, in dessen Mitte gleich einem blechernen Pavillon ein öffentliches Pissoir aufgestellt war, das viele Trinker mit der Bierflasche in der Hand aufsuchten. Wenn sie sich erleichterten, waren am oberen Rand der Blechwand ihre Köpfe und am unteren die Schuhe zu sehen, in denen ihre Füße steckten. Weder provokant noch verächtlich, sondern mit unbefangenem Interesse schauten viele von ihnen, während sie ihr Geschäft verrichteten, zu uns herüber, die wir über die Mittel verfügten, in diesem Gastgarten zu speisen, zu trinken, uns über den neuen Faschismus unterrichten zu lassen. Über den alten und seine Vorgeschichte hatten wir in der Staatlichen Kunstsammlung eine kluge wie materialreiche Ausstellung besucht, die »Vermessung des Unmenschen«, die mit der Dresdener Schule der Ethnologie, die der nazistischen Rassenlehre die pseudowissenschaftlichen Grundlagen bereitgestellt hatte, rigoros aufräumte. Dass sich die Stadt hier vorbildlich ihrer Vergangenheit stellte, das räumten sogar unsere Tischgefährten ein, die es sich aber nicht nehmen ließen, uns zum Abschied trotzdem inständig vor Dresden, Deutschland, der deutschen Zukunft Europas zu warnen.

Wo immer wir in Dresden unterwegs waren, beim Japanischen Palais, bei der Brühlschen Terrasse, der Carolabrücke, über die wild der Verkehr brandete, oder bei all den berühmten Gebäuden mit den fast schwarz gewordenen Fassaden, der Semperoper, dem Zwinger, der Burg, trafen wir auf diese eine Familie aus unserem Hotel. Sogar in der Frauenkirche sahen wir sie, die es vielleicht genauso verwunderte wie uns, dass sie dort in einen raffinierten Bühnenraum, in ein Theater geraten waren, mit den im Halbrund aufgestellten Holzbänken und den Emporen, die kühn und verspielt einander überbrückten und in süßlichem Blau und Gelb gehalten waren.

Wir waren auf der Prager Straße flaniert, dem sozialistischen Prachtboulevard, und hatten die strenge Komposition bestaunt, mit der wohl dreihundert Meter langen geschlossenen Hausfront auf der einen, den drei riesigen, quergestellten Hotels auf der anderen Seite und der breiten Fußgängerzone dazwischen. Danach fanden wir in der Passage des einstigen Café Prag, das jetzt eine Markthalle mit allerlei Ständen und kleinen Lokalen war, ein italienisches Café namens Agostini, in dem eine rundum selbstironische Kellnerin regierte, die auf dem Weg zur Matrone gerade eine längere disziplinierte Pause eingelegt zu haben schien. Und wer setzte sich kurz darauf an das Tischchen neben uns? Unsere Lieblingsfamilie, die vier friesischen Riesen.

Der Mann, der die Jeans immer ein bisschen zu hoch hinaufgezogen trug, sodass sich seine Hoden für die Betrachter geradezu schmerzhaft abbildeten, war sicher zwei Meter lang, die Frau mit dem sich mächtig bauschenden Zopf höchstens zehn Zentimeter kleiner, aber in ihren Bewegungen geradezu grazil, der Sohn, vielleicht 16 Jahre alt und bereits beim Frühstück gutgelaunt, hatte die Höhe des Vaters schon fast erreicht, würde sie bald übertroffen haben und aus dieser Höhe fröhlich über die Welt blicken. Die Tochter hingegen, etwa dreizehn, war unzufrieden mit sich und mit der Welt überworfen, ihren aufgeschossenen Körper trugen spindeldürre Beine, und die langen, schlenkernden Arme schienen sie beim Gehen, erst recht beim Sitzen zu stören, wohin nur mit ihnen? Sie litt herzergreifend an sich, der Familie, der Reise, die den drei anderen, die sich ihr oft aufmunternd zuwandten und von ihrem Missbehagen nicht verdrießen ließen, so viel Freude bereitete. Als wir zahlten, sagte die Kellnerin, dass die Marktstände und gastronomischen Kleinbetriebe in ein paar Wochen geschlossen würden, weil ein Investor Großes mit dieser Passage vorhabe. Sie sagte es halb verächtlich, halb resigniert, als hätte sie es sich sparen können, ihr schönes Italien zu verlassen, wenn sie der Mafia auch in Dresden nicht entkommen konnte.

Am dritten Tag einer Reise ermüden oft unsere geistigen und körperlichen Kräfte, die für die Stadterkundung vonnöten sind, dann fahren wir mit Straßenbahn oder Bus ziellos durch die Gegend, um da auszusteigen, dort ein wenig herumzugehen, dann wieder stundenlang weiterzufahren. Wir hatten am Albertplatz die erste eintreffende Straßenbahn genommen und waren mit der Linie 8 ein paar Stationen stadtauswärts gefahren, als uns ein Gebäude auffiel, durch das ein silberner Keil schnitt. Es handelte sich um das Heeresgeschichtliche Museum, das, vor 150 Jahren als Munitionsdepot errichtet, schon zu wilhelminischer Zeit zum Militärmuseum umgebaut wurde, im Dritten Reich der Anbetung militärischer Stärke diente und von dem seither niemand so recht wusste, was er mit ihm anfangen sollte. Wie kann das Militärmuseum einer Stadt aussehen, deren Schönheit legendär war und die wie kaum eine andere vom Krieg zerstört wurde? Daniel Libeskind hatte die Idee, in das Gebäude einen enormen Keil zu treiben, es könnte sich um ein überdimensionales Beil handeln, das den Steinkörper spaltet, einen Blitz, der eingeschlagen hat, einen Bomber, der auf das Gebäude gestürzt ist – jedenfalls wird anschaulich, wie sehr die Stadt von Gewalt, Militarismus, Krieg versehrt wurde. Gegen den Widerstand jener Einwohner, die sich bald darauf zur abendländischen Straßengang formierten, haben die Dresdner an dem kühnen Projekt festgehalten, das nicht dieser einen Stadt die nazistische Vergangenheit ganz Deutschlands vorhält, sondern ihre Gewaltgeschichte wie ihre Verwundung einprägsam sichtbar macht.

Auf der Weiterfahrt Richtung Hellerau nahm in der Straßenbahn uns gegenüber ein vierzigjähriger Mann Platz, der in einem nach Maß gefertigten Anzug steckte, blankpolierte schwarze Schuhe trug und den schwarzen Hut abgenommen und auf seine Knie gelegt hatte. Nach zwei Stationen stieg eine bleiche junge Frau in der Dienstjacke der städtischen Verkehrsbetriebe zu.

Auf die meisten Tickets warf die Kontrolleurin nur einen kurzen Blick, einzig unser Gegenüber fasste sie scharf ins Auge. Sie drehte seine Fahrkarte um, wischte mit dem Daumen wiederholt über den Stempelaufdruck des Tickets, als suchte sie den Beweis zu finden, dass es sich um eine Fälschung handelte, und in ihrer wachsenden Wut hätte sie den Verdächtigen wohl am liebsten einer strengen Leibesvisitation unterzogen. Der ältere Kollege, der durch die vordere Tür zugestiegen war und seinen Teil des Waggons bereits kontrolliert hatte, beschwichtigte die Aufgebrachte, schaute kurz auf die Karte und reichte sie dem Fahrgast mit einem formellen Nicken zurück. Dann schob er seine gegen ihn maulende

Kollegin zur Tür, durch die sie die Straßenbahn bei der nächsten Haltestelle verließen.

Wir starrten den Mann, der ein Universitätsprofessor aus dem Maghreb oder der leitende Angestellte eines internationalen Konsortiums sein mochte, das eine Filiale in Sachsen unterhielt, ratlos an; er lächelte verlegen, als müsse er sich für das Ungemach, das ihm widerfahren war, bei uns entschuldigen, und sagte dann in französisch gefärbtem Sächsisch, dass ihm das jede Woche passiere.

Die Villa Augustin, in der das Kästner-Museum und der Lesesaal des Literaturhauses untergebracht sind, liegt in einem stillen Garten nah dem lauten Albertplatz. Wir waren bereits eine halbe Stunde vor der Lesung dort, als mit gewaltigem Krachen und Prasseln ein Gewitter über der Stadt niederging. Bin ich auf dem Weg zu einer Lesung, hoffe ich meist, dass nicht allzu viele Leute anwesend sein werden, betrete ich hingegen die Bühne, bin ich enttäuscht, wenn sich zu wenige eingefunden haben. Vorher rede ich mir ein, es würde mir gewiss besser gelingen, meine weitausschwingenden Sätze vorzutragen, wenn ich kein allzu großes Auditorium vor mir hätte, doch während ich noch lese, beginne ich bereits damit zu hadern, dass mir die Mühe von Anreise und Lesung nicht wenigstens mit einem überfüllten Saal entgolten werde. Die Dresdner hatten das Kästner-Haus nicht gerade gestürmt, aber die Veranstalter auch nicht im Regen, der hörbar auf das Dach trommelte, alleingelassen.

Ich schaute ins Publikum und entdeckte ein paar Autoren, die ich kannte, seitdem *Literatur und Kritik* ein literarisches Stadtporträt Dresdens veröffentlicht und in Salzburg präsentiert hatte: den unverwüstlichen Wüstefeld, der mit dem Buch »Nackt hinter der Schutzmaske« bekannt geworden war, den verwegenen Wonneberger, der seine phantastische Prosa in einem österreichischen Verlag veröffentlicht, den bedächtigen und verschmitzten Norbert Weiß … und die sorbische Dichterin Róža Domašcyna und ihren Mann, deren Gast ich einst in Bautzen / Budyšin gewesen war. Róža hatte mich einen Tag lang durch anmutige und zerstörte sorbische Dörfer und in das Haus ihrer Mutter geführt, die uns in sorbischer Tracht empfing und aus ihrem Leben erzählte. Ich schrieb damals an meinem Buch über die »Sterbenden Europäer«, für das ich mich an den Rändern Europas auf die Spur der Aromunen, Arbëreshe, Sepharden Gottscheer und eben der Sorben begeben hatte, den ersten fünf von etlichen sprachlichen, religiösen Minderheiten, die ich in den Jahren darauf besuchen würde und deren widerständige Kraft, in der globalisierten Welt ihre besonderen Traditionen zu behaupten, mich faszinierte. Zwei Jahrzehnte lang habe ich mich mit den Minderheiten Europas beschäftigt und ihnen literarisch eine eigene Buchreihe gewidmet, dann brach ich das Unterfangen ab, weil ich es überall mit sympathischen Angehörigen von Minderheiten zu tun bekam, die begeistert die kleinsten Unterschiede von Sprache, Brauchtum, Ritualen großredeten, mit denen sie sich von ihren Nachbarn abhoben und abzuheben stolz waren. Daran ist nichts Verwerfliches, jeder darf seine Kraft aus dem beziehen, was ihm eben als das Ureigene seiner Existenz erscheint; ich verlor dennoch die Freude, mich immer neu auf den beschwerlichen Weg ins Abgelegene zu machen, um dort erst wieder dem zu begegnen, was mir bereits störend von anderswo bekannt war.

Ich wollte Dresden nicht verlassen, ohne den Bahnhof gesehen zu haben, der in der Nacht von 13. auf 14. Februar 1945 fast völlig ausbrannte und in dessen Luftschutzkeller ein halbes Tausend Menschen erstickte. Noch zu Zeiten der DDR wurde der Bahnhof, der mit seiner dreischiffigen Konstruktion als einer der schönsten Europas galt, wieder in Stand gesetzt, und zu Beginn des 21. Jahrhunderts baute Norman Foster ihn gleich neu, wobei er sich an den ursprünglichen Plänen vom Ende des 19. Jahrhunderts orientierte. Der Dresdner Bahnhof ist heute ein eleganter, ein wenig in sich selbst verliebter Bau aus Stahl und Licht. Ich schloss die Augen, doch unter dem Zeltdach, das die Halle überwölbte, konnte ich mir das Geschrei, das Drängeln, Stoßen und Rennen, von dem meine Mutter erzählt hatte, nicht vergegenwärtigen.

Der zensurierte Tod. Mit Róža Domašcyna war ich über Fabjan Hafner ins Reden gekommen, auch sie hatte gehört, dass der Kärntner Slowene – wie sie der Angehörige einer nationalen Minderheit, die um ihren Bestand kämpfen muss – unerwartet mit gerade 49 Jahren verstorben war. Hafner ist schon einige Wochen tot, und immer noch werden Nachrufe veröffentlicht, die ihn um sein Sterben bringen. Denn alle die taktvollen Würdigungen verschweigen, dass der feinsinnige Übersetzer, Lyriker, Literaturwissenschaftler Selbstmord verübte. Als wäre es eine Schmach oder ein Versagen, nehmen die Nekrologe ihm sein eigenes Sterben, sie unterziehen es der Zensur, wiewohl der Verstorbene, gerade indem er diesen Tod wählte, uns Lebenden etwas mitgeteilt hat. Zumindest dies, dass er es als der sonnige, freundliche, schelmisch lächelnde Mann, der in so vielen von uns Sympathie für sich zu wecken verstand, es am Ende nicht mehr aushielt auf Erden.

Darum muss ich das hier sagen: aus Zuneigung zu einem Menschen, den ich kennenlernte, als er 18 war und eben am Slowenischen Gymnasium in Klagenfurt maturierte, ein aufgeweckter Jüngling, liebenswürdig und wissbegierig, witzig und frech. Und aus Respekt vor dir, lieber Fabjan, und deinem Willen, so abzugehen, wie du es getan hast.

Der Rabauke. Er ist ungebildet und stolz darauf, es zu sein. Was er gestern noch zu verbergen trachtete, heute protzt er damit, seine Defizite sind es, mit denen er renommiert. Er brüllt in das Handy und lässt den Motor seines auffrisierten Wagens aufheulen, aus dem die Musik nach draußen wummert. Wer es wagt, ihn fragend anzusehen, dem deutet er: Fick dich! Er kopiert einen neuen Typus von Machtpolitiker, der seinen Erfolg gerade ihm, dem machtlosen Rabauken, verdankt.

Die Litanei kennen wir: Bildung, Bildung, Bildung, das ist das Einzige, was uns noch retten kann im alten Europa. Bildung gegen die Arbeitslosigkeit, Bildung gegen den Absturz Europas zur Regionalmacht. Seltsam nur, je rabiater Bildung gefordert wird, umso weniger gilt der Gebildete selbst. Zuerst wurden die Intellektuellen in das Eck gestellt, das in der neoliberalen Schulklasse für aufsässige Maulhelden reserviert ist, dann die Gebildeten als weltfremde Sonderlinge denunziert, deren Wissen tot und nutzlos wäre und einzig dem sozialen Dünkel fromme.

Wer immer in den Verdacht gerät, gebildet zu sein, muss längst dagegen ankämpfen, als Mensch von vorgestern abgetan zu werden. Umgekehrt ist der echte, sich gut gelaunt zu seinem umfassenden Unwissen wie zu einem persönlichen Verdienst bekennende Trottel zum sozialen Leitbild geworden: Die Medien Österreichs und Deutschlands sind fortwährend damit beschäftigt, mittels telekratischer Volksbefragung den Supertrottel zu finden, der bei irgendwas noch tapferer als seine Kontrahenten bereit ist, sich selber bloßzustellen, beim Herumhopsen, Schlagersingen, Partnerfinden, Würmerfressen.

Ihm winkt aus unüberwindbarer Ferne kumpelhaft ein Politiker neuen Typs zu, der sich seinerseits nicht mehr darum bemüht, jene Bildung, die ihm abgeht, immerhin vorzutäuschen. Seine Pubertät hat er in der Schülerorganisation seiner Parteien verbracht, sein Studium in den Gremien von deren Jugendverbänden abgesessen, und dann hat es ihn in die politische Erwachsenenwelt verschlagen, wo er, gehetzt zwischen hunderterlei Terminen, nie mehr wird nachholen können, was er in seinen strikt verplanten Jugendjahren an Bildungserlebnissen und Erfahrungen des nicht reglementierten Lebens alles versäumt hat.

Und wenn es so wäre: Warum rege ich mich darüber auf? Ich brauche diese Sendungen, an denen andere ihr Vergnügen finden, doch nicht anzusehen! Und ich muss jene, die ihre politischen Karrieren auf ihrer überzeugenden Unbildung gründen, auch nicht wählen! Nein, falsch gedacht! Die organisierte Dummheit ist eine Macht, die zerstören möchte, was die Zivilisation aufgebaut, zuwege gebracht hat, und daher muss man ihr entgegentreten, wo immer sie sich anschickt, gesellschaftliches Terrain zu erobern. Wer politisch auf die Dummheit setzt oder mit ihr sein mediales Geschäft betreibt, arbeitet daran, die Demokratie zu schädigen, die Menschenwürde zu schänden. Keine zwanzig Jahre hat Berlusconi gebraucht, alle besseren Traditionen Italiens zu zerstören und mittels der täglichen Propaganda seiner Fernsehstationen aus dem Weg zu räumen, was dem Aufmarsch der Barbaren im Wege stand. Dann waren die Birnen der Italiener so weichgeklopft, dass sie sich nach harten Männern zu sehnen begannen.

Gebildete Nichtleser. Ein amerikanischer Literaturprofessor von der Stanford University wird im deutschen Feuilleton bejubelt, als wäre endlich der ersehnte Entlastungszeuge aus Übersee vor dem europäischen Literaturgerichtshof erschienen. Angesichts der Überfülle an digital zur Verfügung gestellter Literatur hat er eine Theorie des neuen Lesens entwickelt, das »distant reading«. Was der Professor empfiehlt, ist das hastig überfliegende Lesen, das Bausteine fremder Leseerfahrungen übernimmt und mit ein paar subjektiven Eindrücken aus eigener Lektüre verspachtelt. Man fragt sich natürlich: Warum, um Himmels willen, dann überhaupt noch lesen? Nun, weil es für den Professor und die Redakteure offenbar noch so etwas wie eine Lesepflicht gibt. Noch. Und weil man als gebildeter Mensch über Literatur, die man nicht gelesen hat, reden können muss. Mitreden. Aber es wird akademisch und feuilletonistisch schon tüchtig daran gearbeitet, dass sich das ändere.

Sieht man sich die Lehrpläne unserer Schulen an, muss man konstatieren, dass der Literatur als Unterrichtsstoff der Garaus bereitet wurde. Vor lauter Panik, nur ja genügend Schüler zu befähigen, eine Gebrauchsanleitung zu verstehen oder einen Leserbrief zu verfassen, entschieden sich die Planer des Deutschunterrichts für das Schlechteste, nämlich den Kindern, der Schule und in der Folge der Gesellschaft die Literatur auszutreiben. Es ist kein Bildungsziel mehr, Kindern die Freude und die Fähigkeit zu vermitteln, literarische Werke (nicht nur Häppchen davon, die häppchenweise abgefragt werden können) zu lesen und sich lesend in das Glück, die Not anderer einzufühlen. Da sollen die Heranwachsenden nützlichere Fähigkeiten ausbilden. Die Notwendigkeit der Literatur besteht hingegen gerade in ihrer praktischen Überflüssigkeit, wir brauchen sie, eben weil sie unmittelbar zu gar nichts nütze ist und uns von dem Zwangsdenken befreit, dass alle Dinge, Begabungen, Tätigkeiten, Beziehungen immer etwas nützen, einen Vorteil eintragen müssen.

Ludwig Börne, der kämpferische Publizist aus Frankfurt, hat jahrelang für eine Zeitschrift geschrieben, die den Titel *Iris, Unterhaltungsblatt für Freunde des Schönen und Nützlichen* trug. Wie lange ist das her, dass das Schöne und das Nützliche verschwistert waren!

Buchgeschenke verboten! Auf einer Tagung traf ich einen schwedischen Literaturprofessor, und weil mir sein kluges Referat imponiert hatte, fragte ich ihn, ob ich seinem Institut ein Gratisabonnement der von mir herausgegebenen Zeitschrift stiften solle. Da machte der eloquente Edgar Platen, ein Mensch der Bücher von Profession und aus Leidenschaft, verzweifelte Miene und klärte mich auf, welcher Fortschritt über die schwedischen Universitäten verhängt worden sei. Neuerdings dürfen die Bibliotheken der philosophischen Fakultäten keine Bücher mehr erwerben, weil sie darauf verpflichtet wurden, die bereits vorhandenen zu digitalisieren und neue nur in dieser Form zu erstehen. Bücher sind also gerade dabei, in Schweden aus dem Sichtbereich der Studierenden und Forschenden zu verschwinden, werden die Lesesäle doch von ihnen wie von Überbleibseln einer düsteren Ära leergeräumt, dafür aber digital aufgerüstet. Haben Bibliothekare früher geklagt, zu wenig Geld zu haben, um all die Bücher zu bestellen, die sie für wichtig halten, müssen sie sich heute damit abfinden, dass es ihnen nicht einmal mehr gestattet ist, Büchergeschenke anzunehmen.

Der Bücherheld von Bogotá. Wenn in Bibliotheken Bücher wie staubiger Müll entsorgt werden, lobe ich mir den Müllmann José Alberto Gutiérrez, der die Bücher aus dem Müll holt und mit ihnen seine eigenen Bibliotheken bestückt. Gutiérrez hat kein Studium der Literatur absolviert, dafür aber zwanzig Jahre bei der Müllabfuhr der kolumbianischen Hauptstadt Bogotá gearbeitet, seiner Universität des Lebens, die ihn den Wert des Buches lehrte. Etwa siebzigtausend Bücher hat er über die Jahre im Abfall entdeckt und gerettet. Irgendwann kam ihm die Idee, dass gerade Bücher die richtige Sache für die Leute in den Armenvierteln wären. Mittlerweile hat er fast hundert vorstädtische Bibliotheken gegründet und mit Büchern für Kinder und Erwachsene ausgestattet. Seine Kollegen, die ihn anfangs belächelten, haben sich von seiner Leidenschaft anstecken lassen und bringen ihm von ihren täglichen Touren durch ihre Viertel Bücher mit, die sie aus dem Abfall bergen, auf dass er sie der Hauptbibliothek in seinem eigenen Häuschen eingliedere oder in eine von deren Filialen bringe.

Exzentrischer Konformismus. Die Leute aus dem Reality-TV hyperventilieren häufig in einem exaltiert ausgelegten Konformismus. Den Typus gibt es schon lange, er wechselt historisch nur seine Erscheinungsform. Georg Lukács hat vor mehr als hundert Jahren den »überspannten Philister« analysiert, den nervösen Untertan, der seine Engstirnigkeit mit einem Hang zu forcierter Originalität oder dandyhafter Exaltation verbindet, jedoch der autoritären Obrigkeit, gegen die er zu revoltieren meint, mit Haut und Haar verfallen bleibt. Seine Urenkel machen heute viel Wirbel, wenn sie mit der Attitüde von Rebellen die vorherrschenden Ansichten verfechten.

Alan Greenspan. Der Leiter des Internationalen Währungsfonds hat mit achtjähriger Verspätung zum Debakel von 2008 selbstkritisch angemerkt: »Ich irrte mich in der Annahme, das Selbstinteresse von Unternehmen, insbesondere von Banken, sei so geartet, dass dieses Selbstinteresse sie besser als jede Maßnahme befähige, ihre Aktionäre und deren Eigenkapital zu schützen.« Der oberste Deregulierer der Marktwirtschaft, der alles dafür getan hat, dass die Banken auf schnellen Profit setzen und Manager die Macht übernehmen, die an nichts als kurzfristige Maximierung des Profits dachten, hat also tatsächlich angenommen, diese würden nicht ihre Boni, nicht die unverweilt über Spekulationen gewonnenen Milliarden im Auge haben, sondern das lang- oder mittelfristige Interesse ihrer Aktionäre; von den Interessen der Gesellschaft, die Greenspan weder kennt noch nennt und um die er sich auch jetzt nicht schert, gar nicht zu reden. Was für ein erbärmlicher Wicht! Er hat das seriöse Geschäftsgebaren als lächerliche Tugend erfolgloser Erbsenzähler denunziert und den rüdesten Spekulanten den Weg gebahnt. Und jetzt greint er: Wie hätte ich es wissen sollen!

Ein Held für jede Jahreszeit. Er ist medial immer einsetzbar, denn die einen lachen zustimmend mit ihm, die anderen boshaft über ihn, sodass er zur allseitigen Hebung der Laune fortwährend zu irgendeiner Sendung eingeladen wird und sich dort auftragsgemäß als überspannter Philister von heute aufführt. Da mag er sich längst als Rassist, Einfaltspinsel, Lügner zu erkennen gegeben haben, auch der öffentlich-rechtliche Rundfunk nimmt ihm das nicht übel, denn die politische Information muss unterhalten, und der Mann ist zuverlässig komisch, ob er es vorhat oder es ihm widerfährt. So hetzt ein Mann von Talkshow zu Tanzshow, der Jörg Haider als seinen Lebensmenschen bezeichnet und dieses schöne Wort damit so vernutzt und verhunzt hat, dass es nur mehr zu satirischer Verwendung taugt. Freimütig spricht er über die kleinen und großen Schweinereien, die unter Haiders Schirm alltägliche politische Übung waren, gleichwohl kann er den Stolz, mit dabei gewesen zu sein, nicht verhehlen. Eine ihn selbst gefährdende Form von Gefallsucht nötigt ihn, kaum dass die Kamera läuft, das Pfauenrad zu schlagen. Und sollten ihn eines Tages seine Bekenntnisse vor Gericht bringen, wird er dort zufrieden um sich blicken, weil so viele Leute gekommen sind, ihn zu sehen.

Ich kenne die Verlockung, am Podium überzeugen, das Publikum gewinnen zu wollen. Das Talent zum Rhetor ist das gefährlichste für einen Schriftsteller, und ich muss mich nachträglich glücklich preisen, dass ich bereits gegen die fünfzig ging, als ich meine über das Störrische hinausreichende Scheu vor dem großen Auftritt ablegte und dann freilich gleich Gefallen an ihm fand. Wer bereits in jungen Jahren in der Öffentlichkeit zu begeistern weiß, verkommt zum Medienaffen, ein Opfer seines Talents und seiner Gefallsucht.

Als ich mit dreißig das erste Mal zum Interview gebeten wurde, vom ORF, für den mich eine für ihre Sanftmut und Geduld bekannte Redakteurin befragen wollte, ergriff mich ein vages, aber umfassendes Misstrauen, sodass ich ein paar Hundert Meter vor dem Funkhaus in ein Wirtshaus abbog und bei einigen Gläsern Wein grimmig mit mir übereinkam, mir keine Fragen stellen zu lassen, sondern lieber unbefragt wieder nach Hause zu gehen.

Ein paar Jahre später fragte ich mich hingegen zuerst kleinmütig, dann erbost: Warum fragt keiner mich, der ich so viel Klügeres zu sagen hätte als die vielen, die fortwährend um ihr Wort gebeten werden? Und ich begann missgelaunt nachzurechnen, wie oft ich schon wieder nicht gefragt worden war.

Dann kam die Zeit, in der ich gefragt wurde und gleich so wild und undiszipliniert loslegte, dass im Radio nur ein einziger Redeschwall von mir zu hören war. Erst nach und nach wurde es besser damit, der Neigung, vor dem Mikrophon jeder Assoziation zu folgen, kann ich jedoch bis heute oft nicht widerstehen.

Daraufhin wurde ich bequem und verwendete Bausteine aus dem einen Gespräch unbedenklich im nächsten. Immer dieselben Bemerkungen und Anekdoten, die nur die wechselnden Hörer überraschen sollten, mir selbst aber so schal wurden, dass ich sie unaufmerksam nach und nach falsch anordnete und seltsames Zeug zu erzählen begann. Und noch ein paar Jahre später fragte ich mich, warum ich in Studios rennen und unentgeltlich arbeiten sollte, indem ich jedem, der es mir anbot, Rede und Antwort stand zu Dingen, die mich gar nichts angingen ...

Da begriff ich, dass mich die Eitelkeit auf den Leim geführt hatte und nichts so berechtigt war wie mein Misstrauen damals, vor dreißig Jahren. Es galt, recht besehen, niemand anderem als mir selbst.

Nationalfeiertag 2016. Österreich lauscht der schlimmsten Rede, die seit 1945 von einem führenden Politiker gehalten wurde. H.C. Strache schreit in seiner abgrundtief bösen Erweckungspredigt, dass die Regierung endlich den Unmut der Österreicher, die sich nicht länger im Inland von Ausländern unterdrücken lassen möchten, ernst nehmen müsse, sonst ... Sonst werde es in Österreich eines Tages unausweichlich zum

Bürgerkrieg kommen. Kommen müssen. Er fürchtet den Bürgerkrieg nicht; er warnt vor ihm, aber keiner außer ihm ist zu sehen, der ihn geistig vorbereitet haben möchte, also warnt er nicht vor ihm, sondern droht mit ihm.

Bob Dylan. Zu Mittag kam die Nachricht, dass Bob Dylan den Nobelpreis für Literatur erhält, was mich weder begeistert noch ergrimmt, so wichtig braucht man sie nicht zu nehmen, diese Auszeichnung, von der Peter Handke letztes Jahr meinte, es wäre das Beste, sie abzuschaffen. Ich kenne leidenschaftlich der Literatur verfallene Leute, die sich seit Jahren wünschen, dass Dylan endlich mit diesem Preis ausgezeichnet werde, und da ich sie schätze, gönne ich ihnen die Freude, die sie heute empfinden werden. Gegen Bob Dylan habe ich nichts vorzubringen, außer dass mir, wenn schon, Leonard Cohen lieber gewesen wäre, aber das ist eine persönliche Vorliebe, die damit zu tun hat, dass in den Partykellern meiner Gymnasiastenzeit zu den herrlichsten Schmusereien immer Leonard Cohen, nicht Bob Dylan die Hintergrundmusik lieferte. Noch lieber als Nobelpreisträger wäre mir natürlich der große Humberto Ak'abal.

Ak'abal? Der Kiché-Indio aus Guatemala schreibt wundersame Gedichte über die Geräusche des Urwalds, über die Mädchen aus dem Dorf seiner Kindheit, den Schrei der Vögel, die Geister der Nacht. Wenn er seine Gedichte singend, rezitierend, die Laute des Urwalds vergegenwärtigend, selber vorträgt, glaubt man, ein ganzes Orchester zu hören, denn er spricht nicht nur von der Natur, lautmalerisch weiß er ihren Reichtum an Stimmen, Tönen und Geräuschen vielmehr Laut und Lied werden zu lassen. In jenem Sinn, dass der Nobelpreis zu selten zwar, aber manchmal doch unsere

Aufmerksamkeit auf eine unbekannte Landschaft der Literatur lenkt, ist der witzige, poetische, unbeugsame Humberto Ak'abal schon seit langem mein Preisträger, zumal wenn es um Lyrik geht, die das uralte Erbe des Sangbaren, Liedhaften von Literatur bewahrt. Mein Nobelpreisträger war mit seinem Übersetzer Erich Hackl zwei Mal in Salzburg. Beim ersten Mal waren es gezählte 17 Zuhörer, beim zweiten Mal waren wir schon 38, die Ak'abals großem Gesang im Literaturhaus lauschten. Beim nächsten Mal, in der großen Aula, werden es 300 sein, und nur die, deren Sinne völlig ertaubt sind, werden nicht entzückt sein.

Keine halbe Stunde war vergangen, seit bekannt wurde, dass Dylan den Literaturnobelpreis erhält, und schon hatten Tausende auf den digitalen Seiten unserer Zeitungen jubelnd vermeldet, dass sie diese Wahl als Ohrfeige für die arroganten Dichterlinge, die keiner versteht, für die hochnäsigen Intellektuellen, die die Leute mit ihrem Gewäsch nerven, für die Internationale der Klugscheißer und Besserwisser verstanden. Und Bob Dylan feierten sie handkehrum als einen der Ihren, der sein Leben lang gegen die Verschwörung der arroganten Wortklauber und korrupten Schwätzer angesungen und sich so auf die Seite des immer belogenen und betrogenen Volks geschlagen habe.

Das klingt antiautoritär, ist jedoch ein zutiefst autoritärer Reflex. Damit er verehrt werden kann, muss aus einem globalen Superstar zuerst ein Outcast werden, der es dem intellektuellen Pack, dem kulturellen Establishment richtig gezeigt hat. Leute, die es aus diesem Grund heute begeistert, dass Dylan den Nobelpreis erhält, würden nächstes Monat, wenn sie als Europäer nur dazu berechtigt wären, Donald Trump zum amerikanischen Präsidenten wählen, und zwar in der

Überzeugung, damit all den Besserwissern endlich die lange ersehnte Tracht Prügel verabreicht zu haben. Zum ersten Mal dient der Nobelpreis für Literatur dazu, die Literatur selbst abzutun und jene, die sie schreiben, als Volksfeinde zu ächten.

Die Wahlnacht. Gestern Abend waren wir in der Stadt unterwegs, auf der Straße marodierten gutgelaunte Gruppen berauschter Leute, die als Uncle Sam kostümiert waren oder eine Trump-Maske aufgesetzt hatten, wobei sich nicht erschloss, ob sie sich damit als seine Anhänger zu erkennen geben wollten oder die amerikanische Wahl für eine weltweite Show mit einem genialen Witzbold, für einen Spaß globalen Ausmaßes hielten. So wurde der Wahlkampf ja in alle Welt übertragen, als Event mit einem Unterhaltungsstar, den die Medien über Monate förderten, indem sie sich über sein brachiales Auftreten, seine komische Frisur, seine rüpelhaften Manieren, seine fundamentale Ahnungslosigkeit lustig machten.

Was wir in den Frühnachrichten erfuhren: dass Trump die Wahl gewonnen hat. Was das bedeuten wird für die USA, für die Welt? Jedenfalls wird es Auswirkungen bis hinter die Sieben Berge, bis in die entlegensten Weltprovinzen haben. Überall werden die kleinen Trumps groß auftrumpfen und mit ruchlosen Sprüchen, mit der Lust an der Regelverletzung ihre Gegner vor sich hertreiben. Alt werden sie die Politiker aller Couleur aussehen lassen, die noch auf den Ruf aus waren, verlässlich, seriös, beständig zu arbeiten, und die künftig als Langeweiler dem Gespött preisgegeben werden.

Der Kater. Jetzt zeigen sich in den USA all die Ganoven, die den Wahlkampf opportunistisch als Gelegenheit nahmen, mit dem Clown billige Quote in ihren Medien zu machen, entsetzt, empört, ja, verkatert nach dem Rausch, zu dem sie sich und ihr Publikum abgefüllt haben. Aber sie sind natürlich völlig unschuldig: Wie hätten sie ahnen können, dass der Mann, den sie zahllose Stunden lang auf allen Kanälen präsentierten, von der Nation nicht als jener pathologische Narziss durchschaut wird, für den sie ihn hielten, sondern für einen starken Präsidenten gehalten wird, der ordentlich aufräumt.

Der Affekt, der Trump an die Spitze gespült hat, ist längst in allen Sphären der Gesellschaft Europas zu verspüren, selbst bei denen, die dem amerikanischen Rabauken nicht trauen. Leute mit Studium, Karriere, Einfluss, Vermögen wollen auf einmal weder zum Establishment noch zur Elite gehören, sondern sich immer schon als Outcasts verstanden und bewährt haben.

Und trotzdem hat Österreich heute, am 2. Dezember 2016, nicht Norbert Hofer, den Berufspolitiker, der sich als Antipolitiker präsentiert, sondern Alexander Van der Bellen als Kandidat der breitesten Gottbewahre-Bewegung zum Bundespräsidenten gewählt.

Natürlich bin ich erleichtert, dass ich in den nächsten Jahren einem Bundespräsidenten zusehen und zuhören werde, der die Dinge bedächtig abwägt und selbstironisch formuliert, und nicht einen Deutschnationalen dabei beobachten muss, wie er, dessen geistige Heimat das große Deutschland ist, sich ausgerechnet als Hüter der österreichischen Identität geriert. Es besteht aber kein Anlass, beglückt zu sein; immerhin hat sich fast halb Österreich für einen Kandidaten entschieden, der durch kleine Aussetzer, die ihm im Wahlkampf widerfuhren, erkennen ließ, zu welch autoritären Mitteln er griffe, würden sie ihm durch die Wahl nur in die Hände gegeben werden.

Der massentaugliche Exzentriker. Als Exzentriker wurden früher Menschen bezeichnet, die ausgeprägt eigenständige Meinungen hatten und diese mit kurioser Konsequenz verfochten, ja, deren Lebenselixier ihr abweichendes Verhalten war. Wird der Exzentriker massentauglich, verliert er gerade das, was ihn in seiner Vernarrtheit früher immerhin zu einem Charakter machte.

Der »überspannte Philister« von einst ist als buntkostümierter, schreiend auffälliger Rowdy von heute dabei, die bürgerliche Gesellschaft zu okkupieren. Er ist engstirnig, aber freizügig, narzisstisch selbstbezogen, aber populär, saudumm, aber ein origineller Sprücheklopfer: eine rundum obszöne Erscheinung, die den Verdacht zu lügen nicht von sich weist, sondern stolz sagt: Genau! Seht her, was ich mir erlaube!

Trump verkörpert diesen Typus, er hat ihn nicht erfunden, allerdings wird dieser mit ihm zum populären Sozialcharakter. Dabei besetzt er alle politischen Positionen mit sich selbst: Er gibt den anarchischen Tabubrecher und kündigt schärfere Gesetze an, er appelliert als echter Linker an die soziale Gerechtigkeit und verhöhnt noch die Idee von dieser selbst, er gibt den sozial bedrängten Leuten das Gefühl von Würde zurück und kündigt an, ihnen das Leben schwerer zu machen.

In den siebziger Jahren, als selbst bürgerliche Menschen nicht frei von antibourgeoisen Affekten waren, hieß »bürgerlich« nichts anderes als engstirnig, berechnend, ohne Ideale, spießig. Inzwischen bin ich durch viele Länder gekommen, die arm dran sind, weil sie nie von der bürgerlichen Kultur durchformt wurden und aus der feudalen gleich in die staatssozialistische Ära stürzten. Die bürgerliche Klasse war zu klein und sie herrschte, wenn überhaupt, viel zu kurz, um die kulturelle Hegemonie zu erlangen. Bis heute mangelt es dort im gesellschaftlichen Alltag an jenen Umgangsformen, die auch bei uns gerade dabei sind, demoliert zu werden, an der gleichsam unpersönlichen Höflichkeit des urbanen Lebens, an einem zivilen Verhalten, das früher mit dem Schreckwort von den guten Manieren bezeichnet wurde. Als der Kapitalismus im einstigen Ostblock eingeführt wurde, war es ein roh aufstampfender Kapitalismus ohne bürgerliche Gesellschaft.

Auch im Neoliberalismus erweist sich, dass der Kapitalismus gegebenenfalls ohne seinen historischen Träger, das Bürgertum, auskommt und dieses, wenn es wagt zu stören, auch abschafft. Der neoliberale und der oligarchische Kapitalismus richten alle Zerstörungen an, zu denen der Kapitalismus führt, ohne den Fortschritt zu bewirken, den dieser mit der Entfesselung der Produktivkräfte einst bewirkte, und ohne die neuen Reichen mit dem alten Wunsch auszustatten, sich nicht als engstirnig, berechnend, spießig zu erweisen, sondern als tolerante, großzügige, weltneugierige »Bürger« zu bewähren.

Der Verlierer. Irgendwer muss schließlich schuld daran sein, dass sich die Dinge nicht so entwickeln, wie es uns gefiele. Glücklicherweise haben wir den Verlierer. Zuerst hat der Verlierer alles eingebüßt, was ihm in der Gesellschaft einen geachteten Platz sicherte, und am Ende nehmen wir ihm auch noch seine Ehre. Gewohnheitsmäßig wird sie ihm heute von denen abgesprochen, die sich die unerfreulichen politischen Entwicklungen nicht mehr anders erklären können als durch das unheilvolle Wirken des Verlierers in der Welt; und durch die Tatsache, dass es inzwischen so viele von seinesgleichen gibt. Fast scheint es, die Verlierer wären ausgerechnet zur Macht geworden, als sie zu Verlierern wurden.

Der Verlierer ist inzwischen eine omnipräsente Figur der politischen Debatte. Wer ist für das Erstarken der Populisten verantwortlich? Der epidemisch auftretende Verlierer, der sich aus zielloser Wut den simplen Botschaften der Populisten ergeben hat, ja, diese geradezu anstachelt, in seinem Namen gegen zivilisatorische Normen zu verstoßen und rhetorisch ruchlos wider Konventionen und Übereinkünfte zu predigen. Und wer befeuert den neuen Nationalismus in den kleinen und großen Staaten? Die Verlierer, die so dumm sind, auf die Versprechen der Nationalisten hereinzufallen. Mit ihrer Sehnsucht nach der vermeintlich geordneten Welt von gestern, als die Dinge noch einfach und übersichtlich und sie keine Verlierer, sondern geachtete Mitglieder der Gesellschaft waren, weigern sie sich, die Realitäten zur Kenntnis zu nehmen.

Die Verlierer sind dumm, weil sie die ökonomischen Prozesse, die sie aus ihrer einst sicheren Existenz beförderten, nicht verstehen wollen, und sie sind ignorant, weil sie sich sträuben, diese Prozesse und ihre eigene Marginalisierung zu akzeptieren. Sie begreifen die Veränderungen nicht, die vom industriellen zum digitalen Zeitalter eingetreten sind, und bockig möchten sie nicht von einer Zukunft schwärmen, die sie nicht haben.

Das wäre nicht schlimm, und sie könnten sich getrost in ihrer Verbitterung einrichten, wenn es unangenehmerweise nicht etwas gäbe, das sie sich neuerdings schamlos zunutze machen: nämlich das allgemeine und gleiche Wahlrecht. Während sie sonst gar nichts mehr gelten, zählt bei Wahlen die Stimme der Verlierer immer noch gleich viel wie die der Gewinner oder all jener, über die immerhin nicht der soziale Abstieg verhängt ist; und das ist ein Ärgernis, weil der Verlierer seit einiger Zeit nicht mehr die richtigen Leute zu wählen pflegt.

Wer hat Trump an die Macht gebracht? Der weiße Arbeiter, der im Rostgürtel der Vereinigten Staaten für schwere Arbeit im Stahlwerk oder an den Fließbändern der Fabriken so viel verdiente, dass er mit den Seinen zwar nicht in Saus und Braus, aber in langsam wachsendem Wohlstand leben konnte. Auf wen stützt sich Marine Le Pen, die das wahre Frankreich beschwört, indem sie dessen besten Traditionen den Garaus bereiten möchte? Auf die ausgemusterten Industriearbeiter, die in Konkurs gegangenen Gewerbetreibenden, auf die Verlierer in der Provinz, die nicht die Segnungen des wirtschaftlichen Wandels zu spüren bekamen, von dem andere profitierten, sondern die Verachtung, dass sie sich in ihrer Bedrängnis nicht die hehren Werte von Toleranz, Liberalismus, Weltoffenheit bewahrt haben.

Früher galt für politisch links, wer es mit den sozial Benachteiligten hielt. Heute hält sich für links, wer eine Abneigung gegen die Verlierer hegt. Die verachtet er wegen der Abneigung, die sie gegen Flüchtlinge, Schwule, Kopftuchträgerinnen hegen.

Die Linke von heute misstraut nicht der Globalisierung, sondern dem Nationalismus, nicht dem Neoliberalismus, sondern der Provinz. Beide wollen sie die Grenzen aufheben: die Neoliberalen, die von grenzenlosen Geschäften träumen, und die Antinationalisten, die von der Weltgemeinschaft träumen. Dabei haben sie einen gemeinsamen Feind entdeckt, die kulturell rückständigen, ihre soziale Renitenz ins Reaktionäre wendenden Verlierer.

Kümmerer und Kümmerlinge. Das Gerede von den Verlierern, die zur Gefahr für Fortschritt und Freiheit werden, ist einerseits menschenverachtend, andrerseits realitätsblind. Aber die Sozialdemokraten haben sich längst die neoliberale Sprache und das dazugehörige Wertesystem, das auf der Existenz von Verlierern und Gewinnern, Abgehängten und Zukunftsfitten gründet, zu eigen gemacht. Die Verlierer wurden ihnen erst zum Problem, als sie ihnen als sichere Wählerschaft verloren gegangen sind. Jetzt, auf einmal, werden sie wiederentdeckt, und zwar als Klientel, um das man sich in den letzten Jahren zu wenig gekümmert habe. Die Kümmerer versprechen, sich ab sofort wieder um die Benachteiligten zu kümmern, die sie in dieser Sprachregelung doch mit paternalistischem Wohlwollen in die desolate Rolle von Kümmerlingen drängen.

Die Kümmerlinge laufen ihnen deswegen aber nicht gleich wieder in Scharen zu. Da jede Reform, die triumphal ausgerufen wurde, nur zur Verschlechterung ihrer Lebensverhältnisse beigetragen hat, setzen sie auf den grundsätzlichen Bruch mit dem System, und der wird ihnen nicht von den sozialdemokratischen und auch nicht von den konservativen, liberalen oder grünen Parteien, sondern von den rechten Parteien versprochen. Diese haben sich historisch meist als Mächte der Ordnung und Disziplin präsentiert, jetzt aber propagieren sie nicht weniger als den Zorn, die Rache, den Umsturz. Sie sind es, die die Verlierer als potentiellen Sturmtrupp des Aufstands entdeckt haben, und dagegen nimmt sich das Versprechen der Demokraten, sich um die Vergessenen zu kümmern, unglaubwürdig, unentschlossen und ängstlich aus.

Seit Jahrzehnten betreibt der deutsche Publizist Henryk M. Broder sein anregendes, mit polemischer Brillanz betriebenes Geschäft damit, den politischen Mainstream zu entlarven und in seiner Lächerlichkeit lächerlich zu machen. Der Mainstream der deutschen Meinungsindustrie reicht von linken Tugendbolden bis zu konservativen Bedenkenträgern. Seit Trump für das Amt des Präsidenten kandidierte und gar seit er dieses eroberte, hat es Broder jedoch schwer, denn der deutsche Mainstream ist vollzählig gegen Trump gestimmt. Die ganze Kohorte einfallsloser Comedians und Karikaturisten hat endlich ein Objekt, an dem sie sich ohne viel Mühe gütlich tun kann. Also muss sich Broder was finden, das für Trump spricht, einfach weil er sich vom Mainstream unterscheiden muss, darauf gründen sein Ruhm und sein Geschäftsmodell, und wenn der Mainstream zufällig für das Vernünftige eintritt, dann muss er eben das Unvernünftige propagieren. Wollten parteifromme Kommunisten früher lieber mit der Partei irren, als gegen sie Recht behalten, dann will Broder lieber alleine in die Irre ziehen, als bei der Meute zu bleiben, die ausnahmsweise recht hat. Darum schwitzt er heute bereits im deutschen Frühstücksfernsehen, als er gegen jede Vernunft Trump preist, ihn »fabelhaft« findet und für diese kuriose Deutung nichts anderes anzuführen weiß als die Dummheit jener, die sich über Trump entrüsten oder sich, weil sie immer noch an die Spaßhaftigkeit des Geschehens glauben, über ihn als den dummen Amerikaner amüsieren.

So bietet Broder das jämmerliche Schauspiel eines Intellektuellen, der sich sein Denken von seinen Gegnern vorgeben lässt, von denen er sich um jeden Preis unterscheiden muss, und sei es um den der moralischen Selbstaufgabe. Natürlich weiß Broder, dass sein fabelhafter Donald nie Gescheites gesagt hat und nie Gescheites tun wird. Für einen kritischen deutschen Publizisten ist es schon ein Lebensverhängnis, dass sich in Deutschland eine leidlich demokratische Gesellschaft etabliert hat, denn jetzt muss, wer als Publizist mit seiner Originalität auffallen möchte, mitunter eben reaktionäre oder schlichtweg dumme Dinge verfechten.

Ausgewogene Berichte. In den Zeitungen wird von zwei gravierenden Fällen berichtet, wie die Staatsmacht die Literatur reglementiert. Das israelische Bildungsministerium habe gegen den wütenden Protest zahlloser israelischer Autoren entschieden, den Roman »Gader Haya« der Erzählerin Dorit Rabinyan, in dem es um die Liebe einer Israelin zu einem Palästinenser geht, nicht in den Lesekanon für höhere Schulen aufzunehmen. Das saudiarabische Justizministerium wiederum hat es fast gleich arg getrieben und den palästinensischen Autor Ashraf Fajadh wegen Gotteslästerung in einem seiner Gedichte zum Tod verurteilt. Man sieht, überall wird die Literatur verfolgt, das gibt Anlass zu berechtigter Klage.

Hollywood und Trump. Die Welt rüstet sich wieder zur bescheuerten Oscar-Nacht, dem wichtigsten Ereignis seit den Festen der Medici, und die Presse überbietet sich urbi et orbi darin, in Hollywood das bessere Amerika zu rühmen, das es mit Trump aufnehmen werde. Sieht man davon ab, dass es löblich ist, wenn in schnulzigen Filmen neuerdings sogar Schwarze schwul sein dürfen, dann hat Hollywood genau jene Sicht auf die Welt propagiert, die nun Trump zugute kommt: Hier die Macht mit ihren Finsterlingen, die sich verschworen haben, dort der einsame Supermann, der es mit der Übermacht aufnimmt und, herumballernd, als Alleinkämpfer nicht weniger als alle, nämlich die ganze Welt rettet. Hollywood war Trumps Bodentruppe, aber dass sie diesem General den Weg in die Herzen freigeballert haben, das wollen seine Helden natürlich nicht wahrhaben.

Royale Republik. Die Elbphilharmonie wird eröffnet, mit einem stundenlangen Festakt aus Reden, Musizieren und staunendem Schauen. Draußen warten Tausende Hamburger auf die Lichtershow, die zum Konzert geboten werden soll. Nicht nur sie, alle warten, denn die Feier kann erst mit einstündiger Verspätung beginnen, weil die Wagenkolonne der Bundeskanzlerin im Schneetreiben langsamer vorankommt als geplant. Da stehen sie zu Tausenden, da sitzen sie zu Hunderten, da haben die Musiker ihre Instrumente zum dritten Mal gestimmt, der Dirigent zappelt unruhig hinter der Tür im Künstlerfoyer, die Gesangssolisten gurgeln mit Mineralwasser, die Redner überprüfen zum fünften Mal, ob sie ihr Manuskript nicht verlegt haben, die Millionen Zuseher der Live-Übertragung holen noch einmal Nachschub an Naschereien und Getränken – und die Kolonne von Frau Merkel nähert sich Hamburg nur langsam.

Solche royalen Frechheiten kann es längst nur mehr in einer Republik geben. Dass alle auf die eine warten, bis sie eingetroffen ist, sich niedergesetzt und gesagt hat: Ich bin da, nun spielt mal was Schönes, das kann sich kein Monarch mehr erlauben. Und einen König, der sich gockelhaft wie die französischen Präsidenten gleich welcher Parteizugehörigkeit benimmt, den gibt es schon lange nirgendwo mehr außer in Frankreich, dem Mutterland der bürgerlichen Revolution.

Schneller als das Erdbeben. Ich geriet in eine nächtliche Radiosendung, in der es um die neuen Medien und den alten Journalismus ging. Aufregend wurde es, als eine Referentin auf ein Erdbeben zu sprechen kam, das sich in einem entlegenen Gebiet Südamerikas ereignet hatte. Während die Zeitungen früher von diesem Vorfall erst in ihren Ausgaben vom nächsten Tag würden berichtet haben können, waren im Internet die ersten Bilder der Katastrophe bereits Minuten später zu sehen gewesen; und nach wenigen Stunden hatten so viele Menschen aus einer für nahezu menschenleer gehaltenen Region Aufnahmen und Erfahrungsberichte mittels ihrer Smartphones verschickt, dass alle Welt bereits bestens Bescheid wusste.

Die Vortragende war von dieser Sache und ihrer eigenen Begeisterung so begeistert, dass sie am Ende triumphierend ausrief: »Wir waren schneller als das Erdbeben!« Wir, damit meinte sie alles, was ihr für den Fortschritt stand, die technologischen Innovationen, die neuen Medien mit ihren verschiedenen Formaten, die große Gemeinschaft derer, die mit Kurznachrichten über Facebook oder Twitter, mit wackeligen Videos und Selfies von allen Orten der Welt an der permanenten Chronik der Gegenwart mitarbeiteten. Ich saß geradezu betäubt in dem Wirbel von Informationen und Verheißungen, den sie erzeugte, bis ich langsam mein Bewusstsein wiedererlangte und mir die Frage stellte: Was bedeutet es, wenn jemand schneller ist als die Katastrophe?

Gewiss, die Formulierung war plakativ gesetzt, denn selbst

wenn man bereits zwei Minuten nach einem Erdbeben von diesem berichtet, ist die Nachricht natürlich nicht vorher eingelangt, sondern nach ihm. Die heftig akklamierte Referentin hatte zwar die Chronologie nicht korrekt wiedergegeben, aber gerade damit bekräftigt, warum sie in die digitale Kommunikation vernarrt war: Natürlich waren es die Schnelligkeit und die nahezu unbegrenzte Reichweite, die sie faszinierten. Überzeugt, die Dinge würden sich immer noch schneller für eine immer noch größere Gemeinschaft weltweit vernetzter Menschen übertragen lassen, schien sie von einer merkwürdigen Heilserwartung erfüllt zu sein. Nicht nur, dass sie glaubte, jedwedes Vorkommnis, einmal mit Kamera festgehalten oder in Sätzen unmittelbarer Betroffenheit kommentiert, würde damit bereits erfasst und hinreichend erklärt sein. Nein, was sie persönlich völlig glaubwürdig vermittelte, war mehr, nämlich die Überzeugung, die Dinge, vermeintlich deutungsfrei festgehalten und für so viele Menschen übertragen, wären auf diese Weise auch schon gebannt, bewältigt, beherrscht.

Der katastrophische Wesenskern. Wer schneller als die Katastrophe ist, für den gibt es diese nur als Anlass, sie zu übertragen und damit zu einem Attribut der eigenen Fähigkeiten und Fertigkeiten zu machen. Die Katastrophe als dramatischer Beweis der eigenen Kompetenz – und Existenz. Deswegen sind bei jedem Verkehrsunfall vor den Rettungskräften schon jene da, die ihre Fotos schießen und sogleich in alle Welt versenden. Dass sie damit den Helfern die Arbeit erschweren, ist nicht ihre Absicht, sie nehmen es nur frei von Bedenken in Kauf, weil das Katastrophische den Wesenskern ihrer digitalen Lebensbewältigung bildet. Insofern ist die marktschreierisch anmutende Behauptung, die digitalen

Medien wären schneller als die Katastrophe selbst, doch deren geheimes Versprechen.

Die Revolte der Braven. Schüler der Höheren Technischen Lehranstalten, des vielleicht erfolgreichsten österreichischen Schultyps, gelten in der Regel für besonders zielstrebig und fleißig, nicht für aufsässig oder rebellisch. Kürzlich aber fehlte nicht viel und sie hätten in Hallein, der schönen alten Stadt rund zwanzig Kilometer südlich von Salzburg, den Umsturz ausgerufen. Was war geschehen? Der Direktor hatte in der Schule Spinde aufstellen lassen, in denen die Schüler im Alter von 15 bis 19 Jahren ihre Handys für die Dauer des Unterrichts deponieren mussten.

Der landesweit beachtete Skandal, den die bravsten Schüler aller Zeiten daraufhin erzeugten, gilt einem Apparat, den bei sich zu tragen die einen offenbar für ein Menschenrecht halten, während er den anderen bereits eine Art von Körperteil geworden ist, den man natürlich nicht einfach amputieren und in einen Spind werfen darf. In ihrem Protestschreiben haben die Schüler und Schülerinnen alle möglichen Begründungen gegeben, warum sie ihre Handys während der ganzen Schulzeit benötigen, aber alles Argumentieren und Lamentieren lief auf das finale Bekenntnis zu: Wir müssen erreichbar sein, weil zuhause schließlich ein Unglück passiert sein könnte!

Wenn früher die Oma ausgerechnet während der Unterrichtszeit verstarb, wurde die Schulleitung angerufen, die den Enkel fünf Minuten später aus der Klasse holte und mit tröstenden Worten heimschickte. Aber auf diese fünf Minuten kommt es an, denn schneller als das Erdbeben, schneller als der Tod muss die Katastrophenmeldung sein.

Gezeigt wurde im Fernsehen eine Reportage aus Italien, wo in diesem schneereichen Winter ein Hotel in den Abruzzen von einer Lawine überrollt worden war, in dem 29 Menschen zu Tode kamen. Zuerst sah man idyllische Bilder einer Landschaft im Schnee, dann hörte man die Stimme des Reporters, der sachlich über die Katastrophe berichtete, und darauf waren italienische Bergretter an der Reihe, die erschöpft von den Schwierigkeiten berichteten, in das Innere des zerstörten Hotels vorzudringen und im Kampf gegen die Kälte und die Zeit nach Überlebenden zu suchen.

Es folgten lange Kamerafahrten über den Schauplatz des traurigen Geschehens – und mit einem Mal war elektronische Musik zu vernehmen. Den Kommentaren und den Bildern wurde Musik aus der Konserve zugespielt, nicht aufdringlich, doch unüberhörbar. Die Gestalter der Sendung waren offenbar davon überzeugt, dass die Worte, die den Tod von Menschen vermeldeten, und die Bilder, die den Unglücksort zeigten, nicht ausreichten, das Publikum für ihren Bericht zu interessieren. Erst die Musik schien ihnen zu garantieren, dass die Zuhörer und Zuseherinnen über Wort und Bild nicht in Langeweile verfielen, sondern bei der Sache, bei der es um Leben und Tod ging, blieben.

Das Grauen muss überboten werden, nicht nur im medialen Prozess der permanenten Überbietung des Schlimmen durch das Schlimmere, sondern auch, indem es den Kitsch als Verstärker nützt. Wir sind süchtig nach der medialen Überbietung, die Dosis der täglichen Katastrophe muss ständig gesteigert werden, damit wir mit ihr auskommen. Die letzte Frage, die Moderatoren an Berichterstatter zu stellen pflegen, die an Ort und Stelle von verheerenden Anschlägen, verlustreichen Naturkatastrophen berichten – hoffnungsvoll lautet sie meist: »Müssen wir mit noch mehr Opfern rechnen?«

Für den Film »Homo sapiens« von Nikolaus Geyrhalter braucht man Geduld, aber vor allem Augen, die noch sehen, und Ohren, die noch hören lernen möchten: Lauter verlassene Stätten, Gebiete, Orte hat der Regisseur mit seinem Team aufgesucht, um in betörenden Standbildern zu zeigen, was vom Menschen, seiner Arbeit, pflegenden Obsorge nach ein paar Jahren übrig geblieben ist und was sich die Natur bereits zurückgeholt hat.

Es ist eine irritierende Erfahrung, dass wir den Rost des Zerfalls, die von Gesträuch überwucherten Gerätschaften, die verfallenden Häuser für schön halten. Man darf sich aber nicht täuschen, der schöne Verfall zeugt keineswegs von einer unmenschlichen oder posthumanen Schönheit. Das Diktum der dummen Kerle, die Erde wäre ein wunderschöner Planet, wenn es darauf nur keine Menschen gäbe, die diesen verwunden, versehren, vergiften, zerstören, findet in Geyrhalters Film keine Bestätigung. Erstens sind wir es, die Zuseher, die die gezeigte Welt schön finden, die Schönheit ist unsere Kategorie, nicht die der Dinge selbst, die einfach für sich sind, jenseits von menschlichen Kategorien der Ästhetik und Moral. Ohne Menschen, die die Dinge auch unter ästhetischem Aspekt wahrnehmen, gäbe es keine Schönheit und auch nichts Hässliches; die Erde, das All würden zwar auch ohne Menschen existieren, aber sie wären schlichtweg vorhanden, ohne jedwede ästhetische und moralische Dimension. Und zweitens sind es doch wieder die Werke, die verlassenen, im Stich gelassenen, aufgebebenen Werke von uns Menschen, die in ihrer neuen Verbindung mit der Natur eine neue Dimension von Schönheit erhalten, die mit ihrer früheren Verwendung nichts zu tun hat.

Bei einigen Ortschaften und Räumlichkeiten, etwa einem Konzertsaal, dessen Dekorationen und Stuhlreihen verrotten, oder einem Vergnügungspark, dessen Ringelspiele und Achterbahnen zusammenfallen, denke ich mir im Kinosaal unwillkürlich: Diesen Ländern fehlen die Roma, die am Ende die Zivilisation aufräumen, indem sie sich holen, was nur irgend zu gebrauchen und zu verwerten ist; oder die, wo Orte, Ortsteile von ihren Bewohnern verlassen wurden, zuziehen und einziehen und sich im hinterlassenen, aufgegebenen Eigentum anderer heimisch machen.

Während ich das Essen für den Besuch vorbereitete, den wir erwarteten, hörte ich im Bayerischen Rundfunk eine Sendung, in der es um die neuesten Trends in der digitalen Wirtschaft ging. Besonders spannend war der Bericht über einen Club begeisterter Tischfußball-Spieler, der von einer Forschungsstelle eingeladen wurde, die Entwicklung eines Roboters zu begleiten, welcher darauf programmiert wird, Tischfußball zu spielen. Jetzt liegt der erste Versuchsbericht vor, und die realen Spieler sagen über ihren elektronischen Gegner, dass er seinen Job noch nicht sehr gut mache; sie sind aber überzeugt, dass er in wenigen Monaten so weit verbessert sein werde, dass sie mit ihrer fehlerhaften Spielweise gegen seine perfekte Arbeitsweise keine Chance mehr haben würden. Diese Aussicht kommentieren sie so enthusiastisch, als fänden sie es herrlich, wenn eines Tages nicht mehr sie selber spielen, sondern stellvertretend zwei Roboter gegeneinander antreten werden, die dabei von den einstigen Spielern angefeuert, bestaunt, bejubelt werden. Ein Hipp-hipp-hurra auf die Selbstabschaffung.

Die beliebigen Anlässe. Vor drei Wochen wurde vermeldet, dass eine 37-jährige Salzburgerin in der innerstädtischen Franz-Josef-Straße nachts von einem Mann vergewaltigt worden sei, von dem das Opfer nur die »schwarze Hand« gesehen habe. Die Postings gingen in den regionalen Zeitungen binnen kurzem in die Hunderte und hatten die Tendenz, den Flüchtlingshelfern höhnisch dafür zu danken, dass österreichische Frauen zum Freiwild für kulturfremde Männer aus Afrika und Arabien geworden wären.

Nun kam die Nachricht, dass die Frau, die man sich nur als bedauernswert unglückliches Wesen vorstellen kann, gestanden hat, den Überfall erfunden zu haben. Aus dem gleichen Geist und in derselben ordinären Sprache jagen einander nun die Postings, in denen nicht wie vor drei Wochen lebenslange Haft bei Wasser und Brot für den Vergewaltiger gefordert wird, sondern strengste Strafen für die Verleumderin ersonnen werden. Einsperren, aber vorher noch ihren Namen bekannt geben und ihr Foto für ewige Zeiten ins Internet stellen!

Der Hass sucht seine beliebigen Anlässe, er findet seine beliebigen Objekte.

Juni 2016 – April 2017

Intermezzo 3

Lesen und Schreiben

Kitsch oder Schleim. Eine Unsitte, die unsere Autoren gerade aus den USA übernehmen, sind die seitenlangen Danksagungen am Ende ihrer Bücher. So viele Leute werden da angeführt, dass man meinen könnte, an dem Buch hätte eine Hundertschaft von Freunden und Experten mitgeschrieben; was über- und untertrieben zugleich ist, denn man schreibt ein Buch alleine, aber die Menschheit selbst schreibt mit.

Das Dümmste an den Danksagungen ist, dass nicht nur den Cousinen und dem Barkeeper, den abgelegten Liebhabern und zuverlässigen Ratgebern, all den zitierten oder befragten Historikern, Biochemikerinnen, Archäologinnen, Kollegen Dank abgestattet wird, sondern auch den Geschäftspartnern: Mein besonderer Dank an den Verleger, weil er mir vertraut, ganz spezieller Dank an meine Lektorin – vermutlich weil sie aus schiefen gerade Sätze gemacht hat –, an den Korrektor, den Gestalter des Umschlags, die Verlagsvertreter, die meinen Titel, an dem mein Herz hing, verworfen haben. Und erst der Dank an die Ehefrau, den Ehemann, ohne die alles nichts geworden wäre, und der Dank an jene Lebensgefährten, denen es verständlicherweise irgendwann gereicht hat, die abgehauen sind und nun mit inniger Danksagung zurückgewonnen werden sollen.

Ach, dankbar sind die Leute, die sich so enzyklopädisch bedanken, meistens nicht, sondern berechnend nach der einen und sentimental auf die andere Seite hin, nach dieser verteilen sie Kitsch, nach jener verstreichen sie Schleim.

Als Aphoristiker strebte Canetti nach der größtmöglichen Verdichtung, der höchsten Klarheit, die sprachlich zu erreichen ist. Daher kann man seine Aphorismen bewundern, aber sie regen weder zum Weiterdenken noch zum Anders- oder Neuformulieren an. Wir können Canetti nur folgen oder uns ihm verweigern, hierin ähnelt er seinem Meister Karl Kraus, dem er wegen dessen Neigung, aus Lesern Gefolgsleute zu machen und aus seinem Publikum eine Bewunderungsmeute, die Treue aufgekündigt hat.

Die einzige Chance, dieser furchtgebietenden Autorität zu widerstehen: ihn gegen seine Absichten und Voraussetzungen zu lesen. Ihn also so lesen, wie er, um seine adoleszente Bewunderung in sich selbst auszutilgen, am Ende Karl Kraus gelesen hat.

Barbey d'Aurevilly, dessen Aphorismenband »Feinheit des Geistes rührt von Niedertracht« mir wieder in die Hände gefallen ist, war ein geistvoller Charakter, der seine Aphorismen zu ein paar Büchern gesammelt und sie in diesen nummeriert hat, das erleichtert den Überblick. Der größere Teil seiner Aphorismen sind zeitbedingt dummes Zeug, über das zu grübeln nicht lohnt, aber in anderen hält er einen Gedankenblitz in einer prägnanten Formulierung fest, und einen Blitz in der Hand zu halten, ist bekanntlich nicht leicht. »Man spricht von Fortschritt. Und dabei würden die Regierenden sicher nicht mit den Enkeln tauschen wollen.« Und ein paar davon gleichen gefrorenen Gedankenblitzen, ein Strahl der

Erkenntnis saust über das dunkle Firmament und bleibt hell und eisig im kalten Licht der Formulierung dort für die Ewigkeit. Diese Aphorismen sind die besten, obwohl bei ihnen das Dilemma am stärksten hervortritt: Lesend steht man vor der einzigen Aufgabe, sie sich zu merken.

Das perfekt Ausgestaltete kann in der Kunst zu wenig sein, gerade weil es in seiner kristallinen Form zu viel bietet. Marie von Ebner-Eschenbach: »Eine Skizze sagt uns oft mehr als das ausgeführte Kunstwerk, weil sie uns zum Mitarbeiter macht.« Diese Einsicht findet sich in den Gesammelten Werken der Marie von Ebner-Eschenbach allerdings in der Abteilung mit »Aphorismen«.

Das Scheitern vor der Frau. Wie so viele gescheite Männer ist auch der erzkluge Barbey d'Aurevilly dort geradezu dumm, wo er »das Wesen der Frau« ergründen und den richtigen Umgang mit ihm, dem Geschöpf einer anderen Gattung, weisen will. »Mit Frauen ist es wie mit Nationen. Man muss Glück haben und unbarmherzig sein.« Jeder Stammtischbruder weiß so gescheit zu argumentieren und so dumm zu faseln wie dieser kultivierte Mann, dessen Ansichten sonst nicht nur für sein Jahrhundert, das 18., durchaus originell anmuten. Vor der Frau wird dieser kluge Mann sofort dümmer.

Ein Autor, der zuverlässig nicht überrascht. Ian McEwan hat wieder ein Buch veröffentlicht, das im Feuilleton wieder alle gut finden. Was mich an seinen erfolgreichen, handwerklich perfekten, ästhetisch immens überschätzten Büchern stört? McEwan findet nicht Figuren, an deren Schicksal er einen Aspekt der Welt erkundet und entdeckt, sondern hält Ausschau nach einem aktuellen Thema, für das er sich dann auf die Suche nach dem passenden Personal begibt. Nicht Figuren konstituieren die Welt, zur Erklärung der Welt konstruiert er vielmehr personale Bedeutungsträger, die einen bestimmten Aspekt von jener repräsentieren. Na, diesmal schreiben wir etwas über die Gefahren der Gentechnik, und zu diesem Zweck geben wir eine Annonce im Literaturblatt auf: Repräsentative Charaktere bitte melden.

Das schlechteste Buch des Jahres 2014. Gegen diesen Autor kann man nicht an. Was immer Haruki Murakami schreibt, in seiner japanischen Heimat haben es nach wenigen Wochen Millionen gelesen, und Verlage in aller Welt rittern darum, die Lizenz am Meisterwerk zu ersteigern. Rezensenten, die es sich niemals durchgehen ließen, einen Roman von Rosamunde Pilcher auch nur in die Hand zu nehmen oder einen von Paulo Coelho zu rühmen, wetteifern im deutschen Sprachraum, wer es zuwege bringt, seine Eloge auf den neuen Murakami noch konsequenter frei von kritischen Gedanken zu halten. Unausweichlich ist es daher auch mit »Die Pilgerjahre des farblosen Herrn Tazaki« so gekommen, dass dieser umständlich erzählte, verschwenderisch mit philosophischen Plattitüden durchwirkte Roman nicht nur alle Bestsellerlisten anführt, sondern auch landauf, landab von der Kritik abgefeiert wird, dass man sich nur ungläubig die Augen reiben kann.

Will Murakami Eifersucht und Neid charakterisieren, erklärt er diese weit verbreiteten, gering angesehenen Phänomene so: »Zum Beispiel, wenn jemand eine Begabung, eine Fähigkeit oder Stellung besaß, die ihm (scheinbar) einfach zugefallen war und die man selbst nie sein Eigen nennen würde.« Das ist im Eintrag von Wikipedia etwas anspruchsvoller gefasst. »Er wünschte sich, eine Frau im Arm zu halten, sie zärtlich zu streicheln und den Duft ihrer Haut einzuatmen – ein natürliches Verlangen für einen gesunden jungen Mann.« Diese begütigende Erklärung findet sich nicht in den katholischen Richtlinien zur Sexualkunde in der achten Schulstufe, sondern in einem Roman, der vorgeblich einen mutigen Blick in menschliche Abgründe wagt. Dem jungen Mann in seinem gesunden Verlangen wird aber ohnehin im Roman selbst geholfen, denn eines Tages ist es auch für den in seinen masturbatorischen Phantasien gefangenen Tsukuru so weit, dass er »zum ersten Mal eine sexuelle Beziehung zu einer echten Frau hatte«. Nicht nur zu einer Frau, sondern gleich zu einer echten! Ob gesundes Begehren und unechte Frauen oder ungesunde Frauen und echtes Begehren, meistens kann man, sprachliche Leidensfähigkeit vorausgesetzt, immerhin ahnen, was gemeint ist bei diesem Autor, dessen sprachliches Feingefühl es zulässt, Mozart und Schubert als »Ausnahmetalente« zu bezeichnen.

Murakamis Roman spielt in Tokio, Nagoya und, gegen Ende, als er etwas Fahrt aufnimmt, in Finnland. So richtig ist er aber in keinem Land, keiner Stadt, keiner spezifischen Kultur mehr angesiedelt, und diese topographische Ortlosigkeit und existentielle Ubiquität erleichtern es, dass er überall seine Leser findet. Wofür Murakami ein prekäres Talent hat: den Lesern, auf welcher Seite sie die »Pilgerjahre« auch aufschlagen, mit einem Satz auszuhelfen, den sie ins Poesiealbum von anverwandten Jugendlichen schreiben können: »Sein Herz zu öffnen ist immer das Beste.« Gegen ewige Wahrheiten wie diese kommt man einfach nicht an.

Besser als der japanische Großschriftsteller gefällt mir rein literarisch der koreanische Großindustrielle Shin Kyok-ho. Er ist 94 Jahre alt, Eigentümer des südkoreanischen Konzerns

Lotte, der mit Immobilien, Hotels, Chemikalien, Lebensmitteln seine Milliarden erwirtschaftet, und ein kunstsinniger wie autoritärer Mann. Sein Mischkonzern heißt Lotte, weil Goethe das Ideal seines Lebens ist und er diesem und dessen Roman »Die Leiden des jungen Werthers« die Reverenz erweisen wollte. Jeder seiner 60 000 Mitarbeiter muss dieses Buch, bevor er angestellt wird, gelesen haben, und wer in der Konzernzentrale in Seoul arbeitet, kommt alle Tage bei der fünf Meter hohen Bronzestatue des Weimarer Klassikers vorbei.

Odo Marquard, der gestern gestorben ist, war ein konservativer Philosoph, dessen Witz sich nicht nur an die Eingeweihten wandte. Er plädierte für erzählende Geisteswissenschaften, auf deren Wert und Würde er umso heftiger pochte, je mehr sie von den Naturwissenschaften und der Technik aus dem Feld geschlagen wurden. Die Geisteswissenschaften hielt er für ein Überlebensmittel der Menschheit, weil unter allen Wissenschaften nur sie erzählen können und die Welt ohne sie in Gefahr gerate, an »narrativer Atrophie zu sterben«: Zugrundegehen aus Mangel an Empathie und wegen des Verlusts an Vorstellungskraft, die beide durch das Erzählen und das Hören wie Lesen von Erzähltem geschult werden. Das Konzentrat seiner moralisch-philosophischen Bemühungen könnte man in den Satz fassen: Plustert euch nicht so auf, ihr Denker der Welt und Helden eures Lebens!

Solche Lehre wäre ungebührlich simpel, stünde sie am Beginn des Philosophierens. Marquard kommt zu ihr aber am Ende von Jahrzehnten geistigen Pflügens. Das ist etwas ganz anderes, und wer das nicht begreift, dem werden auch andere Grundtatsachen der Erkenntnis unzugänglich bleiben: Etwa dass es für das Selbst- und Weltverständnis ein enormer Unterschied ist, ein Buch gelesen und seinen Inhalt vergessen oder es gar nicht gelesen zu haben. Das Vergessene ist mit den Jahren immer tiefer in das Denken und Fühlen des vergesslichen Lesers eingesickert, es ist also keineswegs verloren, selbst wenn er nicht mehr weiß, was er da einst gelesen hat.

In einem Interview prophezeit Peter Handke den Albanern eine große Tragödie für den Tag, an dem sie die letzten Serben aus dem Kosovo vertrieben haben werden. »Dann haben sie keinen Feind mehr. Das wäre ihr Selbstmord, denn die Albaner brauchen Feinde.« Ich fürchte, das stimmt. Was ich aber noch nicht wusste: dass Handke Albaner ist.

Nietzsche nannte ihn den »scharfsinnigsten und vielleicht schmutzigsten Menschen seines Jahrhunderts«: den neapolitanischen Staatsmann, Philosophen, Finanzkontrollor, Fürstenratgeber und Causeur Ferdinando Galiani. In seinen Tischgesprächen und Briefen verspritzte er gescheite Bosheiten, ketzerische Ideen, Blasphemien. Dann wurde er von seinem klugen absolutistischen Fürsten zum obersten Zensor berufen – und sogleich verbot er, der wusste, was gefährliche und was gefällige Kunst ist, Molières Komödie »Tartuffe«.

Marie von Ebner-Eschenbach. Die Zeitungen gedenken in anerkennenden Artikeln der geborenen Baronesse Dubský, deren Lebensdaten sich mit denen von Kaiser Franz Joseph decken und deren Tod sich zum hundertsten Male jährt. Sie war 14 Jahre alt, als sie ihre Absicht kundtat, »entweder nicht zu leben oder die größte Schriftstellerin aller Zeiten und Völker zu werden«. Dieses Ziel, von dem sie ihre französische Erzieherin informierte, hat sie nicht erreicht, aber mit Annette von Droste-Hülshoff ist sie doch die berühmteste deutschsprachige Autorin des 19. Jahrhunderts geworden. Als sie ihre Zukunft so kühn entwarf, war ihr nicht einmal klar, in welcher Sprache sie schreiben und veröffentlichen würde. Denn wie ihre Biographin Daniela Strigl berichtet, sprach sie, die auf einem Schloss im mährischen Zdislawitz als Tochter eines starrsinnigen Aristokraten aufwuchs, im Alltag vorwiegend Tschechisch; und als Bildungssprache schwärmte sie vom Französischen, das sie von ihren Gouvernanten lernte. Erst ein Offizier mit liberalen Auffassungen und beachtlicher Bildung, der den aristokratischen Kult des Französischen als sprachliche Form des Standesdünkels kritisierte, hat sie auf das Deutsche als Literatursprache gebracht. Das war ihr 15 Jahre älterer Cousin Moritz, und ihn, der sie im Unterschied zu ihrem Vater und ihren ehrseligen Brüdern nicht am Publizieren hindern wollte, sondern ihre schriftstellerische Arbeit bewunderte, hat sie dann auch geheiratet.

Die fünfziger Jahre. Im Bildungssender des Österreichischen Rundfunks läuft in dieser Woche eine Serie über die österreichische Literatur nach dem Zweiten Weltkrieg. Verächtlich spricht der Gestalter von der »Etepetete-Gesellschaft der fünfziger Jahre«, der in ihrem Hang zur Zwangsharmonie einzig die Wiener Gruppe – diese lose Vereinigung junger Schriftsteller, von denen einige nachträglich festhielten, ihr gar nicht angehört zu haben –, das Entsetzen lehrte. Die fünfziger Jahre waren in Wahrheit jedoch jenes Jahrzehnt, in dem die härtesten Arbeitskämpfe der Zweiten Republik mit Massenstreiks und Straßenschlachten ausgetragen wurden; sie waren eine Ära, in der die Überlebenden der Konzentrationslager, die wenigen heimgekehrten Emigranten, mutige Gewerkschafter und versprengte Mitarbeiter von Institutionen der Volksbildung einen erbitterten Kampf gegen die

Ideologie des Schlussstrichs führten, mit dem die Ära des Nationalsozialismus aus dem Gedächtnis getilgt werden sollte.

Dem Redakteur von heute, der sich mit all dem nie beschäftigt hat, gilt das für nichts und das ganze Dezennium als urgemütliches Spießeridyll, dessen faulen Frieden einzig die Wiener Gruppe störte. Einen schlechteren Fürsprecher hat diese nie gehabt, denn ohne es zu merken, betreibt der Gestalter nicht nur eine bedenkliche Geschichtsklitterung, er geht vielmehr auch so unbedacht zu Werke, dass er die Wiener Gruppe ganz gegen seine Absicht als Versammlung überspannter Philister desavouiert. Die Wiener Gruppe hätte nämlich, man höre, gegen den »Mief der Erzählliteratur« angekämpft, und ihr kühnes Ziel wäre die »Demoralisierung der Sprache« als Kommunikationsmittel selbst gewesen, galt es diese doch als »Ordnungssystem an und für sich« zu attackieren.

Wohlgemerkt, 2016 werden Autoren dafür gerühmt, dass sie ein Jahrzehnt nach dem Zweiten Weltkrieg in einer vermeintlich zwangsbefriedeten Gesellschaft nicht denen den literarischen Prozess machten, die die Sprache im Tausendjährigen Reich gerade erst geschändet hatten; nein, ihr Verdienst besteht dem Nachgeborenen darin, dass sie die Sprache »an und für sich« und »als Ordnungssystem« verworfen hätten, denn bekanntlich wird das demokratische Gespräch ja am besten in einem von grammatischen Zwängen befreiten Stammeln geführt. Nicht dass sie den faschistischen Jargon hätten entlarven wollen, sondern dass sie die »hierarchischen Werte« der Grammatik selbst zertrümmerten, das bleibe ihr historisches Verdienst, nicht das Schweigen über die Verbrechen so vieler Österreicher wäre ihnen der Skandal gewesen, sondern die »überkommene Struktur der Sätze«.

Die gesellschaftskritische Literatur jener Jahre wurde in Wahrheit nicht nur, aber vornehmlich von Autoren und Autorinnen verfasst, die an die Struktur von Sätzen glaubten, vom Wert der Grammatik überzeugt waren und mittels Erzähl- und Sprachkunst den Mief, den alten und den neuen, verblasen wollten. Von Günther Anders, Ingeborg Bachmann, Otto Basil, Walter Buchebner, Milo Dor, Reinhard Federmann, Gerhard Fritsch, Michael Guttenbrunner, Marlen Haushofer, Friedl Hofbauer, Otto Horn, Ernst Jirgal, Franz Kain, Leo Katz, Hertha Kräftner, Georg Kreisler, Hans Lebert, Mira Lobe, Ernst Lothar, Friederike Manner, Carl Merz, Wilhelm Muster, Andreas Okopenko, Margarete Petrides, Helmut Qualtinger, Alexander Sacher-Masoch, George Saiko, Hermann Schreiber, Oskar Jan Tauschinski, Hannelore Valencak, Berthold Viertel, Fred Wander, Susanne Wantoch, Karl Wawra, Martina Wied bis zu Herbert Zand, um das Alphabet kurz zu halten. Gar nicht zu reden von jenen, die ins Exil gejagt wurden und nicht nach Österreich zurückkehrten, sich aber doch, wo immer sie lebten, ausdrücklich als Österreicher, gar nicht so selten sogar als österreichische Patrioten empfanden und ihr Schreiben weiterhin auf Österreich bezogen: von H.G. Adler, Jean Améry, Alfredo Bauer, Ulrich Becher, Elias und Veza Canetti, Hans Flesch-Brunningen, Elisabeth Freundlich, Erich Fried, Marie Frischauf, Anna Gmeyner, Mela Hartwig, Heinrich Eduard Jacob, Fritz Kalmar, Marta Karlweis, Gina Kaus, Joe Lederer bis zu Jakov Lind, Alfred Marnau, Robert Neumann, Hertha Pauli, Alfred Polgar, Tuvia Rübner, Manès Sperber, Hilde Spiel, Georg Stefan Troller, Johannes Urzidil, Hermynia Zur Mühlen und so vielen anderen.

Der Verursacher der Fehlmeldung stilisiert in seiner auf fundamentaler Ahnungslosigkeit gegründeten Übung Gerhard Rühm zum wahren Helden der österreichischen Nachkriegsliteratur. Ich muss mich selbst zur Ordnung rufen und Rühm nicht dafür verantwortlich machen, dass seine von ihm energisch verfochtene Kanonbildung in eigener Sache von lesefaulen Jüngeren als objektiver Sachverhalt unkritisch repetiert wird. Freilich, lästig ist es schon zu sehen, wie die Legenden einer einzigen Gruppe mittlerweile zur staatsoffiziellen Doktrin der Kulturgeschichte befördert wurden.

Jura Soyfer war 26 Jahre alt, als er im März 1938 beim Versuch, mit seinem Freund Hugo Ebner auf Schiern in die Schweiz zu flüchten, an der Grenze festgenommen wurde. Sein literarisches Werk – Theaterstücke, Gedichte, Chansons, der Roman »So starb eine Partei« – hat er geschrieben, als über die österreichische Kultur bereits die Zensur verhängt war, mit der die Austrofaschisten seit 1934 die Ideologie des christlichen Ständestaates zur staatsoffiziellen Doktrin machten. Soyfer wurde von der Schweizer Grenze nach Dachau verfrachtet, wo er sein »Dachaulied« verfasste, dann nach Buchenwald deportiert, wo er im Feber 1939 an Typhus starb.

Wann und wo immer die aus Österreich Geflüchteten im Exil kulturell für ein unabhängiges und demokratisches Österreich einstanden, ob in Shanghai oder Bogotá, in New York oder London, erinnerten sie mit Theateraufführungen, Leseabenden, Vorträgen an diesen talentiertesten Autor seiner Generation, der politische Kritik und poetischen Zauber vereinte und in der Frage, wie Österreich zur Beute des Faschismus werden konnte, zugleich universale, keineswegs auf die politische Tageskritik reduzierte Fragen der Menschheit aufwarf. Erich Hackl hat darauf hingewiesen, dass dieser Jura Soyfer in den Jahren von Krieg und Faschismus nicht vergessen wurde und er 1945 nicht vergessen war. Eine repräsentative Sammlung seines Werks erschien 1947, Helmut Qualtinger bezeichnete ihn als »Österreichs Büchner«, Theater spielten seine Stücke.

Vergessen wurde Jura Soyfer ab Mitte der fünfziger Jahre nicht nur, weil nun das Bataillon schwer belasteter Nationalsozialisten wieder kulturpolitisch in Amt und Würden gesetzt war, sondern auch, weil eine junge Generation – namentlich die Wiener Gruppe – ihren eigenen Schlussstrich zog. Ihr ging es nicht mehr darum, die Täter von ihren Posten fernzuhalten, deren Sprache und Ideologie zu entlarven und nach den Opfern von gestern zu fragen, sondern an eine wie auch immer verstandene Avantgarde anzuschließen; diese hielten sie auch dann für eine edle, tragisch unverstandene und vom dummen Volk zu wenig gewürdigte Vorhut, wenn der Zusammenhang mit dem Faschismus etwa von den italienischen Futuristen selber hergestellt wurde.

Konrad Bayer schrieb 1956 in einem Brief über die Aufführung von Jura Soyfers Stück »Vineta« eine denkwürdige Notiz. Er war damals so alt wie Soyfer, als dieser ins Konzentrationslager Dachau überstellt wurde. »vineta ist von jura soyfer (glaube österr. Jude) und nicht sehr extravagant.« Keine Spur davon, dass Konrad Bayer irgend Interesse für Leben und Sterben seines Kollegen erübrigt hätte. Vermutlich Jude, aber nicht extravagant genug: »befürchte: gar nicht. du kennst diese tour der halbmodernität. humanistisch etc.« Die Kultur befragen und als humanistisch etc. und halbmodernistisch abtun. »schlecht, bemüht sich aber um das gute. beachte: das gute. das ist ja nicht das schlechteste. aber wenn man das wirklich auf klasse baut, wahrscheinlich unerträglich langweilig und mesalliant.«

Die Eiseskälte, mit der Bayer so kurz nach den Jahren von

katholischem Faschismus und Nationalsozialismus bewertet, klassifiziert, in die Nichtigkeit abtut, was ihn in seiner dandyhaften Suche nach dem unkritisierbar Modernen stört, ist auffallend, auch auffallend engstirnig. Zwanzig, dreißig Jahre später wird die Kritik, dass Österreich sich nie seiner Verstrickung in die nazistische Ära gestellt habe, Common Sense werden; die nachgetragene Kritik wäre, wenn es recht zuginge, schon gegen die Wiener Gruppe selbst zu wenden, mit der vermeintlich die Moderne, die echte Moderne nach so viel Mief begonnen habe.

Konrad Bayer steht heute im Status eines Märtyrers der Wiener Gruppe, hat er doch acht Jahre nachdem er sich achtlos über die Halbmodernität eines ermordeten Autors äußerte, von dem er nicht einmal wissen wollte, wer er war – ich glaube Jude – Selbstmord verübt.

Avantgarde und Faschismus. Wir sehen einen düsteren, elegant inszenierten französischen Kriminalfilm. Wann immer der schöne Finsterling erscheint, ein gemütskalter Gewalttäter, der den Schmerz seiner Opfer genießt, setzt Chormusik von Monteverdi ein, und der paranoide Vergewaltiger und Folterer erstrahlt in dieser Musik als gefallener Engel, als von Dämonen getriebener Mensch in seiner grenzenlosen Einsamkeit. Die spirituelle Musik macht aus dem Mörder den wahren Helden, der sich starken Charakteren zum Vorbild empfiehlt. Faschisten nach altem Schnitt, denen der röhrende Hirsch an der Wand des Wohnzimmers genügte, wenn sie von der Arbeit heimkehrten, hätte das vermutlich nicht gefallen; aber das zwangsexzentrische Werk mit seinem formal avantgardistischen Anspruch baut doch auf einer genuin faschistischen Ästhetik auf.

»Wo sind«, ruft ein Kritiker in der *Zeit* aus, »wo sind die Kafkas und Musils von heute?« Bei Schreibern, die Kafka und Musil in den Plural zu setzen imstande sind, bräuchte man sich nicht lange aufzuhalten, wenn ihnen nicht mittlerweile die Seiten eines Feuilletons zur Verfügung stünden, das einmal zu den wichtigsten des Sprachraums zählte. Also: Erstens hat es nie Kafkas und Musils gegeben, sondern beide nur im Singular, und zweitens, welcher Literaturkritiker hätte zu deren Lebzeiten Kafka oder Musil in ihrer Bedeutung erkannt, ihre Bücher besprochen, analysiert, gerühmt? Beide waren als Autoren hochangesehen nur bei einer Minderheit, die meisten Kritiker aber haben sich damals gefragt: »Wo sind sie, die Fontanes und Raabes von heute?« Und dabei wären sie so stolz auf ihren Kunstverstand und ihre Dummheit gewesen wie ihr vorlauter Nachfahre.

Verlagslob. In der Vorschau eines Verlags lese ich, welches Lob er für seine Autorin Chris Kraus parat hat: »Kraus' Arbeit wurde für ihre vernichtende Intelligenz, Verletzlichkeit und grelles Tempo gelobt.« Wo die Intelligenz vernichtend ist, muss die Verletzlichkeit natürlich ein grelles Tempo anschlagen, sonst wird sie plattjemacht.

Es ist eine auftrumpfende Rede, mit der sich Michel Houellebecq für den Frank-Schirrmacher-Preis bedankt. Er zeichnet darin ein Bild von der europäischen Frau, mit dem er mit den verhassten Islamisten seinen Männerfrieden schließen könnte. Zwei Frauen gibt es für ihn. Die Frau als Symbol, als Allegorie: Der Staat als Mutter, die die Intellektuellen mit der Milch der Subvention nährt, das dumme Volk mit den Segnungen des Sozialstaates einlullt und die Männer so ihrer Männlichkeit beraubt, welche sich nämlich in zweierlei manifestieren müsste: in der Rolle des Mannes als Paterfamilias, der die Seinen ernährt und ihnen weist, wo es langgeht, und in dessen Recht, sich Prostituierte zu halten, welches der mütterliche Staat ihnen beschneidet.

Die zweite Frau, die Houellebecq kennt, ist die Hure, von der er mit stupenden Windungen seiner Argumente behauptet, dass es ohne sie auch keine Ehe, folglich zu wenig Kinder geben werde. Die Liberalen und Linken, diese Verräter an den männlichen Idealen, würden Europa in den Selbstmord treiben, indem sie den mütterlichen Staat aufgebläht und zur Macht gebracht haben, und es ist diese Mutter, welche die Männer zu kastrieren sich die Macht angeeignet hat. Ob solcher Gedanken kann die linksliberale Intelligentsia natürlich nicht anders, als zu jubeln, denn niemand fordert ihre Fähigkeit, tolerant zu sein, so sehr heraus wie Leute, die solche Toleranz für eine lächerliche Schwäche halten, seien sie nun Islamisten oder deren Feinde.

Das Tagebuch von Imre Kertész. Penibel verzeichnet er, mit welchen Berühmtheiten er zu Abend gegessen, welche Akademie ihn eingeladen, wie viele Politiker ihm die Honneurs gemacht haben. Sympathisch, wie sehr er seinen späten Ruhm auskostet! Unangenehm, dass er ein paar Seiten später vergrämt konstatiert, der Ruhm wäre als sein wahrer Ruin über ihn gekommen. Als würde er jetzt, alt, krank, mit höchsten Ehren ausgestattet, von irgendwem gezwungen werden können, sich Abend für Abend auf Empfängen herumreichen zu lassen – außer von sich selbst, von seiner eigenen Freude daran, berühmt zu sein und verehrt zu werden. Dieser Freude ist er verfallen, sie ist ihm aber als Ehrsucht dennoch verächtlich.

Drei Autorinnen auf Reisen. Stefanie Sargnagel, Lydia Haider und Maria Hofer sind nach Essaouira in Marokko gefahren und haben ihre dort verfassten Tagebücher dem *Standard* zur Veröffentlichung gegeben, wo sie großes Aufsehen erregen. Tristeres zu lesen ist schwer möglich: touristische Reiseprosa auf Ballermann-Niveau, völlig reflexionsfrei, dazu sprachlich deprimierend belanglos. Wie können drei erwachsene Menschen aus einer fremden Stadt mit reicher Kultur und einer hochexplosiven sozialen Struktur nur solchen auf die Primärinstinkte fixierten Stuss schreiben? Dazu hätten sie sich nicht auf den Weg machen müssen, ein ausgelassener Freundinnenabend in Wien mit ausreichend Bier, Wein, Zigaretten hätte genügt. Was mich ratlos macht, ist das Desinteresse an Menschen und ihrer Geschichte, über das alle drei Autorinnen im Übermaß verfügen. Da sitzen sie in Marokko und machen Augen und Ohren nicht auf, erkunden die Stadt und ihre Viertel nicht, sondern geben sich damit zufrieden, kalauernd die Zeit totzuschlagen und um die Krone des Opportunismus zu kämpfen, wem nämlich jene Sätze einfallen, die den Spießer, an den sie beim Schreiben als idealen Leser denken, am heftigsten empören werden. Brav rückt denn auch die *Kronen Zeitung* aus, die einen Kulturkampf wider die Verschleuderung von Subventionen ausruft und so den dreien die erwartete Solidarität der literarischen Klasse sichert. Ein alter, in Österreich besonders öde klappernder Mechanismus: sich den Zuspruch der vorgeblich Aufgeklärten über die Ablehnung sichern, die man bei denen erfährt, mit deren Empörung man kalkuliert. Dieses ganze Geschreibsel hat nichts mit Marokko oder Essaouira, nur mit der *Kronen Zeitung* zu tun, die auch reagiert wie bestellt.

Peter Härtling ist gestorben. Ein Kritiker tadelt ihn im Nachruf für seine »gekonnte Inszenierung von Verzweiflung mit gutem Ausgang«. Die in eine fesche Uniform gezwängte Literaturpolizei verlangt es nach Verzweiflung mit schlechtem Ausgang, nach Verzweiflung, die nichts anderes sein möchte als mit sich selbst zufriedene Verzweiflung. Je verzweifelter, umso lieber ist es dem Kritiker, der an seinem Schreibtisch im Reihenhaus sitzt, seine traurige Lebenssituation bedenkt und den Nachruf fertig haben will, bis er zur Ballettvorführung der zwölfjährigen Tochter ins Gymnasium muss.

Es gibt Autoren, die der österreichischen Literatur immer wieder verloren zu gehen drohen und deren Bücher alle paar Jahrzehnte neu entdeckt werden müssen. Das geschieht jetzt mit dem unglücklichen Gerold Foidl, dessen verstreut publizierte, längst vergriffene Schriften einer neuen, daran vielleicht gar nicht interessierten Generation in einer Gesamtausgabe zugänglich gemacht werden. Ich kannte den Mann, der eine auffällige Erscheinung im Salzburg meiner Studentenjahre war, vom Sehen und wenigen Gesprächen an der Theke, doch habe ich ihn, zu meiner Schande, als Schriftsteller erst entdeckt, als er vorzeitig verstorben war.

Er war 16 Jahre älter als ich und schien mir in den siebziger Jahren, als ich ihn häufig durch die Salzburger Lokale ziehen sah, wie aus einer anderen Zeit zu kommen. Alle kannten ihn vom Sehen – die Frechsten unter den Gymnasiasten, die sich bereits in die von ihm frequentierten Lokale wagten, wir Studenten, die wir dort nächtelang rauchten, tranken, debattierten, die kleine Bohème hochgemuter oder bereits verkrachter Leute. Es gab damals drei, vier Lokale in der Altstadt, die bis in die Morgenstunden geöffnet hatten und in denen es nicht so gesittet zugehen musste, wie das sonst in Salzburg üblich war. Im Abstand der Jahre kommt mir vor, dass ich, gleich welches ich betrat, immer diesen Mann mit dem Bart und dem mächtigen, krausen Haarschopf am Tresen stehen sah. Er grüßte, indem er mit dem Kopf nickte, trank in einer Umgebung, in der Unmengen von Alkohol getrunken wurden, einen Espresso nach dem anderen und trug, unablässig rauchend, kräftig dazu bei, dass sich dicke Wolken aus Rauch über den Gastraum legten.

Erst aus seinen hinterlassenen Texten habe ich erfahren, wie sehr er daran litt, dass er sich selbst in dieser kleinen Welt, in der heroische Pläne gewälzt wurden und ihr Scheitern verächtlich abgetan zu werden pflegte, als »arbeitsloser niemand« fühlte. Dieser Niemand war er jedoch keineswegs, selbst wenn ihm kaum jemand den Schriftsteller abnahm, der er tatsächlich längst war, auch ohne einen einzigen Text veröffentlicht zu haben. Dennoch wurde er reihum respektiert, eine scheu gemusterte Gestalt, die für uns Jüngere etwas Unnahbares hatte, ein Mann, von dem eine geradezu leuchtende Düsternis ausging, das Inbild des Außenseiters – freilich in einer aufgeregten Zeit, in der das Außenseitertum im Ansehen rebellischer Widersetzlichkeit stand. Wir Jüngeren betrachteten ihn aus der Nähe und kamen doch in keinen vertrauten Umgang mit ihm. Oder es war umgekehrt und er wusste, wie er sich die Zudringlichkeiten der Kumpanei vom Leibe halten konnte.

Als 1978 sein erstes Buch erschien, hatte ich mich aus diesen Lokalen und von der Lebensform, der man dort rasch zu verfallen drohte, bereits verabschiedet, und wiewohl ich damals ein literarischer Allesfresser war und meine Tage mit wenig anderem als dem Lesen zubrachte, war mir ausgerechnet »Der Richtsaal« entgangen. Als ich vom Tod Foidls hörte und die Rupertus-Buchhandlung seinen Roman in die Auslage stellte, habe ich ihn endlich doch erstanden und gelesen, und mich ergriff ein Gefühl des eigenen Versagens, hätte ich ihm diesen Roman doch nicht zugetraut. Er war nicht nur das Zeugnis eines gequälten Menschen, der sich in der Literatur über seine Bedrücker zu erheben wusste. Das einzige Buch, das zu seinen Lebzeiten von ihm erschien, erschüttert zwar auch deswegen, weil der Verfasser darin unverkennbar von selbst erlittenen Demütigungen in Familie und Internat erzählt, aber der Roman benötigt die autobiographische Lesart nicht und besteht auch ohne sie. »Der Richtsaal« ist mehr als ein Dokument existentieller Not, er ist ein Roman, der sich gewissermaßen von seinem Verfasser emanzipiert, so dicht dieser darin auch an seiner eigenen verheerenden Lebensgeschichte bleibt.

Tatsächlich führte der abschüssige Lebensweg Gerald Foidls durch existentielle Katastrophen in den vorzeitigen Tod. Wie traurig – oder doch tröstlich? –, dass er die Diagnose seiner tödlichen Erkrankung just erhält, als er auch gemäß seinen eigenen Maßstäben kein »arbeitsloser niemand« mehr ist, sondern ein Schriftsteller, dessen Roman im Feuilleton rezensiert und auch als Taschenbuch aufgelegt wird, der mit Gleichgesinnten die Salzburger Autorenvereinigung gründet, bei Kongressen als deren Repräsentant auftritt und endlich mit Stipendien, Zuschüssen, den kleinen Gaben des Literaturbetriebs rechnen kann.

Theodor Storm. Meine Tochter brachte mir bei ihrem Besuch aus Wien eine CD-Edition mit dramatisierten Bearbeitungen der Novellen von Theodor Storm mit. Das rührte mich, weil sie damit an die Stunden inniger Zusammengehörigkeit erinnerte, hatte sie doch als Kind, wenn sie mit hohem Fieber lag, stets von mir verlangt, dass ich ihr stundenlang vorlas. Und einmal, da war sie vielleicht zehn Jahre und fieberte gegen 39 Grad, hatte ich ihr Storms »Aquis submersus« vorgelesen, diese Geschichte der großen Liebe zwischen einem Maler und einer Grafentochter, einer erzwungenen Heirat und des Todes, den das Kind der Liebe in einem Weiher findet. Als ich damit fertig war, mit dem Gefühl, nicht die richtige Novelle ausgesucht zu haben, stellte sie mit dem bestürzenden Gefühl für die Historizität ihres eigenen Lebens, über das sie schon als kleines Kind verfügte, mit sachlicher Traurigkeit fest: »Wenn ich jetzt sterbe, wird sich niemand auf der Welt an mich erinnern. Nur ihr und die Kinder vom Kindergarten und aus der Volksschule.« Ich redete dann noch lange auf sie ein, zum einzigen Zweck, ihre Liste zu erweitern um alle, die sie je kennengelernt und selbst schon vergessen hatte.

Über die Feiertage probierte ich es zunächst mit der Hörspielfassung des »Schimmelreiters«, und ich staunte, wie rigoros die Produktion aus der DDR 1985 einen kanonisierten Text schlicht umgeschrieben und umgedeutet hat, bis lange Passagen klangen, als hätte nicht Storm, sondern Brecht sie verfasst. Dann blätterte ich ein wenig in der schönen Ausgabe, die ich von Storm seit meiner Jugend besitze, seinen »Sämmtlichen Werken in acht Bänden«, 1909 im George Westermann-Verlag erschienen, ein jeder Band mit einer kitschigen Vedute als Vorsatzblatt und einem grünen Ledereinband ausgestattet, in den der Name des Verfassers und die Zählung der Bände eingestanzt sind.

Neben der Ausgabe fand ich im Regal die Biographie Storms von Karl Ernst Laage, einem Mann, der im Sommer 2017 fast hundertjährig auf Husum verstarb, nachdem er sich zeitlebens mit dem größten Husumer beschäftigt, sein

Museum gegründet und geleitet und Dutzende Aufsätze zu seinem Leben und Werk veröffentlicht hatte. Ich las, dass Storm sein Hauptwerk »Der Schimmelreiter« just in Angriff nahm, als er von seiner Krebserkrankung erfahren hatte, der er ein Jahr später erlag.

Es ist gar nicht so selten, dass sich Menschen, die ihren schöpferischen Kräften vertrauen, am Ende, als gelte es der Verzweiflung zu widerstehen und einen letzten Pakt einzugehen, noch einmal an ein großes Projekt, vielleicht an das wichtigste ihres Lebens wagen. Manès Sperber begann sein bestes Werk, seine autobiographische Trilogie, in der er sein Leben und die untergegangene, nein, ausgelöschte Welt des galizischen Schtetls erkundete, just zu planen, als er beim Überqueren der Straße strauchelte, ins Krankenhaus eingeliefert und ihm in den Wochen, die er dort verbringen musste, seine Endlichkeit drastisch bewusst wurde. Den Tod vor Augen, setzt er sich nicht hin, um zu sichten, aus welchen verstreuten Texten er eine Sammlung zusammenstellen könnte, oder um sich noch an einem schmalen Buch des Abschieds zu versuchen; nein, er kehrt, geschwächt, aber rätselhaft zuversichtlich, aus dem Krankenhaus mit keinem geringeren Vorsatz zurück als dem, das Buch seines Lebens mit mehr als tausend Seiten zu verfassen.

Oder Martin Pollack: Seitdem ihn der Krebs alle paar Monate ins Krankenhaus zu neuen Operationen und Chemotherapien zwingt, entfaltet er eine Produktivität, die alles übertrifft, zu dem dieser ohnedies produktive Autor in leichteren Zeiten seines Lebens fähig war, und dabei muss er doch jeden kleinen Artikel den Schmerzen, der Schwäche abtrotzen. Als er mit einem Text, den er mir für meine Zeitschrift versprochen hatte, überfällig war, rief er an, entschuldigte sich für das bei ihm ungewöhnliche Verspäten wie nebenhin damit, dass er die Tasten des Computers nicht bedienen könne, weil ihm bei der letzten Chemotherapie die Fingernägel ausgefallen seien, und plauderte dann mit mir über alles Mögliche, als wäre alles Mögliche wichtiger als sein körperlicher Verfall und sein heroischer Kampf dagegen.

Der Verleger Seid Serdarević ruft mich aus Zagreb an und teilt mir mit, dass Daša Drndić verstorben ist. Seid und ich hatten vor einigen Jahren auf der Buchmesse in Pula mit der 1946 in Zagreb geborenen Autorin zu Abend gegessen, und damals hatte ich Daša, die unablässig rauchte, manchmal hinaus auf die Veranda des Restaurants begleitet, auf die der vom Meer herziehende Wind eines eiskalten Dezembers prallte und wo wir bibbernd ein Privatkolloquium über alles und das Übrige abhielten. In Kroatien war sie längst als intellektuelle Instanz anerkannt, als widerspenstige Feministin mit schwierigem Charakter aber auch gefürchtet. Wie sie, die einige Jahre in Kanada und in den USA gelebt und gelehrt hatte, einst der kommunistischen Nomenklatura nicht nach dem Mund redete, hatte sie jetzt für die verfeindeten Nationalisten und Neoliberalen, die sich ihr Land in brüderlicher Feindschaft teilten, nur bittere Worte über.

Ihr Roman »Sonnenschein«, ein Meisterwerk der mitteleuropäischen Literatur, war das erste Buch, das von ihr in deutscher Übersetzung erschien. Darin wird die Geschichte der jüdischen Familie Tedeschi aus jener Stadt erzählt, die von den Österreichern Görz, den Italienern Gorizia, den Slowenen Gorica und den Friulanern Gurize genannt wird, einer alten Stadt an der Grenze, die mit allen habsburgisch-mitteleuropäischen Schönheiten und Abgründen aufzuwarten hat. Sie liegt an dem italienischen Fluss Isonzo – der auf

Slowenisch Soča heißt –, an dem im Ersten Weltkrieg zwölf Schlachten um ein Nichts an Geländegewinn geführt wurden, die über zwei Millionen italienischen und österreichischen Soldaten das Leben kosteten. In dieser Stadt sind die Menschen immer schon mit drei, vier Sprachen auf die Welt gekommen, und wer sich wann für welche Nation entschied, das hing oft von familiären und historischen Zufällen ab. In dieser Stadt ist vieles so einfach, etwa die Unterhaltung, das Geschäft, die Liebe über die Sprachgrenzen hinweg, und alles unendlich kompliziert, sodass die kleine Welt einmal wie die reine Idylle, dann wieder als Region des Schreckens anmutet. Wie nebenhin entwirft Drndić das Panorama der italienisch-österreichisch-slowenisch-friulanischen Zwischenwelt, vor dem das Schicksal der Familie erst verständlich wird.

Wer wüsste schon, was es bedeutet hat, in der Ära des Faschismus in dieser Gegend in einer bürgerlichen, katholischen, patriotischen Familie mit einer Handvoll fast vergessener jüdischer Vorfahren aufzuwachsen? Anfangs bedeutete das durchaus: sich für den nationalen Aufbruch im Zeichen des Faschismus zu begeistern! Als die Faschisten die deutschen Rassengesetze übernahmen, brachte der einst jüdischen Familie, die das Deutsche im Namen trug, ausgerechnet die Flucht nach Rom den rettenden Aufschub. Als es auch dort zu eng wurde, konnte die Familie in das von den Italienern besetzte Albanien ausweichen, wo der Vater einen leitenden Posten bei einer italienischen Bank in Vlora erhielt. Während quer durch Italien schon die Züge mit Juden den Konzentrationslagern entgegenrollten, repräsentierte der jüdische Flüchtling hier noch das faschistische Italien! Patrioten, die sie immer noch waren, hielten die Tedeschis die Rassengesetze für eine Art von tragischem, die Geschichte der italienischen Nation sinnwidrig verzerrenden historischen

Irrtum, und bis zuletzt fürchteten sie, dass »wir den Krieg verlieren könnten«. Wir? Wir Italiener! Und verlieren? Gegen die albanischen Partisanen, vor denen sie am Ende tatsächlich, aber nicht als verfolgte Juden, sondern als Repräsentanten der italienischen Eroberer wieder just nach Görz flüchten mussten. Wo sie in die Maschinerie der Verfolgung gerieten.

Ach, wenn nur jeder Fünfzigste, der sich von Murakami zu den schönsten Gemeinplätzen geleiten lässt, es einmal mit den klirrend klaren, den aufwühlenden Romanen von Daša Drndić probierte, dann wäre zwar die Welt nicht gleich besser, aber es ginge wenigstens in ihrer literarischen Republik aufregender zu.

In einem formal verblüffenden Zwischenstück ihres Romans »Sonnenschein« listet Daša Drndić kommentarlos die Namen all der neuntausend italienischen Juden auf, die aus ihrer Heimat nach 1943 in Konzentrationslager deportiert wurden. Sie hört zu fabulieren auf, sie unterbricht die Geschichte der Familie Tedeschi, sie verbietet sich jedwede stilistische Brillanz: Auf fünfzig Seiten macht sie das Unerhörte, sie setzt mitten in einen Roman, der damit gewissermaßen zum Stillstand kommt, die Namen der deportierten und ermordeten italienischen Juden. Man kann sich auf vielerlei Weise literarisch der Shoa stellen, dies ist, im Verzicht auf jede Literarisierung, eine der ungewöhnlichsten.

Ungewöhnlich ist auch, wie der Shoa in einem Reisebericht gedacht wird, den eine österreichische Autorin heute im *Standard* veröffentlicht: »Österreich ist doch größer, als ich gedacht habe. Dachte, es ist ein Vorort von Penzing, mit zwei Seen, ein paar Thermenhotels und 74 KZ.« Ja, wer in seinem Inneren und vor seinem Sprachgewissen nicht spürt, dass Konzentrationslager nicht kalauertauglich sind, dem werde auch ich es nicht begreiflich machen können.

Zum siebzigsten Geburtstag des bedeutenden Literaturwissenschaftlers Hans Ulrich Gumbrecht veröffentlicht die *Neue Zürcher Zeitung* einen bombastischen Würdigungsartikel von Peter Sloterdijk, in dem Jubilar und Jubilator als gleichrangige Titanen nebeneinandergestellt werden, in Form einer doppelten Thronerhebung. Nicht dass Sloterdijk die kenntnis- wie geistreichen Studien und Essays des Gelehrten analysierte, nein, was er an diesem und damit an sich selbst rühmt, ist nicht weniger als die »heldische Natur« in postheroischen Zeiten. Solches Heldentum findet sich in der trivialen Massengesellschaft, in der die Leute zu Empfängern sozialer Benefizien verweichlichten, natürlich nicht so leicht die Situationen, in denen es sich erproben, die Objekte, an denen es sich erweisen könnte. Aber Sloterdijk entdeckt das Feld, auf dem sich heroische Naturen bewähren können, in den Akademien von heute. »Wir beide«, so hebt das Epos an, »scheuen keine Anstrengung, selbst die Überanstrengung nicht und würden uns niemals von unserer Erschöpfung dazu verleiten lassen, auch nur irgendwo in der Welt einen Vortrag abzusagen, an einem Kongress wegen akuter Übermüdung zu fehlen.«

Dies ist der Heroismus unseres Zeitalters: dass der öffentliche Geistesmensch, dessen Blick vom Vorübergehen der Kameras schon so müd geworden ist, dass er nichts mehr hält, seiner körperlichen und geistigen Erschöpfung trotzt und durch die Welt tingelt, bis er vom letzten Podium fällt. Ja, das ist die Saga vom Kongressintellektuellen, der nicht heimkehrt, sondern immer noch irgendwo eine Tagung findet, auf der er noch einmal vortragen wird, was er schon auswendig weiß. Sein kundiger Interpret im Voraus war ein Münchener,

Karl Valentin, der wusste, dass zwar alles schon gesagt ist, aber noch lange nicht von allen, und erst recht nicht überall.

In einem Radiogespräch beginnt die Stimme von Sigrid Löffler vor Triumphalismus zu beben, als sie verkündet, dass Heinrich Böll nur mehr eine ehrende Erinnerung, Thomas Bernhard aber lebendig geblieben sei. Warum das so ist? Weil der Deutsche zeitlebens ein Moralist, der Österreicher aber bis ans Ende seiner Tage voller Hass war. »Der Moralismus verranzt, der Hass aber bleibt frisch.« Was tun, in diesem Dilemma? Mehr hassen natürlich, wer mag schon verranzen?

Mit seinem Stück »Penthesilea« hatte Kleist es nicht leicht. Die Instanz des klassischen Theaters selbst, der Geheimrat Goethe, verweigerte ihm die Uraufführung am Theater in Weimar, zu barbarisch dünkte ihn das Bild, das Kleist von der Antike zeigte. Denn der verklärenden und verklärten »edlen Einfalt und stillen Größe«, auf die Winckelmann die klassische Sicht auf die Antike brachte, hat Kleists Stück schreiend, hassend, blutverspritzend eine ganz andere antike Welt entgegengehalten. Das Stück wurde erst mehr als sechzig Jahre nach Kleists Tod uraufgeführt und ist für die Theaterleute ein Problem geblieben; schon dramaturgisch, weil viele Vorkommnisse nicht auf der Bühne sichtbar werden, sondern sich außerhalb von ihr ereignen und auf der Bühne nur besprochen, berichtet werden, mittels der alten Technik der Teichoskopie, der Mauerschau.

Bei den Salzburger Festspielen wurde das ungeliebte Stück nun aufgeführt, und ich saß bei der Premiere aufgeregt in der ersten Reihe auf dem Balkon, schließlich habe ich mich, wie es sich für junge Menschen gehört, einst kräftig mit dem unglücklichen Kleist identifiziert und den Geheimrat schon dafür verachtet, dass er Kleist den Weg versperrte, weil er ihm zu wild erschien, zu wenig beherrscht in der Dämpfung der Temperamente.

Der dramaturgischen Zumutung der Mauerschau hat sich der niederländische Regisseur Johan Simons radikal widersetzt, und ich glaube, mit Erfolg. Gegen die unübersichtliche Vielzahl an Figuren, die Kleists Text aufbietet, hat er radikal auf Verschlankung gesetzt, und ich glaube, es war eine rundum geglückte Idee, das Ensemble auf zwei Figuren zu reduzieren, auf Penthesilea und Achilles, die sich liebend zerfleischen. Ich glaube das, aber sicher bin ich mir nicht. Denn ich habe von der Aufführung nicht viel verstanden. Ich meine das wörtlich, ich habe Penthesilea, die fortwährend den Ansturm ihrer inneren Nöte auszuschreien hat, nicht verstanden, in jedem Satz höchstens ein Wort, meistens gar keines. Die berühmte Sandra Hüller verfügt über ein Organ, dem alles Laute und Leidenschaftliche zum Gekreisch missrät, die Stimme kippt, man spürt die elementare Wucht, mit der sich ihr Penthesileas auswegloser Konflikt entringt, aber man versteht die Wörter nicht, die sie dabei aus sich herauspresst. So kam es, dass ich das halbe Stück lang auf die englische Übersetzung schaute, die am oberen Bühnenrand mitlief. Und mir einfiel, dass die erste Aufführung des Stückes zwar erst 1876, hingegen noch zu Kleists Lebzeiten eine pantomimische Wiedergabe durch die Truppe einer gewissen Henriette Hendel-Schütz stattfand.

Da Kleist Sprache und wieder Sprache ist, geht bei einer Pantomime natürlich alles verloren; aber wenn die berühmtesten Schauspieler ihrer Zeit sich zwar in einer grandiosen Bühnenpräsenz entäußern, aber leider nicht verständlich sprechen können, dann fehlt auch etwas. Der Applaus war natürlich orkanartig, und als ich die paar Leute, die ich kannte, nach der Vorstellung fragte, ob sie die Schauspielerin denn rein lautlich verstanden hätten, antworteten sie pikiert, man habe doch ohne größere Schwierigkeiten die englische Übersetzung zu Rate ziehen können. Stimmt. Vielleicht könnte man das nächste Mal das Stück gleich in englischer Sprache aufführen und den deutschen Text Kleists mitlaufen lassen?

Martin Pollack erhält den Staatspreis für Kulturpublizistik. Ich sehe, wie er, von schwerer Krankheit gezeichnet, im Festsaal des Bundeskanzleramts der Erschöpfung trotzt, und höre, wie er mit der Politik der österreichischen Regierung abrechnet, ohne in die Maschinerie der rabiaten, doch unverbindlichen Österreich-Beschimpfung abzudanken, der seit Thomas Bernhards Zeiten viele ihren Tribut entrichten, wenn sie öffentlich mit der Überreichung eines Staatspreises gedemütigt werden. Das erste Mal bekam ich es 1980 mit Martin zu tun, er war damals verantwortlicher Redakteur des *Wiener Tagebuchs*, und ich hatte, aufgefordert von einem Freund, der dort schon länger mitarbeitete, eine Studie eingesandt, mit der ich mich ein paar Wochen befasst hatte. Wie alle Texte, die ich damals schrieb, hatte ich auch in diesen alles hineingepackt, hineinpacken müssen, was ich wusste, was mich empörte, was mich antrieb, und daher waren es 37 Seiten geworden, die einem Thema gewidmet waren, an der eine linksintellektuelle Zeitschrift, in der über Verbrechen und Zukunft des Kommunismus debattiert wurde, brennendes Interesse haben musste, nämlich »Hofmannsthals Konzept von Festspielen in Salzburg«.

Damals schickte man Manuskripte noch mit der Post, aber Antwort erhielt man dennoch meist früher als heute. Erstens weil die Post ihre Aufgabe noch darin sah, Briefe zuzustellen; zweitens weil es kein Internet und folglich keine digitale

Kommunikation gab, mit der alles viel schneller geht und uns daher viel mehr Zeit abverlangt; und drittens, weil es damals noch Redakteure gab, die es für ihre berufliche Pflicht hielten, auf Anfragen und Zusendungen zu antworten. Eine Woche später klingelte in meiner Wohnung das Telefon, und als ich abhob, sagte eine sanfte Stimme: »Pollack, Wiener Tagebuch.«

Ich stelle mir vor, wie Martin das Kuvert öffnet, ein Manuskript herausholt, das übersät ist mit handschriftlichen Korrekturen, wie er die Arbeit liest, den Kopf schüttelt – angesichts des Themas und des Umfangs – und stillvergnügt zu lächeln beginnt. Dieses Lächeln, das ich erst zwei Jahre später auf seinem Gesicht sehen werde, charakterisiert ihn physiognomisch so einprägsam wie keine andere Miene. Damals aber kannte ich weder sein berühmtes Pollack-Lächeln noch ihn selbst. Die weiche Stimme erklärt mir, warum mein Artikel trotz aller Großartigkeit im *Wiener Tagebuch* nicht gedruckt werden könne, und das nicht nur, weil er immerhin ein Viertel des gesamten Heftumfangs beansprucht haben würde. Ich höre dem Mann mit der sanften Stimme zu und sage mir leise: Schrei den Trottel bloß nicht an, vielleicht ist er kein Böser, sondern weiß es nur nicht besser! Ich war damals so überzeugt von mir und doch jederzeit gewärtig, abgewiesen, vor die Tür gesetzt zu werden, dass ich mir die Leute lieber mit Unhöflichkeiten vom Leibe hielt, als dass ich angehört und bedacht hätte, was sie einzuwenden oder gar zu raten hatten. Irgendwie kamen wir doch zusammen. Woran es auch gelegen sein mag, jedenfalls wusste Pollack meine unberechtigte Wut zu besänftigen, und postwendend schickte er mir ein paar Bücher zu, die ich für seine Zeitschrift besprechen sollte.

Das war nicht nur der Beginn meiner Mitarbeit an dieser

einzigartigen Zeitschrift, sondern auch der Schritt, der mich dazu brachte, nicht nur davon zu träumen, meine Texte zu publizieren, sondern es schlichtweg damit zu probieren. Als hätte ich erst jetzt begriffen, dass man nicht für sich und seine Schreibtischlade schreibt, habe ich binnen zwei, drei Jahren Dutzende Texte im *Wiener Tagebuch* veröffentlicht, die zur Grundlage meiner ersten Bücher wurden und mir außerdem die Türen etlicher Redaktionen und Verlage öffneten.

Als ich ihm in Wien zum ersten Mal gegenübersaß, war ich ein wenig befangen, war er doch immerhin zehn Jahre älter als ich. Zehn Jahre waren damals ziemlich viel! Erst zwei Jahrzehnte später, als er mir von seiner Familie berichtete und »Der Tote im Bunker«, das Buch über seinen Vater, den ermordeten Kriegsverbrecher, vorbereitete, ist mir bewusst geworden, was für zehn Jahre das waren. Martin war tatsächlich noch ein Kind des Krieges, seine Biographie ist unauflöslich mit dem Krieg und dem Nationalsozialismus verbunden, in den alle ihn prägenden Familienmitglieder verstrickt waren, der geliebte Großvater und die Großmutter, der Vater, der Stiefvater, die Mutter ... Ich hingegen war ein verwöhntes Nachkriegskind, kam fast auf den Tag ein Jahr vor dem österreichischen Staatsvertrag auf die Welt und bin mir erst als Erwachsener, als ich mein Kindheitsbuch »Das Erste, was ich sah« schrieb, erschrocken bewusst geworden, wie nah am Krieg ich aufgewachsen war.

Als wir damals beisammensaßen und ich ihm kataraktartig berichtete, was ich in der nächsten Zeit alles zu schreiben gedachte, blickte Martin mich über den Kaffeehaustisch an, nickte leicht mit dem Kopf und – lächelte. Ich gewann den Eindruck, in ihm einen Freund gewonnen zu haben, der die Dinge, die uns verbanden – Sozialismus, Osteuropa, die Literatur, das *Wiener Tagebuch* –, wichtig nahm, aber dass er es auch für unangemessen, ja für dumm und gefährlich hielt, sie für zu wichtig zu nehmen. Das Lächeln hatte damit zu tun.

Autobiographisch schreiben. Ich bin nicht die Voraussetzung, sondern das Ergebnis meines Schreibens. Ich bilde mich nicht ab, sondern erschaffe mir ein Selbstbild. Mit dem ich nicht verwechselt werden möchte, aber mich selbst längst zu verwechseln begonnen habe.

2014–2019

4

Von der Sichtbarkeit

Am 20. Februar 2017 bestieg ich die Frühmaschine nach Berlin, um drei Stunden später eine Niederlage zu erleiden. Kurz vor fünf Uhr hatte der Wecker geläutet, und meine Laune war so schlecht gewesen, als hätte ich geahnt, dass mir nach der Qual des Aufstehens und der Anstrengung, das kleine Flugzeug durch heftige Windböen zu leiten, auch der Aufenthalt in Berlin nichts als Verdruss bescheren werde. In einem Hotel unweit des Roten Rathauses, wo ich abends an einer Veranstaltung teilnehmen sollte, gab ich mein Gepäck ab, und als ich wieder auf die Straße trat, blies mir der eiskalte Wind lauter winzige, gefrorene Regentropfen ins Gesicht. Ich beschloss, fürs Erste nicht ziellos herumzustreifen, sondern zur nahen Museumsinsel zu eilen.

Auf einer Fußgängerbrücke, die über die Spree dorthin führte, weckte mich ein Streit aus meinem verdrossenen Trott. Keine zehn Meter entfernt rissen sich zwei junge Frauen an den Haaren und droschen einander mit weit ausholenden Schwingern auf Schultern und Oberarme. Die eine, die ich als die Angegriffene identifizierte, wandte sich mit flehentlichen Gebärden an mich, kämpfte sich los und suchte wehklagend Schutz vor der Angreiferin, die sich nun ebenfalls näherte, beständig den Kopf schüttelnd, als wäre es infam, ausgerechnet sie einer Übeltat zu bezichtigen. Wie sie zeternd vor mir standen, schien die Miene der einen von Angst, der anderen von Wut verzerrt zu sein. Die erste war groß und mager, die zweite kleiner, aber kräftiger, beide trugen sie wattierte dunkle Jacken über wallenden Kleidern, und von der Schmalen war mir in der Aufregung nur aufgefallen, dass ihre in der Kälte fast blau gewordene Unterlippe von einem Ring durchbohrt war, von der Kräftigen, dass sie bunt lackierte Fingernägel hatte. In einer Sprache, die ich für Bulgarisch hielt, beschuldigten sie einander, schlechte Menschen zu sein.

Als sie neuerlich zu stoßen und schlagen begannen, begriff ich, dass die Situation, meine Würde, die Zivilisation es von mir verlangten, schlichtend einzuschreiten, und so redete ich auf beide ein, was seltsamerweise sogleich Wirkung zeitigte. Über kurz schienen sie besänftigt zu sein, sie lachten jetzt über ihr Verhalten von vorhin, die Angreiferin stupste freundschaftlich auf meinen rechten Oberarm, die Angegriffene strahlte wie unter rasch versiegten Tränen. Die angespannte Situation löste sich in Wohlgefallen, sodass ich mich ans Weitergehen wandte.

Nun kam es, dass das Opfer mich zum Abschied bat, ihr mit ein paar Euro auszuhelfen, ein Wunsch, dem sich ihre Streitgefährtin anschloss. Weil ich die Sache nicht doch noch vermasseln wollte, zog ich unter dem Wintermantel aus der Brusttasche des Sakkos umständlich die Geldtasche hervor, reichte der ersten einen Fünfeuroschein, nicht ohne beide zu ermahnen, dass sie die Summe später teilen sollten, was die von mir Versöhnten einträchtig versprachen. Als ich mich am Ende der Brücke umwandte, waren sie verschwunden. Es war jetzt zehn Uhr, und es war der erste rundum glückliche Moment des Tages.

Ich war dankbar, aus der Sache so gut herausgekommen zu sein, und schlug den Weg zum Neuen Museum ein, in dem seit ein paar Jahren die einst geraubte, überwirklich schöne Büste der Nofretete ausgestellt wurde. An der Kassa warteten ein paar Leute vor mir, sodass ich Zeit hatte, meine Brieftasche herauszuholen. Da entdeckte ich, dass sich in ihr nicht nur jene fünf Euro nicht mehr befanden, sondern alle Geldscheine, die ich nach Berlin mitgenommen hatte, insgesamt waren es 365 Euro, die fehlten, das wusste ich genau, denn mit 400 war ich losgefahren und außer im Taxi und auf der Brücke hatte ich noch keine Gelegenheit, mehr davon auszugeben. Ich trat aus der Schlange, suchte in den Hosen-, Sakko- und Manteltaschen zuerst panisch, dann methodisch, obwohl ich bereits wusste, zum tölpelhaften Opfer eines Trickdiebstahls geworden zu sein.

Ich nahm das persönlich. Dass ausgerechnet mich zwei Romnija bestahlen, war eine unentschuldbare Schandtat, mich, der ich seit zwanzig Jahren das Unrecht anprangerte, das den Roma allerorts zugefügt wird, und, wo immer ich dazu aufgerufen werde, für sie auftrete ... Zu betrügen ist selten rühmlich, aber mich bestohlen zu haben, war verabscheuenswert.

Mit einer stummen Anklagerede kehrte ich zum Hotel zurück und berichtete der Rezeptionistin, was mir widerfahren war. Sie nahm mein Unglück nicht persönlich und meinte gar, dass ich von Glück sprechen könne, weil mir nur das Geld aus der Geldtasche, nicht diese selbst entwendet worden sei, samt Kreditkarten, Personalausweis und dergleichen. Ich ließ die verschlagene Person, die mit dem Diebspack der Hauptstadt unter einer Decke steckte, wortlos stehen, holte meinen Koffer aus dem Depotraum, schleppte ihn in den zweiten Stock hinauf, wo sich mein inzwischen bezugsfertiges Zimmer befand, und beschloss, Berlin zu strafen, indem ich bis zum Abend keinen Fuß mehr vor die Tür setzte.

Ich fühlte mich elend, auch weil ich in eine so simple Falle getappt war. Nach zwei, drei Stunden kam ich mit mir überein, dass die beiden immerhin äußerst kunstfertig vorgegangen, also echte Könnerinnen waren, die ihr Handwerk beherrschten. Ihre Inszenierung, in der sie die Rolle des arglosen Provinzlers mit mir besetzten, hatte mich vergessen lassen, was ich doch wusste: dass osteuropäische Roma Fremde, die sich in ihre desolaten Slums gewagt oder verirrt haben, als Gäste zu achten und gleichsam unter ihren Schutz zu stellen pflegen, aber dass es unter ihnen natürlich auch welche gibt, die in den wohlhabenden Teil des Kontinents ausschwärmen, um ihre Existenz mitunter auf kriminelle Weise zu bestreiten. Das ist nicht verwunderlich, warum sollten sich in einer Welt, in der er es ausbeuterisch zugeht, ausgerechnet jene frei von Gier, Berechnung, Gewalt als die edlen Menschen des Elends bewähren, denen es am schlechtesten geht? Ich versuchte mir die Situation zu vergegenwärtigen und kam zum Schluss, dass der artifiziell durchgeführte Diebstahl nur geschehen sein konnte, als ich die Geldtasche noch in der linken Hand hielt, mit der rechten aber ihre Hände schüttelte, die sie mir zum Zeichen der Dankbarkeit und Freundschaft entgegenstreckten.

Der Brauch, sich zur Begrüßung und Verabschiedung die Hand zu reichen, ist entstanden, als in den frühen Gesellschaften symbolische Gesten nötig wurden, um das reale Zusammenleben der Menschen zu erleichtern. Wer die offene Hand reicht, zeigt damit, dass er keine Waffe bereithält, sodass der Handschlag wenn nicht eine Art von Friedensgruß, so doch ein Versprechen war, sich dem anderen nicht mit hinterhältigen Absichten zu nähern. In die Hand, die einem dargeboten wird, nicht einzuschlagen, gilt heute zwar nicht gerade als Kriegserklärung, aber doch als grobe Beleidigung. Denn der Brauch, in den wir als Kinder unterwiesen wurden, ist uns wie eingewachsen, und wird er verweigert, erleben wir das als Kulturbruch oder Kränkung.

Vor Jahren sprach mich auf der Straße ein bekannter Förderer der Kunst an, der Unternehmer S. aus dem Salzburger Seengebiet, und machte mir, der ich ihm bis zu diesem Tag noch nie begegnet war, die Honneurs. Als ich mich verabschiedete und ihm die Hand entgegenhielt, wich er entsetzt zurück und rief, geradezu ergrimmt über meinen Unverstand: »Dieses dauernde Händegeschüttel ist doch widerwärtig, haben Sie gescheiter Mensch noch nie was von Bazillen gehört?« So zurechtgewiesen, stand ich mit meiner ausgestreckten Friedenshand da, beschämt, weil die Geste ins Leere gefallen war und ich die Hand wieder zurückziehen musste, ohne dass sie erledigt hätte, wozu sie wie von selbst aus der Vorzeit meiner guten Erziehung ausgefahren war; und beschämt, weil ich mir, anders als der wütende, von meiner Intelligenz enttäuschte Mann, noch nie Gedanken gemacht hatte, welch verheerende Folgen das Händeschütteln für die Volksgesundheit zeitigen könnte.

Mir fiel der Kärntner Künstler Kolig ein, der einen Apparat mit hölzerner Handattrappe gebastelt hatte, nicht aus Sorge um seine Gesundheit, sondern um seine moralische Integrität. Bei der Entgegennahme des Kärntner Kunstpreises wollte er dem Landeshauptmann, der unter den österreichischen Politikern so fleißig und freudig als Händeschüttler unterwegs war wie kein anderer, unter keinen Umständen die Hand reichen, sondern das Hofzeremoniell nutzen, um einen unbotmäßigen Akt der Verachtung zu setzen. Viele

Leute nahmen damals allerlei Unbill in Kauf, nur um Jörg Haider, der notorisch jeden zum Handschlag nötigte, der unvorsichtig genug war, sich in seine Griffweite zu begeben, keine Gelegenheit dafür zu bieten. Ich kenne Bewohner von Klagenfurt, die es Haider persönlich übel nahmen, dass sie samstags gegen Mittag um den Markt auf dem Benediktinerplatz, früher die letzte Station auf ihrem Stadtspaziergang, einen Bogen machen mussten, pflegte Haider doch zu dieser Stunde händeschüttelnd seine leutseligen Runden zu ziehen.

Was das besitzergreifende Händeschütteln betrifft, geht es der amerikanische Präsident noch rabiater an als einst der Kärntner Landeshauptmann. Trump pflegt die Rechte seiner Staatsgäste zu packen, ihren Arm zu sich zu ziehen und ihre Hand erst nach zehn, zwanzig Sekunden mit begütigendem Tapsen seiner Linken freizugeben: Er ist der Boss, der bestimmt, wie lange geschüttelt wird, und als ich im Fernsehen die anfangs erstaunte, dann fassungslose Miene sah, die sich dabei im Gesicht des japanischen Premierministers Shinzo Abe abzeichnete, war ich mir sicher, dass Trump die Sache geradeso anlegte wie in meiner Schulzeit jene halbstarken Kameraden, die bei jedem Händeschütteln wieder erproben mussten, wie stark sie waren und ob sie dem anderen mit festem Druck einen Wehlaut entlocken konnten.

Fast völlig aus dem formellen Verkehr zwischen Männern und Frauen ist der Handkuss verschwunden, als rituelle Form einer Galanterie, die dem Verhältnis der Geschlechter nicht mehr entspricht. Nun aber gibt es wieder zwei prominente Händeküsser, die man in den Nachrichtensendungen oft sieht, wie sie sich in Ritterlichkeit üben. Es sind ausgerechnet die zwei größten Rüpel unter den führenden Politikern der

EU, die das Haupt über Damenhände zu beugen und die Lippen bis dicht an diese zu führen pflegen. Der galante Jarosław Kaczyński küsst der von ihm auf den wichtigsten politischen Posten gehievten Dame ehrfurchtsvoll die Hand und schafft ihr dann an, was sie als Ministerpräsidentin zu tun habe. Orbán tritt als Kavalier alter Schule an, seine Politik wird jedoch von kalkulierter Rücksichtslosigkeit bestimmt. Hunderttausende, darunter zahllose Frauen, haben Ungarn verlassen, seit der händeküssende Husar mit der Abschaffung der bürgerlichen Demokratie experimentiert und seine Erfindung unter dem paradoxen Namen »illiberale Demokratie« patentieren ließ. Seine Abteilung für politische Propaganda hätte auch die Losung von der »liberalen Despotie« ausgeben können, aber die illiberale Demokratie macht sich besser bei den Europäischen Volksparteien, die den Fidesz noch immer nicht aus ihrem Kreis auszuschließen wagten.

Orbán laufen die jungen Ungarinnen davon, die keine Zukunft in einem Land sehen, in dem zum guten Auskommen der Schutz eines autoritären Kavaliers oder die Zugehörigkeit zu seiner korrupten Partei gehört. Während die Ungarn scharenweise ihre Heimat verlassen, zeichnet Orbán ein Schreckensbild des dekadenten Westens, der zur Beute von Schwulen und Islamisten geworden ist. Er muss das tun, damit seine im Land verbliebenen Untertanen sich ordentlich zu fürchten beginnen und es vorziehen, im geschützten Revier seiner illiberalen Demokratie zu verharren. Einen Teil der Milliarden, die ihm die Europäische Union zuverlässig jedes Jahr zur korrupten Verwendung zukommen lässt, bietet Orbán mittlerweile dafür auf, junge Familien mit hohen Prämien zu belohnen, wenn sie sich nur bereit finden, viele kleine Ungarn und Ungarinnen in die Welt zu setzen. Nur dann allerdings, wenn diese Ungarn und Ungarinnen auch Menschen sind.

Die Roma, wiewohl ungarische Staatsbürger, firmieren nach der Weisung von Orbáns Chefideologen Zsolt Bayer nämlich im Status von Tieren, die »unwürdig sind, unter Menschen zu leben«.

Ich zauderte, meinen Bekannten zuhause von meinem Berliner Desaster zu berichten, finden sich doch mittlerweile auch unter ihnen einige, die aus ihrer Abneigung gegen die bettelnden Roma kein Hehl mehr machen. Allerdings haben sie dabei selbst kein gutes Gefühl, um nicht zu sagen Gewissen, und daher fahren sie mit allerlei Beobachtungen, Vermutungen, Theorien auf, die es ihnen erleichtern, sich zu ihrem Unmut, ihrem wachsenden Groll zu bekennen. Was ich stets gefragt werde, wenn unsere Gespräche hitzig werden: Ob ich denn nicht sähe, dass zwischen den Roma Verhältnisse von Abhängigkeit, ja Ausbeutung herrschten? Natürlich sehe ich das, habe ich doch die Schuldknechtschaft slowakischer Roma – die von keiner staatlichen Bank Kredite bekommen und sich daher an Kredithaie aus ihrer eigenen Gruppe verkaufen müssen – in meiner Reportage über die Hundeesser von Svinia selbst beschrieben. Wer aber, der sich so an mich wendet, würde mich jemals gefragt haben, ob ich wohl wisse, dass die Weltwirtschaft auf einem globalen Ungleichgewicht beruhe? Oder ob ich noch nie davon gehört hätte, dass selbst in Europa ganze Regionen zu abgehängten Peripherien werden, deren Ressourcen – seien es geschützte Wälder, die westliche Konzerne niederholzen, oder Menschen, die sich um einen Hungerlohn auf den Plantagen und in den Schlachthöfen unserer reichen Länder verdingen – systematisch ausgeplündert werden?

Nein, solche Fragen stellt mir keiner, dem die Ausbeutung von Roma durch Roma auffällt und missfällt. Um die Ausbeutung, die Konzerne, Geschäftemacher, honorable Halsabschneider betreiben, um die Ausbeutung, die für den, der sie nicht sehen will, unsichtbar bleibt, machen die Leute kein Aufhebens mehr, als handelte es sich dabei um den naturgegebenen Zustand der Welt. Keinen meiner Bekannten, die sich nicht scheuen, Waren von Amazon zu beziehen, habe ich darüber klagen hören, dass dieser Konzern seine überwachten, gehetzten, von jedweder Mitbestimmung ausgeschlossenen Mitarbeiter einer Ausbeutung und Rechtlosigkeit aussetzt, die vor zwanzig Jahren zu Massenstreiks geführt hätte. Was Amazon anstellt, wie der Konzern weltweit Arbeiterrechte zertrümmert hat, ist ihnen bekannt, aber es wird als das Unabänderliche hingenommen. Zum Ausgleich dafür sind sie rechtschaffen empört, wenn es nicht gegen Ausplünderung im Großen geht, sondern gegen jene, die ganz unten stehen, nein, kauern. Sie, die Elenden, sind es, die als die wahren Ausbeuter verachtet und gehasst werden, nötigen sie uns doch dazu, sie zur Kenntnis zu nehmen.

Sichtbar zu werden, ist ein Menschenrecht, das zu erlangen nicht nur die Roma anstreben, man kann aber bekanntlich fast jedes Menschenrecht in sein Gegenteil verkehren. Eine Onlinebank in China verlangt von ihren Kunden zur Kreditsicherung nicht viel, nur ein Nacktbild, auf dem sie ihren Personalausweis in die Kamera halten. Entrichten die Schuldner die fälligen Kreditzinsen nicht mehr, verfügt die Bank über ihr Bild, das sie für die Ewigkeit der Beschämung ins Internet stellen kann. Die Bank setzt also nicht mehr auf die realen Schläger eines Inkasso-Büros, sondern auf die Demütigung in der virtuellen Welt. Dass ihr das Nacktbild als Drohmittel dient, erstaunt mich, zeigen sich Millionen im Netz doch freiwillig in allen erdenklichen privaten Posen, albernen Situationen, exhibitionistischen Aktionen. Da nimmt es Wunder, dass ihre pure Nacktheit noch dazu taugt, sie zu disziplinieren.

Von den Asylanten, die es an gutem Willen, sich unsere Lebensweise anzueignen, nicht mangeln lassen möchten, wird neuerdings erwartet, dass sie dem Mann, der Frau vom Amt, von der Schule, im Geschäft, mit denen sie sprechen, ins Auge sehen und ihnen, gegebenenfalls, die Hand reichen. Noch während meiner Schulzeit gab es Lehrer, die es nicht mochten, wenn Schüler sie fixierten: »Schau mich nicht so frech an!«, dröhnte es durchs Klassenzimmer. Jahrhundertelang war es europäische Sitte, dass Untergebene den Vorgesetzten nicht direkt anblicken durften, und vor dem Grundherrn auf seinem Pferd hatten die Bauern den Hut zu lüften, den Blick aber zu Boden zu senken.

Zeichen bürgerlicher Gleichberechtigung, ist es etwas historisch Neues, dass die Menschen einander über die Standesgrenzen hinweg anschauen dürfen oder es sogar müssen. Früher war es der Mächtige, der es sich verbieten konnte, angesehen zu werden. Heute wird der bewundert, dessen Antlitz den meisten Menschen auf dem Erdenrund von den medial und digital verbreiteten Fotos bekannt ist: Der ausfotografierte Mensch ist der angesehenste.

Eine solche Umkehr wird heute vielenorts verordnet, etwa im Luxushotel, wo es zugleich lässig und strikte reglementiert zugeht: Die in der Lobby mit kurzen Hosen und Gesundheitsschlapfen herumlungern, sind die Millionäre, die in dunklen Uniformen herumwieseln, gehören zum Personal, das an die Kette des guten Benehmens gelegt ist. Früher waren die Sklaven nackt und ihre Herren gekleidet, heute ist es umgekehrt.

Die Abneigung vieler Österreicher gilt den Romabettlern oder Bettelroma Osteuropas, aber viel seltener als früher auch den autochthonen, vornehmlich im Burgenland heimischen Roma, die 1993 als eigene Volksgruppe anerkannt wurden. Dass die österreichischen Roma weithin in der Bevölkerung nicht mehr als Zigeuner aus der Fremde gelten, sondern als Österreicher angesehen werden, ist ein Fortschritt, den gerade die Angehörigen dieser Volksgruppe anerkennen und sich nicht kleinreden lassen.

Wie überall, wo Unterdrückte, Ausgestoßene ihre berechtigten Ansprüche erheben, hat auch die Emanzipation der österreichischen Roma mit der persönlichen und der kollektiven Erinnerung angefangen. Mit der Erinnerung von Frauen und Männern, die davon Zeugnis ablegen wollten, wie ihre Eltern und Großeltern, wie sie selbst gelebt, die nationalsozialistische Verfolgung überlebt hatten und als Überlebende in ihrer Heimat von denen, die ihre Entrechtung betrieben oder ihrer Deportation zugesehen hatten, mit Misstrauen, Verachtung, Feindseligkeit empfangen wurden. Um sich selbst in der Gegenwart zu behaupten und gegenüber dem Staat von heute Forderungen erheben zu können, mussten die Roma zuerst ihre eigene Vergangenheit entdecken und daraus ein Bild ihrer Geschichte formen. Das war für sie besonders schwierig und kompliziert, hatten sie durch Missachtung und Verfolgung doch gelernt, sich mit dem, was ihren Familien widerfahren war, nur im Geheimen, im kleinen Kreis zu beschäftigen und in der Öffentlichkeit sogar zu verbergen, dass sie überhaupt den Roma zugehörten.

Stolz sind sie aus der Unsichtbarkeit, in der sie sich mitten unter uns verstecken mussten, herausgetreten, indem sie sich auf die gewohnheitsmäßig abgewertete Kultur ihrer Vorfahren zu beziehen begannen. Jetzt, da sie immerhin formell gleichgestellt sind, wäre es verführerisch für sie, sich von den verachteten Bettelroma aus Osteuropa abzuwenden, sich von ihnen zu distanzieren, aus Angst, womöglich mit ihnen identifiziert zu werden. Aber sie widerstehen der Verlockung, als spät anerkannte Österreicher gleich die Ressentiments und Aversionen derer zu übernehmen, von denen sie endlich als ihre Landsleute anerkannt werden. Was es sonst häufig gibt, die Identifikation mit dem einstigen Bedrücker, die etwa aus vielen misstrauisch beäugten Zuwanderern von gestern die beflissenen oder bösartigen Ausländerfeinde von heute werden ließ, ist bei den verachteten Roma von gestern nicht zu konstatieren: Sie halten es unbeirrt mit den Verachteten von heute.

Nach der Niederlage unserer Mannschaft sagt der Trainer im Interview: »Wir müssen unser Spiel viel effizienter anlegen.« Dabei ist es das Wesen des Spiels, dass in ihm das Gesetz der Effizienz für einmal aussetzt, aufgehoben ist. Doch gilt heute, was die digitalen Medien rasant vorantreiben, dass nämlich das ganze Leben ein Spiel ist, bei dem es um das geht, was ihm wesensfremd war, um Effizienz. Im Fernsehbericht über ein Unternehmen der Dienstleistungsbranche sehe ich, wie das geht: Die Geschwindigkeit der einzelnen Arbeitsabläufe wird dort nicht durch Druck erzwungen, sondern über ein permanentes Wettspiel gesteigert, in dem die Angestellten darum fighten, wer am Abend in den Bonus eines hirnrissigen Geschenks kommt. Die Akkordarbeit als Spiel, bei dem der Sieger vom Geschäftsführer eine Gabe erhält, die ihm, der über dem Spiel infantil geworden ist, die Augen vor Rührung feucht werden lässt.

Was unterdessen geschah: Die Unteren sind den Oberen nicht mehr an Moral und Solidarität überlegen, nur an Schläue und Berechnung unterlegen.

In den *Paradise Papers* ist nachzulesen, welche Personen und Konzerne Milliarden von Steuergeldern mittels legaler Steuertricks einbehalten oder illegal hinterzogen haben. Die Informationen darüber sind um die Welt gegangen, aber das Echo der Empörung hallt nur in einzelnen Medien wider. Gott sei Dank gibt es die Bezieher der Mindestsicherung, die Bettler und das ganze Pack der Sozialschmarotzer, damit die allgemeine Verachtung und Feindseligkeit nicht ganz ins Leere zielt. Tapfer schlagen die Feiglinge, die es hinnehmen, in großem Stil betrogen zu werden, auf jene, die weniger haben als sie.

Ihre Sichtbarkeit ist der Skandal. Dass sie in unseren Städten als Bettler aufgetaucht sind und wir sie sehen müssen, in ihrer Bedürftigkeit, mit ihrem zähen Überlebenswillen und ihrem hinter gespielter Devotion aufblitzenden Hochmut, dies ist unser Problem, das wir mit dem fälschlich so genannten Roma-Problem haben. Nicht ihre Armut verstört uns, sondern dass sie unverschämt genug sind, sie uns sichtbar zu machen.

Seit drei Jahrzehnten veröffentliche ich im *Spectrum*, der Beilage der Wiener *Presse*, Literaturkritiken, literarische Porträts, Nachrufe, manchmal auch Reiseberichte und Kommentare. Fast immer werden die Beiträger der Ausgabe in einer eigenen Spalte auf Seite zwei mit einem kleinen Foto und knappen biographischen Angaben der Leserschaft vorgestellt. Mein Foto ist über die 250 Artikel und drei Jahrzehnte stets dasselbe geblieben, es zeigt einen Mann mit schwarzen Locken und von beiläufig 35 Jahren. Das Bild hält mich in einem bestimmten Augenblick meines Lebens fest, der damit für alle Zeit gebannt wurde, aber es zeugt zugleich von den Jahren, die seither vergangen sind: Das Foto verleiht einem einzigen Moment Ewigkeit und kündet paradoxerweise gerade damit von der Vergänglichkeit.

Ich bespreche die kuriose Sache, als Graukopf mit über sechzig Jahren der Leserschaft der *Presse* als Mann präsentiert zu werden, der sich auf dem Weg in seine mittleren Jahre befindet, mit dem Redakteur und biete ihm drei aktuelle Fotos zur unentgeltlichen Verwendung an. Betreten teilt er mir ein paar Tage später mit, dass er meinen Wunsch leider nicht erfüllen dürfe. Der Chefredakteur ereifere sich regelmäßig, dass er unter den Autoren der Beilage, mit der seine Zeitung in intellektuellen Kreisen renommieren könnte, zu viele alte Gesichter entdecken müsse. Auch er weiß, dass das *Spectrum* nicht ohne seine älteren Autoren auskommt, deshalb ist er auf die originelle Idee verfallen, nur Porträts von ihnen zuzulassen, auf denen sie jünger aussehen, als sie sind. So begleiten mich und die mit mir älter gewordenen Mitarbeiter des *Spectrums* auftragsgemäß Fotos durch die Zeiten, auf denen wir nicht altern, heute kaum mehr zu erkennen sind, aber so jugendlich wirken, wie der Chefredakteur niemals war.

Das alte Foto, das mich im *Spectrum* als nachdenklichen Mittdreißiger zeigt, gefällt mir, ich bin nur aus ihm herausgewachsen, weil ich mich inzwischen auf meine älteren Jahre zubewege. Ganz anders verhält es sich mit den sieben Fotos, die Herbert Pfarrhofer für die Austria Presse Agentur (APA) von mir geschossen hat, wobei das Wort die Sache trifft. Auf ihnen bin ich weder jünger noch älter abgebildet, sondern zur alterslos aus der Vorzeit überlebenden Kröte entmenscht.

Ich befand mich an jenem Tag vor drei Jahren, als er mich im Café Sperl in Wien vor seine Kamera bekam, nach einer allzu kurzen Nacht nicht gerade in bester Verfassung. Es ist nicht das Problem, dass ich mir auf seinen Fotos nicht gefalle, mir steht der Sinn nicht nach einem fotografischen Schönheitschirurgen, sondern dass er durch überrissene Perspektiven, scharfe Belichtung Porträts geschaffen hat, die den lurchenhaften Anteil an meinem menschlichen Antlitz denunziatorisch übersteigern. Auch erfahrenen Fotografen misslingen Bilder, aber gerade Könnerinnen und Könner ihres Metiers wie Inge Morath, Kurt Kaindl, Joyce Rohrmoser, Frank Gaudlitz, Christine Turnauer Hermann Seidl oder Reinhart Mlineritsch, mit denen ich zusammenarbeitete und die ich bei ihrer Arbeit aus der Nähe beobachten konnte, geben diese nicht aus der Hand, sondern verwahren sie in ihrem Archiv oder entsorgen sie gleich selbst.

Die APA hingegen vertreibt die sieben Fotos mit betriebsamem Eifer, und so inständig ich den Leiter der Bildredaktion ersuchte, sie nicht zu verwenden, Michael Lang hat rätselhaft hochmütig reagiert, sodass nicht nur sämtliche Redaktionen in Österreich mit jenen Porträts versorgt wurden, sondern sie ihren Weg in die halbe Welt gefunden haben. Ob ich in Ljubljana die Universität für einen Vortrag oder in der deutschen Provinz eine Buchhandlung zur Lesung betrete, diese Bilder sind immer schon vor mir da und schauen mir aus Veranstaltungskalendern und von Plakaten entgegen, sodass ich am liebsten gleich umdrehen und heimfahren würde.

Als ich die Aussichtslosigkeit erkannte, diese Porträts, die mir die Lebensfreude vergällten, je wieder aus der Welt zu bekommen, habe ich mit dem Gedanken gespielt, aus dieser zu scheiden. Nach reiflicher Erwägung habe ich den Gedanken verworfen, weil mir einfiel, dass die Medien die Nachricht von meinem erzwungenen Freitod sicher mit einem Foto aus der Lurchenserie illustrieren würden, sodass ich dieser erst recht im Tode nicht würde entrinnen können.

Der Tod und die Fotografie unterhalten seit je eine intime Beziehung. Nicht nur dass auf Fotografien schon immer Verstorbene abgelichtet wurden; eine Zeitlang war es sogar Mode, die gerade verblichenen Töchter und Söhne, Geschwister und Eltern zu schminken, einzukleiden, herzurichten und so zu drapieren, dass sie ein letztes Mal inmitten ihrer liebenden Verwandten abgebildet werden konnten, als würden sie noch unter ihnen weilen ... In den Fotoalben der Welt sind Abermillionen Tote konserviert, in einem für die Ewigkeit festgehaltenen Augenblick ihres Lebens, das sie inzwischen ausgehaucht haben. Wir sehen sie, wie sie uns zulächeln, zuprosten, wie sie am Strand, in der Schihütte, vor dem Eiffelturm fröhliche Miene machen oder im Alltag wie zufällig angetroffen werden, und indem wir sie sehen, erinnern wir uns nicht nur daran, dass sie mit uns gelebt, sondern auch, dass sie ihr Leben ausgelebt haben und unüberwindbar von uns getrennt sind, sie, die ihre Augen auf uns gerichtet haben, uns aber nicht mehr zu sehen vermögen.

Die Toten überleben auf ihren Abbildungen, doch jedes Foto hat einen Augenblick des Lebens aus dessen Zusammenhang gerissen und gefrieren lassen. Wer abgebildet wird, dem wird etwas von seinem Leben genommen, das wussten die *Wilden*, die sich fürchteten, ihre fotografierenden Kolonialherren würden ihnen mit ihrem Bild auch ihre Seele rauben. Das wissen die Heutigen mit ihren kleinen Apparaturen nicht, die gebannt das Bild betrachten, das sie vor den Kulissen einer Welt zeigt, welche sie keines Blickes würdigen, weil ihnen deren Abbild mit sich im Zentrum genügt. Überquere ich den Makartsteg in Salzburg, gerate ich in den touristischen Monaten jedes Mal auf Dutzende Fotos, mit denen die Fotografen ihres Lebens sich selbst mortifizieren, sodass aus mir flüchtigem Passanten das Dekor eines gewaltigen Leichenzugs wird.

1978 hatte Jean Améry in Salzburg im Österreichischen Hof, dem ersten Haus am Platze, jenen Freitod gewählt, den er in seinem Essay »Hand an sich legen« als letzte, seine Freiheit substantiell begründende Tat gerechtfertigt hatte. Er hinterließ zwei Briefe, einen rührenden an seine Frau, einen an das Hotel, in dem er sich für die Umstände, die er diesem mit seinem Abgang bereitete, formvollendet entschuldigte. Um die Gäste nicht über einen Sarg erschrecken zu lassen, der aus dem Hotel getragen wird, erwirkte die Direktion – nachdem die Polizei den Sachverhalt untersucht und die kriminaltechnische Erhebung abgeschlossen hatte –, dass die Leiche des berühmten Essayisten in einem zusammengerollten Teppich versteckt und in einem Reinigungswagen abtransportiert werden durfte.

Als ich viele Jahre später die neue Direktorin des Hotels bei der Eröffnung einer Fotoausstellung kennenlernte, fragte ich sie, in welchem Zimmer sich Améry getötet habe: in einer Luxussuite, einem Zimmer mit Ausblick auf die vorbeifließende Salzach, den nahen Makartsteg, auf die Altstadt, die dahinterliegende Felswand? Die zuvorkommende, völlig unkapriziöse Dame wirkte betreten, als sie mich aufklärte, dass niemand von damals noch im Hotel arbeite und die Adressbücher dieser Jahre längst vernichtet wären. Ich konnte ihre Befangenheit nachfühlen und auch verstehen, dass im

Zimmer Nr. 11 oder 43 keine Tafel hängt, welche die Gäste davon unterrichtet, dass sie das Privileg besitzen, in jenem Raum zu nächtigen, in dem der Autor seine letzten Stunden zubrachte und die lange vorbedachte, vorgestellte Selbsttötung vollzog.

Vor Jahren war ich allerdings in einem Hotel in Ljubljana untergebracht worden, das junge Leute in einem einstigen Gefängnis für politische Häftlinge betrieben. In diesem durften die darob von lüsternen Schaudern ergriffenen Gäste in Zellen übernachten, die mit dem Lackanstrich, den vergitterten Fenstern, der schwer ins Schloss fallenden Tür, dem harten Bett mit den kratzenden Wolldecken, dem kleinen Waschbecken und der im Eck stehenden Klomuschel noch so stark an ihre ursprüngliche Verwendung erinnerten, dass sie natürlich viel teurer angeboten wurden als die behaglichen Zimmer gewöhnlicher Hotels, in denen die reisenden Spießer nächtigen.

Im Wartezimmer des Zahnarztes sitzen eine manchmal aufseufzend in ihr Handy vertiefte Frau und ein etwa fünfzigjähriger Mann mit kantigem Kinn, der mich, kaum dass ich Platz genommen habe, fragt, ob ich Schmerzen hätte oder nur zur Kontrolle da wäre. Er spricht grammatikalisch völlig korrekt, doch mit einem Akzent, der in seiner zweiten Heimat an seine erste erinnert. Ich frage ihn, woher er komme. Aus Serbien, antwortet er. Und wo aus Serbien? Dass ich nachfrage, freut ihn, er nimmt es nicht als Zeichen, dass ich ihn als Fremden identifiziere oder ihm das Recht abspreche, sich als Österreicher, als *Hiesigen*, zu betrachten. Nein, es freut ihn, dass ich mich für ihn interessiere und schlicht voraussetze, dass er nicht einzig im Heute lebt, sondern eine Geschichte hat, eine Geschichte hier und eine, die ihn zu uns in diese Stadt, in dieses Wartezimmer geführt hat. Er komme aus der Nähe von Leskovac, erzählt er. Leskovac? Ja, von dort, woher auch Gojko Mitić stammte. Mitić? »Winnetou!«, ruft er aus und strahlt. Jetzt sehe ich den athletischen Mann mit den langen schwarzen Haaren vor mir, den serbischen Filmindianer der DDR, der in zahlreichen DEFA-Filmen, die ein abenteuerliches, aber weniger geschöntes Leben zeigten als die Karl-May-Verfilmungen in der BRD, die weisen, tapferen Indianer spielte. »Ja, Winnetou«, sage ich begeistert, obwohl, wie der Mann jetzt erläutert, in den Filmen mit Gojko Mitić eigentlich Winnetou und die Apachen gar nicht vorkamen, dafür aber die tapferen Männer und Frauen anderer von den Weißen bekriegter Stämme. Kurz hatte die Frau die Augen vom Smartphone gehoben, als der Name Winnetou fiel, dann war ihr Interesse an unserer Gegenwart und der Vergangenheit wieder erloschen.

Wie es war in Leskovac, frage ich, schön, sagt er, aber schwer. Und dann sei es ganz schlimm geworden. Leskovac liegt im Süden Serbiens, nahe zum Kosovo. Als der Krieg begann, war er schon weg, sagt er, 1989 sei er nach Salzburg gekommen, mit 23 Jahren, und habe gleich in einer Firma angefangen, von der er nichts Schlechtes sagen könne, außer dass er sie verließ, um nicht mehr in der Produktion, sondern im Verkauf zu arbeiten, was seinem Temperament mehr entspreche, Temperament, sagte er, nicht Interesse oder Ausbildung. Ich hatte viel Glück im Leben, sagt er. Ob er noch oft nach Leskovac fahre? Einzig zu Begräbnissen von Verwandten, aber selbst das höre sich bald auf, weil nur mehr zwei Tanten lebten, die steinalt seien. Und wie es in der Stadt seiner Kindheit heute ausschaue? Traurig! Die Textilindustrie, von der Leskovac lebte, ist zusammengebrochen, die ganze Stadt verfalle, die Jungen zögen weg, aber er sei ja auch weggezogen, obwohl es damals viel weniger Grund gab, es zu tun. Das Schlimmste war der Krieg. Der Krieg ist immer das Schlimmste, sagt er, da brauchen wir nur nach Syrien zu schauen!

In ein paar Minuten werden wir beide auf dem Behandlungsstuhl sitzen, leicht nach hinten gekippt, und den Mund weit offen halten müssen. Als wollte er, als wollten wir die Minuten, die uns noch blieben, mit Leben erfüllen, schaukelte das Gespräch angenehm hin und her. Wie ich mir langsam zusammenreimen konnte, betrachtete der Mann aus Leskovac es als Lebensglück, nach Salzburg gelangt und Österreicher geworden zu sein. Sofern er überhaupt einer Sache nachtrauerte, dann war es das alte Jugoslawien, in dem so viele internationale Filme gedreht wurden und aus dem Filmstars wie Gojko Mitić stammten.

Zuerst wurde die Frau aufgerufen. Eine traurige Person, sagte mein Gesprächspartner, kaum dass sie das Wartezimmer verlassen hatte, mit der könne man nicht reden, er habe es probiert, bevor ich kam, aber nichts, die redet nur mit sich selbst. Als er aufgerufen wurde, schnitt er eine furchtsame Grimasse und winkte mir zu, als wollte er mir, der ich nun alleine warten musste, Mut zusprechen. Dann hörte ich ihn die paar Schritte zum Behandlungszimmer gehen, in dem ihn mein Freund, der Zahnarzt, erwartete, der 1978 aus der Tschechoslowakei nach Österreich geflohen war, in zwei Monaten in Pension gehen wird und mich zur letzten Kontrolle und Bilanz aller Zahnbehandlungen der letzten Jahre einbestellt hat.

Die Frage selbst – woher kommst du? – gilt Kritikern von Rassismus, Ausgrenzung, Vorurteilen, die sich selbst für aufgeklärt und weltoffen halten, bereits als feindseliger Akt, der die Zugewanderten und gar noch deren Kinder auf ihren Status als Fremde verweist. Was für verklemmte Kleingeister! Sie preisen die Vielfalt, aber man darf sich nicht für diese interessieren, sie nicht benennen, am besten sollte man sie gar nicht bemerken; sie schwärmen davon, dass die Welt bunt sei, aber fordern, dass wir farbenblind durchs Leben gehen.

Wie kommen Vielfalt und Buntheit zustande? Dadurch, dass die Menschen nicht alle gleich sind, dass sie, nicht nur was Charakter, Begabung, Vorlieben, sexuelle Orientierung und dergleichen, sondern auch was Herkunft und Geschichte betrifft, unterschiedlich sind. Das Zauberwort »divers« führen viele im Munde, die zugleich verlangen, über Unterschiede hinwegzublicken, also das Diverse zwar in seinem grundsätzlichen Recht anzuerkennen, aber als konkrete Diversität nicht zu bemerken, ja, ihre Präsenz zu verleugnen. Wer für Gleichheit eintritt, sollte allerdings fähig sein zu begreifen, dass es das Verschiedenartige ist, das gleich berechtigt zu werden verdient, und dass es nur dann gleichberechtigt ist, wenn es nicht auf seine Verschiedenartigkeit verzichten muss, um anerkannt zu werden.

Die Frage »Woher kommst du?« kann ausgrenzend, abweisend gemeint sein oder aus einem unbewussten Ressentiment heraus gestellt werden. Sie kann aber auch für das Gegenteil sprechen, nämlich dass der, der sich erkundigt, die reale Vielfalt unserer Welt nicht nur als das Gegebene hinzunehmen bereit ist, sondern sich ihrer auch alltäglich bewusst sein, ja, sich an ihr erfreuen möchte. Wer nicht anders kann, als in der Frage selbst schon die abweisende Antwort zu vernehmen, der mag zwar theoretisch die Vielfalt begrüßen, praktisch ist er aber ihr Feind, denn er möchte, um nur ja keine von ihnen zu benachteiligen, dass alle Katzen grau sind.

So münden die multikulturellen Verheißungen in politische Bigotterie, die zwar jedem Einzelnen den Anspruch zubilligt, in seiner Eigenheit respektiert zu werden, aber alle zusammen darauf verpflichtet, diese Eigenheiten gar nicht mehr wahrzunehmen. Warum eigentlich? Die Frömmler der Identitätspolitik bemühen sich eifrig, immer neue Gruppen zu finden oder zu erfinden, für deren Anerkennung sie einstehen können, aber ihr zentrales Dogma verlangt, dass der Mensch um des Fortschritts willen auf ein geschichtsloses Wesen schrumpfe, seine eigene Vergangenheit verschweige und ohne Blick für die realen Menschen, denen er in seinem, in ihrem Land begegnet, durch die Gegenwart gehe.

Glaubt man den Jubelpublizisten des deutschen Sprachraums, wird es ausgerechnet Emmanuel Macron sein, der die Europäische Sache zum Besseren wenden und die angeschlagene Union retten werde. Was für eine absonderliche Verehrung dem jugendlichen Helden entgegenschlägt! Zwar war es ihm bei der Wahl tatsächlich gelungen, den schier unaufhaltsamen Aufstieg des Front National zu stoppen. Aber Macron hat Frankreich und Europa vor Marine Le Pen gerettet, nachdem er und seinesgleichen den Le Pens aller Länder vorher zum Aufstieg verholfen und den nationalistischen Parteien die Massen zugetrieben haben. Mit kaltem Geschäftsinteresse beobachten die glühenden Europäer, wie es gelingen könne, soziale Errungenschaften zu demontieren, ohne dass die verachteten Verlierer des Experiments Rattenfängern nachzulaufen und den freien Handel mit ihrem aufwallenden Nationalismus zu stören beginnen.

Emmanuel Macron und Sebastian Kurz ähneln einander darin, wie sie die Macht kühl ins Auge fassen und sich den Weg dorthin entschlossen bahnen. Der Österreicher ist eben dabei, die alte konservative Volkspartei zu einer Bewegung mit sich selbst als zentralem Programmpunkt zu verjüngen, Macron hat die alte sozialistische Volkspartei verlassen und seine eigene Bewegung mit sich als zentralem Programmpunkt geformt. Freilich, Kunst und Wissenschaft, Kultur und Aufklärung hält der Franzose nicht für eine Sache, bei der man in der Schule wie im Leben unentschuldigt fehlen dürfe; und im Unterschied zu Sebastian Kurz hat er neue Wähler auch nicht zu gewinnen versucht, indem er an deren tatsächliche oder von ihm erst geweckte Ressentiments gegen die vermeintlichen Eurokraten gleich wie die vorgeblichen Hungerleider der Union appellierte, sondern beim europäischen Hochamt elegant und eloquent den Weihrauchkessel schwenkte.

In der Österreichischen Volkspartei ist ein wackerer, der sozialen Marktwirtschaft und der Sozialpartnerschaft verpflichteter Mann namens Mitterlehner von einem zielstrebigen jungen Mann gestürzt worden, der bisher vor allem durch die energische Bewirtschaftung seiner eigenen Karriere aufgefallen ist. Das finden viele empörend, die allerdings die ÖVP auch unter ihrem nun abgewählten Vorsitzenden niemals gewählt haben. Als Freigeister, die sich bisher über den Klerikalismus der konservativen Partei zu entrüsten pflegten, entrüsten sie sich nun darüber, dass der neue, durch einen innerparteilichen Putsch an die Macht gelangte Vorsitzende die christlichen Wurzeln des verhassten klerikalen Vereins verrate und mit der katholischen Soziallehre nichts mehr am Hut habe. Beschämend finden sie es zudem, dass ein Mann die Kanzlerschaft anstrebe, der sein Studium nicht abgeschlossen, sondern abgebrochen hat. Bekanntlich verbürgt einzig ein akademischer Titel, dass jemand zum gebildeten, toleranten, die Dinge abwägenden und mit historischem Wissen beurteilenden Menschen gereift ist. Ach, so inferior die Kritik an ihm und seiner sich formierenden Bewegung ist, wird Sebastian Kurz diese nicht zu fürchten haben.

Dabei gibt es genug zu fürchten: die Rasanz, mit der aus einer Partei eine Bewegung wird, aus demokratischen Traditionen politischer Sondermüll, aus Information hämmernde Propaganda, die nur ein Ziel verfolgt, die Empathie als widernatürliche Verwirrung der moralischen Sinne verächtlich zu machen ... Da kann einem schon bange werden, zumal Ungarn nicht weit ist und sich die jungen Frauen und Männer der türkisen Bewegung nicht scheuen, mit unverhohlener Sympathie auf die autoritäre Bewegung jenseits der Grenze zu schauen.

Nicht dass er auf dem Weg zum Akademiker vorzeitig auf die Schnellstraße eingebogen ist, die durch die politischen Vorfelder ins Zentrum der Macht führt, spricht gegen Kurz. Sondern dass er und seine ihm ergebenen Jünglinge viel zu früh einzig auf die Politik gesetzt haben, sodass sie immer schon ihre Abende, Wochenenden, Ferien verplant hatten, um auf Seminaren Netzwerke zu knüpfen, die ihnen später nützlich sein würden, oder auf Schulungen Sprechtechniken zu erlernen, mit denen sie sich der ernsthaften Auseinandersetzung rhetorisch geschickt zu entziehen wissen. Recht besehen, haben sie ihre Jugend also für Nichtigkeiten verplempert, deswegen wirken sie, erwachsen geworden, auch weiterhin so infantil.

Dennoch rufe ich allen, die in Österreich schon ein Regime wie in Orbáns Ungarn heraufziehen sehen, aufmunternd zu: Die Bewegung wird bald zum Stillstand kommen und sich in der öde klappernden Repetition der immer gleichen Phrasen ausgelaufen haben! Glaubt mir, ich setze meinen Ruf als politischer Kommentator drauf! Es kann gar nicht anders kommen, als dass ihn jene, die ihm heute noch huldigen oder ihn immerhin erdulden, Kurz auf die nämliche Weise von der Parteispitze entfernen werden, wie er selbst auf diese gekommen ist. Denn es gibt einfach zu viele Menschen in der ÖVP, denen ihre alte, konservative Partei lieb ist, sodass sie sich diese nicht zerstören lassen möchten, selbst wenn ihnen ersatzweise triumphale Wahlsiege versprochen werden. Was hat man schon vom Sieg einer Partei, die nicht mehr viel mit der zu tun hat, in der man einst heimisch war? Was können bürgerlich gesinnte Menschen, die sozial aufgeschlossen und mit einiger Kenntnis von der Welt ausgestattet sind, wie sie jenseits des eigenen Zirkels existiert, mit einem Parvenu anfangen, der mit grandioser Ignoranz gegen fast alles aufwartet, was ihnen etwas wert war – außer ihr Bankkonto, das ihm heilig ist?

Vor zwei Jahren habe ich die amerikanischen Republikaner inständig gewarnt: Entweder wird Trump eure Partei so verändern, dass kein anständiger Republikaner sie noch als die seine erkennen und akzeptieren wird; oder es wird sich eure Republikanische Partei gegen den Präsidenten erheben, den sie in einem kurzfristig über sie gekommenen Streben nach Selbstvernichtung auf den Schild gehoben hatte!

Diese Prognose von damals gilt heute geradeso für die vereinigten Länder von Österreich.

Ehrenblatt für einen namenlosen österreichischen Studenten. In Frankreich wurden die Juden verdächtigt, deutsche Spione zu sein, in Deutschland, sie würden Spionage für

Frankreich betreiben, in Österreich hielt man sie für russische, in Russland für österreichische Agenten. Egal wo, der Jude war immer der Verräter. Und von Paris bis Budapest ist es wieder der Jude als dämonisches Einzelwesen wie George Soros oder als Angehöriger einer Rasse von Ausbeutern, gegen die namenlose Nazischläger und weltberühmte Propagandisten der Boykottbewegung mobil machen.

Heute wurde ein heroischer österreichischer Student zu einer Geldstrafe von 100 Euro, wahlweise zwei Tagen Haft, verurteilt, weil er bei einer Demonstration in Wien den palästinensischen Demonstranten und der geifernden SA ihrer österreichischen Unterstützer eine israelische Flagge entgegengehalten hat, was, laut Gericht, dazu angetan war, den Zorn der Demonstranten zu wecken und diese womöglich zu Gewalttaten hinzureißen. Wie es halt so ist, wenn Antisemiten in ihrem antiimperialistischem Gerechtigkeitsgefühl so gekränkt werden, dass sie nicht anders können, als dem Juden wieder mal Vergeltung anzudrohen.

In einem schwedischen Krankenhaus ist eine Hebamme, die aus religiösen Gründen an keiner Abtreibung mitwirken wollte, gekündigt worden; was man der Klinik, in der Abtreibungen vorgenommen werden und die ein dafür ausgebildetes Personal benötigt, weder verwehren kann noch übel anrechnen soll. Im demokratischen Basislager der österreichischen Zeitungen, in denen im Minutentakt die Postings des Volkes eintreffen, wogt nicht die Diskussion um die ethischen und berufsrechtlichen Fragen des Falles hin und her, es geht vielmehr ein Sturzbach österreichischer Empörung über die skandinavische Hebamme nieder, die am liebsten vor ein hiesiges Arbeitsgericht zitiert und mit Foto, Name und Anschrift dem Volkszorn der Unsrigen ausgeliefert werden sollte. Dem schwedischen Dienstgeber wird vielhundertfach digital zugerufen, nur ja nicht einzuknicken, sondern die christliche Heuchlerin fristlos zu kündigen und ohne Abfindung zu entlassen. Gemütvoll bringt einer die allgemeine Entrüstung auf den Punkt: »Wenn ein Muslimbruder beim Fleischhauer arbeitet, muss er auch bereit sein, Schweinsschnitzerl herunterzuschneiden.«

Vom arabischen Muslimbruder zur schwedischen Hebamme, vom Schweinsschnitzel zum Fötus – das weckt das Interesse in mir, diesem anonymen Helden der freien Meinung einmal in der realen Welt zu begegnen: Wie sieht jemand aus, dem es jedenfalls ums Herunter- und Herausschneiden geht, wie benimmt er sich, wenn er auf die Straßenbahn wartet, was für eine Stimme hat er, klingt sie nach Messer oder Fleischklopfer? Ich werde ihm sicherlich schon begegnet sein und nicht geahnt haben, dass er es ist, der sich mit Hose, Hemd, Schuhen, Brille verkleidet hat. Wen er verletzt, auf die rohe Weise, mit der er renommiert, das ist nicht die Hebamme, das sind jene Frauen, die sich, warum auch immer, für eine Abtreibung entscheiden, aber sicher nicht, weil sie meinten, es handle sich dabei um nichts anderes, als ein Stück Schnitzerl herauszuschneiden.

Die schmale Straße, in der ich wohne, ist für einige Hundert Kinder der Weg, auf dem sie zur Volksschule und von dort einige Stunden später wieder nach Hause ziehen. Deswegen ist hier seit ewigen Zeiten Tempo dreißig vorgeschrieben. Natürlich gab es immer Autofahrer, die sich nicht an das Limit hielten, sondern durch die Straße brausten, dass der Motor nur so aufheulte und die Schulkinder flink hinter den Mülltonnen Schutz suchten. Tadelte ich, zu Fuß unterwegs, vor einem Jahrzehnt einen solchen Fahrer, egal ob er in einem nagelneuen SUV oder einem auffrisierten alten Kasten saß, mit unmerklichem Schütteln des Hauptes, machte er mit der Hand eine entschuldigende Gebärde und bremste herunter. Es vergingen ein paar Jahre, bis mir die Ertappten und mit nachsichtiger Geste auf ihr Fehlverhalten aufmerksam Gemachten den Vogel zeigten und weiterbrausten. Vor zwei, drei Jahren geschah es, dass ein Raser, der in der Schulstraße doppelt so schnell unterwegs war wie angeraten und angeordnet, auf meinen Versuch, ihm die Defizite seiner Verkehrserziehung gestisch und mimisch bewusst zu machen, das Fenster herunterkurbelte und etwas sagte, was danach klang, dass ich mich ins Knie ficken solle, worauf der junge Mann, der mir dieses empfohlen hatte, ohne zu verraten, wie man das anstellen könne, der Schule entgegenraste.

Vergangene Woche nun war es so weit, dass ein Fahrer nach ein paar Metern eine Vollbremsung vollzog, rückwärtsschoss, knapp vor der Gehsteigkante, an der ich stand, abbremste, mir die Faust zeigte und mich, spuckend vor Entrüstung, anbrüllte: »Von einem Blockwart wie dir lasse ich mir gar nichts sagen.« Ich begriff, dass der aufgebrachte Mann in seinem Recht, überall so schnell fahren zu dürfen, wie es ihm gerade passte, nicht weniger verwirklicht sah als seinen demokratischen Anspruch auf die Freiheit selbst, und dass er meinte, die Verweigerung dieses Anspruchs wäre der Gewaltakt einer Obrigkeit, die ihn zu verfolgen beabsichtigte.

Ich gestand mir traurig ein, dass sich vermutlich keine Gelegenheit für ein Gespräch mehr finden werde, bei dem wir einander unsere verschiedenen Sichtweisen auf die menschliche Freiheit in Ruhe darlegen könnten. Tief in den Eingeweiden, wo sich üblicherweise nur materielle Dinge befinden, wie zerteilte Speisereste, in den Gefäßen dahinströmendes Blut und dergleichen, spürte ich etwas Immaterielles wachsen, aber so, als wäre es eine neue, frische Körpersubstanz: den Hass. Ich schritt heimwärts, guten Mutes, den ich der kräftigenden Substanz in mir verdankte, und malte mir aus, wie dieser Held des Widerstands dort, wo er niemanden damit gefährden konnte, mit seinem Auto von der Straße getragen und gegen einen Baum geschleudert wurde und sein Leben in kleinen, von Blut geröteten Atembläschen ausröchelte. Ich bin grundsätzlich gegen Gewalt, aber die Gesellschaft hat sich in einem Maße brutalisiert, dass es nicht ausreicht, immer nur meinen Pazifismus aufzuwenden, um sie zu humanisieren.

Der 1934 geborene Ronald Lee ist der berühmteste Dichter und einflussreichste Aktivist der Traveller, der englischen Roma. In seinem Poem »Die Schlacht am Noodledom Platz« hat er an eine Straßenschlacht des Jahres 1969 erinnert, als sich eine Gruppe englischer Traveller weigerte, ihren traditionellen Lagerplatz in Enfield zu räumen. In atemloser Rhythmik vergegenwärtigt Lee das Geschehen, in Reflexionen deutet er es politisch: Auf der einen Seite stehen die »gedungenen Vertreibungsgangster des Stadtrats«, auf der anderen die »Romani-Boys« und ihre Unterstützer aus der Studentenschaft von Enfield. Während die uniformierten Schläger über die Bewohner des Lagers herfallen und diese sich von dem Rasenstück, auf dem schon ihre Großeltern Rast hielten, nicht vertreiben lassen wollen, ruft das lyrische Ich mittendrin im Geschehen halb pathetisch, halb selbstironisch aus: »Ich bin auch gegen Gewalt, aber nicht heute.«

Nachdem die ÖVP die Wahl triumphal gewonnen hatte, schloss sie eine Koalition mit der FPÖ, der sie im Wahlkampf bedenkenlos die Parolen gestohlen hatte. Das war unfair, wurde von den Wählern aber belohnt, die sich sagten, wenn schon autoritäre Scheußlichkeiten, dann lieber von einer konservativen als einer rechtsextremen Partei, bei der man nie weiß, wie weit sie gehen würde, wenn sie könnte. Der FPÖ wurde die Enteignung ihrer Parolen mit ein paar Ministerposten und mit dem ungeschriebenen Gesetz entgolten, dass die zahllosen neuen Vorstände, Manager, Aufsichtsräte der staatlichen und staatsnahen Betriebe künftig keine berufliche Erfahrung, stattdessen jedoch einen in einer schlagenden Burschenschaft erworbenen Schmiss im Gesicht nachweisen mussten.

Was die Minister beider Parteien seither treiben? Tempo machen und Regierungslyrik verfassen! Das Tempo, mit dem Österreich umgebaut wird, ist selbst manchem Kommentator, der der Regierung wohlwollend begegnete, mittlerweile verdächtig, und da und dort wird bereits angemahnt, dass diese Rasanz und Radikalität gegen die ungeschriebenen Gesetze der bürgerlichen Demokratie verstoße. Demokratie heißt zum Beispiel nicht, institutionelle Gewohnheiten und Bräuche als politisches Gerümpel zu betrachten und jeden Trick, den die Geschäftsordnung hergibt, auszunützen, damit man Gesetze über Nacht durchs Parlament jagen könne. Und Demokratie heißt auch nicht, dass die Mehrheit im Parlament dessen Minderheit von Information, Mitsprache, Teilhabe ausschließt. Ja, das weiß ich doch, aber was ist mit der Lyrik?

Sebastian Kurz
Morgenlied der Kinder von Wien

Ich glaube
nicht dass

es eine gute
Entwicklung ist wenn
immer weniger Ment-

scher in der Früh
aufstehen, um zu arbeiten

und
in immer mehr
Familien
nur die Kind-

ter in der Früh
aufstehen, um zur Schule zu gehen.

Herbert Kickl
Vom Bekennen

Denn ich
glaube
immer noch dass
der Grundsatz gilt
dass das *und nicht die*
Recht der *Politik dem*
Politik *Recht*

zu folgen
hat.

Ja, wir sind Barbaren, aber immerhin Österreicher!

Frisörinnen haben keinen Familiennamen. Selbst wenn man sich zum ersten Mal in ihre Hände begibt und kein Anlass für Vertraulichkeiten besteht, heißen sie Frau Irene oder Frau Alina. Meine heißt Patricia, sie trägt eine kunstvolle, in mehreren Farbtönen abschattierte Frisur, die wie ein Helm über ihrem offenen, meist freundlich lächelnden Gesicht auf dem Schädel aufsitzt. Dass ich keine Frisur habe, nur Haare, die sich selber suchen, wie sie fallen und sitzen, akzeptiert sie gleichmütig, wenn sie auch pflichtgemäß ein wenig in Richtung einer sogenannten Fasson schnipselt, ehe sie es aufgibt und zu lachen beginnt, über mich, über sich, ihr Handwerk und über die Welt, wie sie ist. Einmal fragte sie mich, dessen schwarze Locken schon mit Grau durchsetzt waren, als ich noch keine vierzig war, ob ich mir nicht überlegen wolle, meine Haare färben zu lassen, was immer mehr Männer täten. Ich bejahte sofort, was sie zu enttäuschen schien. Erst als ich auf ihre Frage, mit welcher Farbe wir es versuchen wollten, antwortete, mit Weiß natürlich, schenkte sie mir wieder ein anerkennendes Lächeln. Als Meisterin ihres Faches hat sie Kunden, die in der Werbebranche reich geworden sind, sie fährt im Urlaub weiter als ich von Berufs wegen, nämlich bis nach Australien oder auf die Malediven, und in den Zeitschriften, die ihr wichtig sind und die sie mir zur Auswahl hinlegt, wenn ich ein wenig warten muss, wird nie etwas von mir oder über mich stehen. Gar nichts habe ich, mit dem ich ihr imponieren könnte, außer dass sich der Stoff, dem sie ihren Beruf verdankt, gegen jedwede Veredelung sträubt.

Wir aßen in einem teuren Restaurant und unterhielten uns über alles Mögliche, als uns auffiel, dass am Nebentisch, der dem unseren unangenehm nahestand, ein Paar sich nach und nach in ein großes Eheschweigen manövriert hatte. Sie schaute mit unruhigen Augen im Raum herum, er verdrossen vor sich hin und in sich hinein. Bedrückend war zu spüren, dass es beiden peinlich war, hier wie bedauernswerte Repräsentanten jener Paare zu sitzen, die einander nichts mehr zu sagen wissen. Nach einiger Zeit gerieten auch wir in triste Stimmung, sodass wir versuchten, die beiden nicht mehr zu beachten, wie um ihnen die Chance zu bieten, von selbst wieder in das unaufhörliche Gespräch, das für das Leben selber steht, zurückzufinden; doch bis sie das Lokal verließen und sich in einem dankbaren Wortschwall vom Patron des Hauses verabschiedeten, wussten sie diese Chance nicht zu nützen.

Ich weiß, dass ich die Peinlichkeit des Schweigens stärker empfinde als die meisten Menschen, bin ich doch in der Lehre unserer Familie unterwiesen worden, dass es besser sei, über nichts zu reden, als nicht zu reden, weil nur geistig ungelenke Naturen die Kunst des Gesprächs nicht beherrschen und sich brütend ausschweigen. Diese Maxime ist fragwürdig, doch habe ich es nie bereut, dass sie über meiner Kindheit stand, in der ich mich darin übte, redebereit und gesprächsfähig meine Anwesenheit zu erweisen.

In den ermüdenden, von dauergereizten Menschen bewohnten Demokratien werden neuerdings merkwürdige Wahlkämpfe ausgefochten, in denen es darum geht, welche von den Politikern, die gewählt werden wollen, weniger Politiker sind als die anderen. Die Parteien wiederum bemühen sich, das Stigma, Parteien zu sein, abzustreifen und sich als freie Wählerlisten oder Bewegungen zu präsentieren, die mit Elan und Frische verkrustete Republiken erneuern werden, die sie bisher doch selbst regiert und parlamentarisch repräsentiert haben. Wer sich um ein politisches Amt bewirbt, hat tunlich den Eindruck zu erwecken, es nicht als Politiker anzustreben, sondern als verärgerter Bürger, dem es reicht und der jetzt endlich die Politik nicht mehr den Politikern überlassen möchte. Am tollsten hatte es Sebastian Kurz angelegt: Sein ganzes junges Erwachsenenleben war er politischer Funktionär in aufsteigender Linie, doch die erste Amtshandlung als Vorsitzender einer Partei, deren Gründerväter aus dem Konzentrationslager zurückkehrten, bestand darin, diese in »Liste Sebastian Kurz – die neue Volkspartei« umzubenennen.

Zum Stand der Wissenschaften in Russland. Zufällig stoße ich auf die Spur, die der geniale Mathematiker Anatoli Fomenko, der an der Lomonossow-Universität in Moskau ein eigenes Institut leitet, durch Russland und die Welt der Wissenschaften zieht. Wovon er besessen ist und was er mit einem Stab an Professoren, Assistenten, Computerspezialisten beweisen möchte, nein, bewiesen hat: dass tausend Jahre europäischer Geschichte nicht einfach verfälscht, sondern schlicht erfunden wurden, im Rahmen des größten Betrugs der Weltgeschichte. Jesus ist in Wahrheit nicht in Nazareth, sondern 1053 auf der Krim geboren worden, wo die Bibel auch spielt, ehe sie planmäßig nach Judäa und Galiläa verlegt wurde. Auf der Krim war es, dass das Abendland erfunden und die Weltzivilisation von der russischen Kultur angestoßen wurde. Verständlich, dass die Krim, der Heilsort der Menschheit, wieder unter russische Obhut gestellt werden musste. Fomenko bietet Abertausende wissenschaftlicher Quellen von der Archäologie bis zur Linguistik auf, die sich zu einer absolut logischen, geschlossenen Gegen-Geschichte fügen. Die griechische Antike hat es überhaupt nicht gegeben, wie der Stab von Fomenkos Sprachwissenschaftlern, Mythenforschern, Geologen und Archäologen stichhaltig nachgewiesen hat, beim klassischen Griechisch handelt es sich um die Geheimsprache von protochristlichen Funktionären, die kurz vor Jesu Geburt auf der Krim lebten ...

So etwas wird nicht nur in Foren des Internets diskutiert, in der wachsenden Gemeinde derer, die die Lügen eines seit ewigen Zeiten sich verschwörenden Weltestablishments durchschauen; nein, mit so etwas erhält man heute auch ein mit enormen Summen finanziertes Institut an der bedeutendsten russischen Universität und den Staatspreis für Wissenschaften der Russischen Föderation.

Auch in Ungarn macht die Wissenschaft Fortschritte. Dass Jesus Russe war, wird Fomenko trotz der überwältigenden Fülle an Beweisen, die er an seinem staatlichen Institut gesammelt hat, in Ungarn bestritten. Die Argumente, die der

Archäologe Kornél Bakay ins Treffen führt, sind keinen Deut weniger schlüssig als die von Fomenko und seinem akademischen Team. Der ungarische Gelehrte, der sein Forscherleben dem Nachweis gewidmet hat, dass durch die Jahrhunderte eine jüdische Weltverschwörung wirkt, deren Ziel die Schwächung der magyarischen Identität ist, hat das letzte Geheimnis des Christentums gelüftet. Jesus Christus war kein Russe, wie man bisher glauben mochte, sondern Ungar, genau genommen ein skythischer Prinz, aber die Skythen waren bekanntlich die direkten Vorfahren der Magyaren. Folglich hat sich Jesus mit seinen Aposteln auf Skythisch unterhalten, also in einer Art von Altmagyarisch. Dass sie beim letzten Abendmahl ein herzhaftes Szegediner Gulyás verzehrten und etliche Krüge Tokajer leerten, ist im Lichte dieser Forschungen sehr wahrscheinlich, und dass Professor Bakay für seine wissenschaftlichen Verdienste von seinem Ministerpräsidenten Orbán mit dem höchsten Staatsorden der skythischen Republik ausgezeichnet wurde, versteht sich von selbst.

Doch halt, wenn Jesus Ungar war, dann war er auch ein halber Österreicher! Das hat lange vor den strengen Wissenschaftlern Fomenko und Bakay schon der Dichter Ernst Jandl erkannt, der einmal schrieb: »Nicht nur Jesus, auch Hitler war Österreicher!«

Patriotische Depression. Mein Freund Z., der sich immer schon zwischen Phasen der Zuversicht und der Düsternis behaupten musste, steckt so fest in der Verzweiflung wie lange nicht mehr. Er gesteht mir, neuerdings oft unerwartet weinen zu müssen. Es widerfährt ihm, dass er im Fernsehen in einen Liebesfilm gerät und sich bei einer rührseligen Szene plötzlich schluchzen höre. Oder dass er in der Zeitung das Foto eines Unfallwagens sehe und unvermittelt aus ihm die

Tränen fließen. Letztens sei er von einem Weinkrampf geschüttelt worden, als er eine tote Katze am Straßenrand liegen sah. Wie er es erzählt und sich dabei selbst mit Tiraden gegen die österreichische Politik unterbricht, versucht er mich zu überreden, seine Depression als schwere Verletzung seiner patriotischen Seele zu verstehen.

Manchmal quäle ich mich mit einem düsteren Gedanken: Was, wenn die Falschen recht gehabt hätten? Dann würde ich mich ja geirrt, nein, mich selbst getäuscht und mit dem, wogegen ich protestierte und wofür ich eintrat, andere zu täuschen versucht haben.

Februar 2017 – März 2018

Intermezzo 4

Skizzen von unterwegs

Ich habe nie gerne gefrühstückt, und so lange ich dazu angehalten wurde, bin ich selten ohne leichtes Übelgefühl vom Tisch aufgestanden. Natürlich dachte meine Mutter, der Volksschulbub, der ich war, werde ohne die Tasse mit heißer Ovomaltine und ohne die Scheibe Schwarzbrot, dick mit Butter bestrichen und Marmelade überzogen, die Entbehrungen, die ihn in der Schule erwarteten, nicht überstehen. Was ich nicht ertrug und bis heute nicht recht vertrage, das ist jedoch nicht das fehlende, sondern das verzehrte, das hinuntergewürgte Frühstück. Seitdem ich nicht mehr muss, frühstücke ich daher selten, mein Appetit erwacht erst tagsüber und wird je später, umso kräftiger, sodass ich mich nach zwanzig Uhr disziplinieren muss, nicht durch Zufuhr von Speisen und Getränken den geradezu bellenden Hunger und lodernden Durst weiter anzufachen.

Eine Ausnahme von meiner Frühstücksregel des Verzichts gibt es, das sind die Hotels der Welt, die in den Zimmerpreis fast überall ein Frühstück einberechnen, was mich dazu verleitet, immerhin zu inspizieren, was sie jenen merkwürdigen Gästen, die, kaum erwacht, bereits hungrig sind, als wäre der Schlaf eine anstrengende Arbeit gewesen, anzubieten haben. Ich halte mich meist an Tee und frisch gepressten Orangensaft, weil ich außer ein paar Scheiben Käse und Schinken, ein wenig Lachs auf gebähtem Brot, einem Croissant, einem weichen Ei, das in Hotels leider hart zu sein pflegt, Joghurt und Obstsalat und diesen kleinen Grillwürsten, die auf einer blechernen Platte warm gehalten werden, fast nichts hinunterbringe.

Als ich einen Sommer lang in Bulgarien unterwegs war, habe ich entweder in angenehmen, von liebenswürdigen Menschen geführten Hotels genächtigt oder in solchen, die stolz darauf waren, die Gäste von heute zu behandeln wie einst das untergeordnete Personal von Delegationen aus den verhassten sozialistischen Bruderländern. Aus dem Rahmen fiel einzig das imposante Hotel Panorama in Plovdiv, das mächtig an der unteren Schmalseite jenes Platzes thronte, auf dem einst das Zentralkomitee der Kommunistischen Partei Bulgariens residierte und an dem die Demonstrationszüge der Werktätigen am 1. Mai endeten. Mein Freund Vlashi hatte mich aufgeklärt, dass dies einst das Hotel der Nomenklatura gewesen sei und jetzt das bloße Zubehör jenes 24 Stunden geöffneten Casinos wäre, das die neuen türkischen Besitzer dort eingerichtet hatten, um Scharen wohlhabender Türken, in deren Land Casinos ja verboten waren, nach Plovdiv zu locken.

Das Panorama war ein klobiger Kasten mit elendslangen Gängen, die mir das Gefühl gaben, nicht durch ein modernes Hotel voll billigem Glitter, sondern durch einen alten Film zu wandeln. Und erst das Frühstück! Der Salon war riesig, mit kleinen Tischen für zwei Personen und runden Tischen, um die 14 oder 16 Gäste Platz nehmen konnten, es war ein ständiges Kommen und Gehen wie in einer Bahnhofshalle, die aber mit dicken Teppichen ausgelegt und reichen Reisenden vorbehalten war. Die einen wirkten verschlafen, als wäre die Nacht zu kurz für sie gewesen, die anderen betäubt, weil sie diese im Casino verbracht hatten und entseelt von den ratternden Automaten in den Frühstückssalon gekommen waren.

Am Nebentisch saß ein großer, würdevoller Herr aus einem arabischen Land; ich gestattete mir, einige spezifische Merkmale seines Äußeren und seiner Kleidung nicht zu übersehen, sondern zu bemerken und sie gar einer bestimmten Weltregion zuzuordnen. Er probierte alle Köstlichkeiten, die er sich der Reihe nach in kleinen Schalen von dem dreißig Meter langen Buffettisch holte, wobei er stets nur einen vorsichtigen Bissen wagte und daraufhin die Schale mit dem Ausdruck kindlicher Enttäuschung oder heftigen Ekels wegstellte. So stapelte er kleine Türmchen aufeinander, in denen sich lauter Zeug befand, das ihn mit vegetativem Abscheu erfüllte. Einzig die gelbstichige Crème, die er auf das weiße Brot strich, schien ihm zu munden, denn als er davon gekostet hatte, lächelte er versonnen und aß danach nichts anderes mehr als dieses mit einer unbekannten Masse bestrichene Stück weicher Pappe.

Am größten runden Tisch hatte Er seinen Platz, der Pate oder Patriarch oder Clanchef, ein stattlicher Herr, der über die siebzig hinaus war, mit stacheligem grauen Haar, einem kräftigen Schnauzer und einer lässigen Jacke über dem blauen Hemd, dessen oberste Knöpfe geöffnet waren. In einem gewissen Abstand hatte sich seine unförmige Gattin platziert, nicht viel jünger als er, mit blondem Haar und großen Ringen an den Fingern beider Hände. In einem fort traten junge und ältere Männer vor den König des Frühstückssalons, verneigten sich bereits von weitem, manche von ihnen drückten gar ihre Lippen auf seine dargebotene Hand und strahlten, dass er, der Ehrbarste der Ehrbaren in diesem Reich, ihnen ein paar Fragen und sein nachsichtiges Lächeln schenkte. Seine Frau saß unterdessen wie für sich, nahm von keinem derer, die sich bücklings genähert hatten und die paar Worte mit ihrem Mann sprachen, die ihnen genehmigt waren, auch nur die geringste Notiz. Sie trank eine Tasse schwarzen Kaffee nach der anderen, nahm nichts sonst außer kleine Würfel von bunter Zuckerware zu sich und blickte gleichmütig auf ihr Handy und durch die Menschen hindurch, die ihrem Mann die Aufwartung machten und ihren Blick kaum auf sie zu richten wagten. Über dieser Szenerie vergaß ich fast meine Teller, Schalen und Schälchen, was aber nichts ausmachte, weil ich mir das Frühstück eher gegen meinen Willen hineinstopfe, als dass ich es genieße.

Schräg gegenüber im Zug sitzt ein Mann, um den eine besondere Aura ist. Nein, das ist falsch gesagt, denn das auratisch Besondere seiner Persönlichkeit besteht darin, dass er über nichts verfügt, was eine Persönlichkeit ausmacht. Er entbehrt, wie er da sitzt, jedweder Ausstrahlung, und zwar auf so vollkommene Weise, dass man, hat man ihn dennoch wahrgenommen, für das Auffälligste an ihm seine Unauffälligkeit halten möchte. Der Schaffner kommt in zwei Stunden vier Mal durch unseren Waggon. Drei Mal erkennt er den Fahrgast nicht und lässt sich von ihm die bereits kontrollierte Fahrkarte reichen. Der Mann scheint es gewöhnt zu sein, niemandem im Gedächtnis haften zu bleiben, denn er übergibt sein Ticket stets ohne Anzeichen von Verärgerung dem Schaffner, der sich sein Antlitz nicht einprägen kann.

Vielleicht nimmt er die Kränkung so leicht, weil es sich bei ihm in Wahrheit um jenen Abgesandten des einsam über das Schicksal seines Reiches grübelnden Herrschers handelt, der ausgeschickt wurde, den Zustand zu erkunden, in dem sich die entlegenen Provinzen und die Eisenbahnen befinden, die diese miteinander und mit der Hauptstadt verbinden. Darauf, von niemandem erkannt zu werden, gründen sein Stolz und seine Unbestechlichkeit, mit der er aus allen Zügen und von allen Landstrichen Bericht erstattet.

Irgendwo in einem Zug, der durch die österreichische Provinz fuhr, hatte sich ein Mann, der hoch in seinen Siebzigern stand, mir gegenübergesetzt. Sein weißer Bart war akkurat nach dem Vorbild des Kaisers Franz Joseph fassoniert, er steckte in einem schweren grauen Janker, trug sowohl am rechten als auch am linken Handgelenk eine Uhr und roch vernehmlich nach Wein, wie er in den Trinkerstuben nah den Bahnhöfen, einer aussterbenden Form der österreichischen Gastronomie, ausgeschenkt wird. Es gibt Reisende, die den Zug nicht betreten können, ohne sich vorher mit einigen Gläsern beruhigt zu haben, vermutlich weil sie von einer namenlosen Ängstlichkeit befallen werden, wenn sie sich von zuhause entfernen müssen, eine Befangenheit, die mir fremd ist, aber keineswegs lächerlich erscheint, fürchte ich mich doch selbst vornehmlich vor Dingen, die vernünftigerweise nicht zu fürchten sind.

Kurz glaubte ich, mit diesem vorsorglich alkoholisiert auf die Reise gehenden Greis werde die Zugfahrt anstrengend werden, weil er sogleich auf mich einzureden begann. Doch merkte ich, dass er zwar fortwährend in meine Richtung, aber nicht mit mir sprach, sondern mit sich selbst. Was immer ihm durch den Kopf ging, er murmelte es vor sich hin, in ein unablässiges Gespräch mit sich selbst verstrickt. Er sagte sich die einfachsten Dinge vor, die er gerade tat – »Jetzt schauen wir mal auf die Uhr« –, stellte sich die Fragen, die sich ihm gerade aufdrängten – »Was kommt denn der jetzt mit seinem blöden Gepäck daher?« – und debattierte mit seiner Familie, vornehmlich mit einer Anni, die ihm Sorgen bereitete: »Wie kannst du denn nur so dumm sein, Anni?« Als ich meine Sachen zusammenpackte, den Koffer von der Gepäckablage hob und mich von ihm verabschiedete, schaute er mich aus hellen Greisenaugen erstaunt an, als bemerkte er mich erst jetzt, und nickte mir zu. Gleich darauf hörte ich ihn sagen: »Der hat's wieder eilig, kommt aber auch nicht raus aus dem Zug, bevor er hält.«

Ich saß im Zug nach Graz, der halbleer war, und las in Manfred Mittermayers Biographie von Thomas Bernhard. Im letzten Kapitel erzählt der Biograph dezent, doch zu Herzen gehend von den letzten Monaten des Autors, dessen Herz immer schwächer wurde, der sich nur mit großer Anstrengung noch aufrecht zu halten vermochte und schon beim Gehen außer Atem geriet. In Stainach-Irdning stieg ein älterer Mann zu, den ich hörte, ehe ich ihn sah, weil er sich keuchend mit einer abgewetzten, vollgestopften Aktentasche als Ersatz eines kleinen Köfferchens durch den Waggon schleppte. Er atmete kurz und laut, wobei das Aufschnaufen so geräuschvoll geriet wie das Auskeuchen. Er hatte dünnes Haar und trug eine schorfende Nase im rotfleckigen Gesicht. Wie ich jetzt erschreckt bemerkte, sah er dem Schriftsteller Bernhard ähnlich, gewissermaßen wie dessen landproletarischer Cousin. Was für eine Kraft musste er aufgebracht haben, sich in so schlechter Verfassung außer Haus zu begeben, in einen Zug zu steigen, wegzufahren! Aber vielleicht befand er sich ja auf dem Weg nach Hause, aus dem Spital, das ihn als hoffnungslosen Fall entlassen, oder vom Notar, bei dem er seine letzten Verfügungen getroffen hatte.

(Ob es die Aufgabe einer Biographie ist, in den Lesern

Sympathie für den Porträtierten zu wecken? Ich weiß es nicht, aber Thomas Bernhard, den ich in meiner Lesejugend geliebt habe und gegen dessen routinierte, von seinen Bewunderern als radikal empfundene, wie mir scheint jedoch aus reaktionärer Borniertheit und nachtragender Bosheit hochschießende Kritik ich später eine heftige Abneigung entwickelte, wird mir durch Mittermayers Buch wieder geradezu lieb. Vielleicht hängt das sympathisierende Mitgefühl damit zusammen, dass in jeder Biographie zwei Lebensphasen besondere Aufmerksamkeit zuteilwird, der Kindheit und dem Sterben. In diesen beiden Stadien ihres Lebens empfinden wir für fast alle Menschen Sympathie, denn als Kind ist selbst der spätere Mörder meist noch kein Mörder en miniature, sondern ein gequältes ängstliches Wesen, und bei einem sterbenden Menschen wird uns bewusst, wie unangemessen es ist, über ihn zu einem Urteil gekommen zu sein. Und Bernhard hatte eine besonders traurige Kindheit und ein lang sich hinziehendes Sterben.)

Die Pfingstfestspiele von Melk sind dieses Jahr thematisch dem musikalischen Erlebnis von Reise und Fremde gewidmet, sodass ich das Angebot, für eine kleine Gefälligkeit zwei Karten für jede Aufführung zu bekommen, die ich sehen wollte, gerne annahm. Am zweiten Abend sehen und hören wir in der Stiftskirche das »Bureau de Musique« unter Leitung von Christoph Hammer, einem tänzelnden Mann von rund fünfzig Jahren mit gutem, freundlichem Gesicht, darin aber traurigen, schräg gestellten Augen mit großen Tränensäcken. Statt mit dem Taktstock dirigiert er, indem er mit beiden Armen kräftige Kreise und Schlingen zieht und, wenn er besondere Aufmerksamkeit verlangt, den Zeigefinger seiner linken Hand in die Höhe streckt. Noch nie saß ich den Musikern so nahe, nämlich in der vordersten Reihe, das verschob meine Wahrnehmung, hörte ich doch weniger auf die Musik – eine Begräbnismesse des österreichischen Kaisers Leopold I. –, als dass ich die Musiker und die Sänger dabei beobachtete, wie sie ihrer Arbeit nachgingen.

Mit dem Lautisten, einem schmalen, verträumt wirkenden Jüngling, der ohne weiteres die Rolle von Donovan in einer Verfilmung von dessen Leben übernehmen hätte können, entwickelte sich im Laufe der Aufführung eine tiefe Vieraugen-Beziehung, und ich glaube nicht, mich zu täuschen, wenn ich sage, dass er sich bei der artigen Schlussverbeugung mit einer angedeuteten Geste bei mir persönlich für Applaus und Aufmerksamkeit bedankte. Das Orchester bestand aus zwölf Instrumentalisten, hinzu kamen fünf Sänger und vier Sängerinnen. Was mir auffiel: Die erste Geigerin, die Harfenistin und eine Sopranistin befanden sich in froher Erwartung. Die Harfenistin war schlank, fast mager, mit einem Bäuchlein, das erst dabei war, sich zu runden; die Violinistin, die mit energischen Bewegungen musizierte, war bereits ein Stückchen weiter; und die Sopranistin, die kirschrot geschminkte Lippen hatte und türkis glänzende Ohrringe trug, stand kurz vor der Niederkunft. Sie hatte von allen Sängerinnen die kleinste Rolle, musste oder durfte nur einmal alleine aufstehen und insgesamt nur drei Mal in den Chor einstimmen. Die meiste Zeit saß sie da und blickte, als habe sie Ort und Zeit vergessen, in sich hinein, einmal legte sie die Hand auf den Bauch und begann sanft über ihn zu streichen. Ob wirklich das Kind in ihm zu strampeln begonnen hatte? Es wirkte eher wie ein Ritual der Selbstberuhigung mittels Sonnengeflechtsaktivierung, und richtig, nach kurzer Weile war sie an der Reihe, sie erhob sich, die aufgeklappte Partitur in den Händen, und gab ihren Part mit schöner, runder Stimme, die die Kirchenhalle ausfüllte, wiewohl sie zwar mit ganzer Freude, doch halber Kraft sang.

Die Bläser, das konnte ich aus der Nähe gut an ihrer backenblähenden Virilität erkennen, bilden in Orchestern oft einen eigenen Menschenschlag. Bei den Streichern gibt es zappelnd bewegte und reglos konzentrierte Musiker, die vornehmen Fechter und die mit dem Oberkörper vor- und zurückschaukelnden Ruderer. In den geröteten, kantigen Gesichtern der Bläser sind hingegen oft noch die Bauernbuben zu erkennen, die sie waren, die Frechdachse, die neben der Blasmusikkappelle durch den Ort liefen und die auch jetzt wirken, als würden sie jederzeit bereit zu einem Schabernack sein. Ich kann nicht anders, als zwischen ihnen und den drei Schwangeren Beziehungen herzustellen und überlege hin und her, was wem zuzutrauen wäre – der hageren Harfenistin der kompakte Posaunist, der Geigerin der athletische, mit einem braunen Haarwirbel ausgestattete Trompeter? Oder ist es ganz anders, und mein Freund, der die Laute schlägt, hat es mit seiner verträumten Attitüde ins Bett von beiden gebracht? Und überhaupt, wie verhält es sich mit der Sopranistin? So ging in der Stiftskirche Melk der Abend mit geistlicher Musik allzu rasch dahin.

In Messel kurz vor Darmstadt hält außerplanmäßig der Zug, in den ich in München umgestiegen bin. Außerplanmäßig ist ein Wort, in dem sich das Geheimnis des Reisens verbirgt, ist es doch das Außerplanmäßige, mit dem wir zuversichtlich rechnen. Wenn die Anschlusszüge ausfielen, die Landkarten trogen, die verabredeten Termine nicht hielten, war es der Zufall, der meine Planung ersetzte und mich oft genug auf die besseren Fährten brachte.

Es ist später Nachmittag. Gegenüber dem Bahnhof steht

eine langgestreckte Lagerhalle mit Traktoren, vor der ein paar Arbeiter rauchen. Vom Bahnsteig trottet ein Mädchen mit hängenden Schultern davon, niedergedrückt weniger von dem Rucksack mit den Schulsachen, wie mir vorkommt, als von der Nachricht, die sie gerade auf dem Handy gelesen hat, das sie nun in der herunterbaumelnden Hand hält. Ein kleinstädtischer Bahnhof, die Zeiger der Uhr stehen exakt auf fünf vor zwölf, das ist mir schon vor ein paar Jahren aufgefallen, als ich hier aus demselben Grund zu demselben Ziele im Zug vorbeikam, der auch damals einen außerfahrplanmäßigen Aufenthalt einlegte. Dies ist die Zeit von Messel, und ihr Wesen ist der außerplanmäßige Aufenthalt.

An Martin Schneider mag einem vieles gefallen – seine Begeisterung für die Literatur, die grundherzliche Lauterkeit seines Wesens, diese geglückte Verbindung von Toleranz und Standfestigkeit. Ich aber habe ihn ins Herz geschlossen, weil er es mir ermöglichte, zu meinen Freunden endlich auch einen evangelischen Pastor zählen zu dürfen. Die Sektionen der Rotarier haben die Regel zu beachten, dass von jedem Berufsstand nach Möglichkeit nur ein Vertreter in ihren Club Aufnahme finde; als Freundschaftsprinzip, seine Kreise möglichst weit hinaus in die Gesellschaft zu ziehen und nicht unter seinesgleichen zu bleiben, kann ich dem einiges abgewinnen. Schneider gestaltet seit zwanzig Jahren in seiner Stadtkirche, dem ältesten Gotteshaus Darmstadts, ein hochoriginell konzipiertes Literaturprogramm, das zwischen den von ihm meist zum Doppelauftritt eingeladenen Autoren (es waren schon fast fünfhundert) erstaunliche Verbindungen herstellt, und das war der eine Grund, warum ich in den vergangenen Jahren drei Mal bei ihm gastierte, von ihm zusammengespannt mit Michael Maar, Peter Henisch, Wilhelm

Genazino. Der andere war, dass wir auf unseren Stadtwanderungen die interessantesten Freundesgespräche führten, lud er, der Pastor, doch regelmäßig Atheisten dazu ein, in seiner Kirche zu predigen, während ich, der Ungläubige, es bevorzuge, mit Gläubigen über ihren Glauben zu reden statt mit Ungläubigen über ihren Unglauben.

Wie immer erwartet er mich am Bahnsteig, aber er entschuldigt sich gleich, dieses Mal keine Zeit zu haben, weil eine Visitation der evangelischen Kirchenobrigkeit anstehe. So fährt er mich nur rasch in das bahnhofsnahe Hotel Maritim, und kaum dass wir in dessen Lobby treten, beginnt es draußen zu schütten. Also streunte ich später statt in den Gassen der Stadt ein wenig im Hotel herum. Im Parterre überholten mich auf einmal lauter Leute mit einem Schild an der Brust, Besucher eines Kongresses, die offenbar verspätet zum Konferenzsaal strömten. Ich ließ mich in ihrer Mitte treiben, bis an einer Stelle des Ganges, an der sie allesamt abbogen, eine Tafel mit dem Schriftzug stand: »RWS-Orga-GesmbH. Travemünde-Saal«. Ich überlegte, ob ich mich inmitten der Kongressteilnehmer in ihre Versammlung einschleichen sollte, um zu erleben, wer die Sache schneller herausfände: Ich, welche Geheimorganisation sich hinter der RWS-Orga-GesmbH verbarg, oder sie, dass ich nicht zu dieser gehörte und daher widerrechtlich unter ihnen im Saal Travemünde saß. Es war nichts als meine verfluchte Scheu, aufzufallen, die mich nötigte, es bleiben zu lassen.

Irgendwo auf der Landstraße, die von Sopron Richtung Plattensee führt, in dieser etwas monotonen Gegend, in der sich die Straßendörfer aneinanderreihten, kamen wir an einer Motel-Siedlung vorbei. Es handelte sich offenbar um eine Geschäftsidee, aus der in dieser Gegend nichts geworden war, denn die ersten Häuschen verfielen bereits, noch ehe die letzten fertiggestellt worden wären. Ein Geschäft mit großen Schauflächen im Freien, das an diesem Tag vermutlich nur wir besuchten, bot nichts als Gartenzwerge an, die in Reih und Glied strammstanden. Und da sah ich ihn, den ersten Romabettler-Gartenzwerg meines Lebens. Neben all den anderen Zipfelmützenzwergen, die harmlose, biedere, verschmitzte, neugierige Miene machten, stand er mit diabolischem Grinsen und in verkrümmter Haltung und hielt den Hut für alle Gartenzwergenewigkeit bettelnd in der ausgestreckten Hand, ein meisterliches Werk ungarischer Handwerkskunst aus der Epoche des Hoch-Orbánismus.

Auf dem Hauptplatz zog ein Jugendlicher auf einem knatternden Moped den immerselben Kreis um seine Langeweile. Ein Hund lag faul im fleckigen Schatten eines Maulbeerbaumes. Das einzige Gasthaus des Ortes befand sich in einem ziemlich ramponierten Gebäude, die Tür stand offen, sodass wir in den dunklen Raum traten. Nahe der Schank saßen an einem riesigen Tisch die einzigen Gäste, ein chinesisches Paar um die fünfzig, das freundlich von den tiefen Tellern aufschaute, aus denen die Suppe dampfte. Uns war kein Reisebus im Ort aufgefallen, und doch handelte es sich bei den beiden nicht um Geschäftsleute, sondern um Touristen, die es durch welche Außerplanmäßigkeit immer hierher, in die tiefe ungarische Provinz, verschlagen hatte. Das chinesische Paar sprach nur Chinesisch und Ungarisch aus einem Wörterbuch, in dem die Frau mit flinken Fingern blätterte, ihrem Mann dann die entsprechende Stelle zeigte, worauf dieser ein völlig unverständliches Wort hören ließ, zu dem sie zustimmend nickte. Der dickbauchige Wirt, der aus dem Bilderbuch der ethnographischen Vorurteile Europas zu stammen schien, konnte kein Wort Chinesisch, bemühte sich aber, Ungarisch so langsam und betont zu sprechen, dass es auch Chinesen verstehen könnten. Die Situation war jedoch aussichtslos, also musste ich als Übersetzer antreten, und weil ich weder Chinesisch noch Ungarisch kann, entwickelte sich eine ausgesprochen muntere Konversation.

Gegen Mittag erreichten wir Frankenmarkt am Rand des oberösterreichischen Hausruckviertels. Wir wollten eine kurze Rast einlegen, durch den Ort gehen, in einem Café eine kleine Stärkung zu uns nehmen. Die Gemeinde hat es zu keiner Umfahrungsstraße gebracht, sodass aus dem, was einmal ein langgezogener schöner Hauptplatz gewesen sein mag, eine Durchzugsstraße geworden ist, auf der die Autos der Pendler und die Lastkraftwagen dahinbrausen. Das Leben der Gemeinde hatte sich aus der tosenden Öffentlichkeit zurückgezogen, etwa in das Cafelino, das im hinteren Teil eine Bar und im vorderen ein Tagescafé war.

Als wir am Samstag zur Mittagsstunde eintraten, befanden sich fünf Personen im geräumigen Lokal: Die charmant gepiercte 25-jährige Kellnerin, die sich freute, einmal ihr unbekannte Gäste versorgen zu dürfen und die sonst rauchend hinter der Theke stand, von wo sie sich zwischendurch ihrem Verehrer zuwandte, der ein paar Meter weiter an der Nachtclubtheke sein Bier trank. Noch weiter hinten im Raum wackelte auf einem hohen Barhocker ein abgewrackter Mann, der einst einen stattlichen Burschen abgegeben haben mochte und jetzt damit beschäftigt war, sich alkoholisiert durch die Lokalzeitung zu kämpfen. Und am Fenster nah bei uns saßen zwei Raucherinnen, rund achtzig Jahre die eine, sechzig die andere, die ausdauernd damit beschäftigt waren, einander über ihre Gläser mit Weißwein anzuschweigen. Über der Theke hing zur Ermunterung der Besucher das Geschäftsmotto des Cafelino: »Genießen. Reden. Spaß haben.« Wir hatten den Kaffee genossen, die Weiterfahrt, die uns nach Schärding bringen sollte, beredet, aber die beiden Frauen, die einander vermutlich als Mutter und Tochter verbunden waren, hatten uns den Spaß nicht gegönnt, ein wenig von ihrem Gespräch zu erlauschen, denn sie sagten ganze zwanzig Minuten kein einziges Wort, sie taten aber auch nichts, außer dass die Jüngere manchmal mit ihren Fingern über das Tischtuch strich und die Alte manchmal den Kopf zum Fenster wandte und auf die hinter den Schallschutzfenstern unhörbar vorbeidonnernden Autos schaute. Endlich schnaufte sie auf und sagte: »Hach.« Die Tochter, besorgt: »Wos'n?« Die Mutter, verärgert über so viel Redseligkeit: »Nix. Goa nix.«

Alle im Lokal rauchten, die Kellnerin und ihr Verehrer, der auf seinem Hocker schwankende Zeitungsleser, die beiden geschwätzigen Frauen. Unausdenkbar, wie sich das Leben in Frankenmarkt entfalten wird, wenn in ein paar Wochen das Rauchverbot in Kraft tritt und die fünf zu Heimatvertriebenen in ihrem eigenen Ort machen wird.

Von Max Brod stammt ein originelles, wenig beachtetes Buch mit dem Titel »Über die Schönheit hässlicher Bilder«. Ich habe sie oft empfunden, die Schönheit hässlicher Städte, und habe es mir eine Zeitlang zur literarischen Aufgabe gemacht, diese Schönheit zu suchen oder sie mir erzählend zu erfinden, in der schrundigen Provinz, in den Großfeldsiedlungen der Städte, auch in Wirtshäusern oder an den Kiosken habe ich die raue Schönheit entdeckt oder mir und meinen Leserinnen versichert, sie entdeckt zu haben. Eine Zeitlang hätte ich daraus am liebsten mein ästhetisches Programm gemacht, und ich muss mich manchmal auch jetzt noch gegen die Verlockung wehren, die Dinge einfach umzudrehen und die

Hässlichkeit schöner und die Schönheit hässlicher Orte auszurufen.

Das MAMbo das Museo d'Arte Moderna di Bologna, befindet sich auf einem stillgelegten Fabrikgelände. Als wir ein paar Tage in der Hauptstadt der Emilia Romagna weilten, war dort wegen seines Umbaus temporär das sonst in der Stadt gelegene Museo Morandi untergebracht gewesen; das jenem Giorgio Morandi gewidmete Museum, den manche für den größten bildenden Künstler Italiens im zwanzigsten Jahrhundert halten und der in seinem äußerlich so ereignisarmen Leben, wie es ärmer kaum vorzustellen ist, Abertausende Bilder gemalt hat, von denen ein jedes wie eine Variante auf dasselbe unbekannte Urbild anmutet. Erst in der Ausstellung erfuhr ich, der ich Morandis Bilder schon lange, aber nur aus Katalogen kannte, dass dieser Maler bereits in jungen Jahren berühmt war und es, wiewohl er kaum am öffentlichen Kunstleben teilnahm, bis ins hohe Alter blieb. Mit täglichem Fleiß malte er vornehmlich einander ähnliche und doch immer wieder anders geordnete Stillleben, mit Flaschen, Gläsern, Kannen, einfachen Gerätschaften. Kurz vor seinem Tod, als er in seinem Arbeitszimmer, das immer auch sein Schlafzimmer war, das Bett nicht mehr verlassen konnte, hat er seinem Freund, dem Kunsthistoriker Roberto Longhi, geklagt: »Wie gerne würde ich wieder arbeiten können, ich habe eine Reihe neuer Ideen.« Neue Ideen! Morandi wusste, dass sich seine Bilder nur für den gleichen, dem er mit ihnen nicht die Augen zu öffnen, das Sehen zu lehren vermochte.

Wer Morandi liebt, wird sich irgendwann fragen, was es bedeutet, dass an seinem Werk alles spurlos vorbeigegangen ist, was seine Zeit ausgemacht hat: der Erste Weltkrieg, die sozialen Kämpfe, der Aufmarsch der Schwarzhemden, die faschistische Ära, der Zweite Weltkrieg, der Holocaust, der Partisanenkampf, die Befreiung, Hiroshima, der Kalte Krieg, der Krieg der Mafia, die aufbegehrenden Arbeiter und Studenten ... Was immer in der großen Welt geschah und auch in der kleinen seine Wirkungen zeitigte, Morandi malte seine Flaschen, Teller, Tassen, Schalen, Kannen, Blumenvasen, Kerzenständer und achtete darauf, dass seine drei Schwestern, in deren gemeinsamem Haus er ein kleines Zimmer bewohnte, nicht den Staub wischten, der sich über die Dinge seines Schlaf- und Arbeitsraumes legte und diese schließlich bedeckte. Den Staub zu beseitigen, war ihr Ziel, das seine, ihn auf seine kleine Welt sinken zu lassen. Zwei Tage nach dem Besuch des Museums standen wir auf dem Friedhof Certosa, dieser überwältigenden Nekropole mit Tausenden steinerner Figuren und Statuetten, vor seinem Grabmal, seine drei Schwestern sind auf einer Seitentafel erwähnt.

Unweit des Hotels Rothensteiner, in dem die Zimmer noch richtige Schreibtische haben, an denen man arbeiten kann, und Stühle um ein niederes Tischchen, sodass man sogar Wiener Freunde in ihrer eigenen Stadt ins Hotel einladen könnte; und in dem die langen Gänge und die Treppenanlage herrlich mit Landkarten, alten Tennisschlägern und anderen Sportgeräten von vorgestern, mit Vasen, Nippes, lauter sprechendem *Graffl* ausgestattet sind; in dem das Personal aus verschiedenen Ländern stammt, aber mit dem gleichen weltfreundlichen Charakter ausgestattet ist, die Hoteliersfamilie ihren Gästen interessiert, aber zurückhaltend begegnet und der sanftmütige Hotelhund Max, ein Schäfer, herzergreifend zu heulen anfängt, wenn der neu angekommene Gast ihn nicht beachtet und streichelt – kurz, unweit dieses prächtigen Hauses steht an einem Straßeneck ein merkwürdiges Café, das den Namen eines Berliner Bezirkes trägt. Sind wir in Wien, nehmen wir im rechten Teil des Cafés spätabends gerne die paar Gläser zu uns, die man in Berlin zu einem Absacker addiert und die einen am Abend so freuen, dass sie einen bloß wegen der Übelkeit und des Kopfschmerzes am nächsten Morgen nicht reuen sollen.

Am Tisch neben uns saß ein Mann um die dreißig, adjustiert wie ein Geschäftsmann mit aufgeklapptem Laptop auf dem Tischchen, der heftig mit einem Gleichaltrigen debattierte, welcher salopp gekleidet vor ihm stand. Sie waren sich wortreich völlig einig, vertieften den Fall, den sie besprachen, aber immer wieder aufs Neue, sodass der Stehende, der sich schon mehrfach zum Gehen gewandt hatte, stets innehielt. Es dauerte, bis ich begriff, dass sie die prekäre finanzielle Lage eines Fußballclubs besprachen, allerdings in der Terminologie von Bankfachleuten, die nicht nach einem neuen Trainer, einer anderen Taktik verlangten, sondern mögliche Sanierungskonzepte durchspielten. Ich dachte anfangs, es handle sich um den Wiener Verein Rapid, dem sie die Schulden umschichten, die Verbindlichkeiten in andere Finanzoptionen umwandeln wollten, dann aber begriff ich, dass sich im siebten Wiener Bezirk, an der Ecke von Zieglergasse und Neustiftgasse, zwei Fachleute in Finanzfragen, denen es todernst war, über die wirtschaftliche Struktur und die Geschäftsgebarung von Real Madrid unterhielten, jenem Club, dem sie als Mitglieder einer weltweit vernetzten Fangruppe angehörten, mit der der Geschäftsmann mit dem Laptop offenbar gerade verbunden war.

Fast alle Tische waren zu dieser späten Stunde besetzt, an einem saß wie jeden Abend der allgemein respektierte, von niemandem in seiner stummen Selbstbezogenheit gestörte Trinker, ein großer Mann, dessen Schlankheit bereits ins Ausgemergelte überging, mit schwarzem, wie auf das Haupt geklatschtem Haar. So saß er gestern, so sah ich ihn vor sechs Monaten und vor drei Jahren, und wird er eines Tages nicht mehr im Café erscheinen, wird sein Fernbleiben dauerhaft durch sein Ableben für entschuldigt gelten müssen. Er sitzt für sich und trinkt mit gemessener Präzision, für ein Achtel Weißwein benötigt er zwanzig Minuten, dann bringt ihm die Kellnerin, ohne dass er sie rufen müsste, auf das bloße Heben seiner Augenbraue hin wortlos das nächste Glas. Er sitzt stundenlang alleine, ohne mit irgendwem in Kontakt zu treten, aber auch ohne zu grimassieren oder mit sich selbst zu sprechen. Er hat es nicht nötig, ein Notizbuch mit einem Stift als Ausrede auf den Tisch zu legen oder eine Zeitung griffbereit zu haben, er sitzt da und schaut ungerührt vor sich hin, keiner würde es wagen, diese Undurchdringlichkeit zu durchbrechen, und keiner hat was gegen ihn, der bedachtsam Glas um Glas leert, offenbar stets genau weiß, wie viel er getrunken hat und eine abgezählte Summe Geldes auf den Tisch legt, wenn er aufsteht, ohne zu wanken zur Tür geht, durch die er grußlos in die Nacht verschwindet.

Ins Mühlviertel, das so nah liegt, bin ich immer nur geraten, wenn mich jemand auf einen Ausflug mitgenommen hat, nie für länger. Allzu lange habe ich Österreich einzig in seiner Literatur erkundet, und auch wenn mir diese – sofern sie was taugt – die wahre Geschichte einer Gegend, einer Region und ihrer Menschen erzählt, halte ich es heute doch für ein Versäumnis, mir manche abgelegene Region Europas besser erschlossen zu haben als Österreich selbst. Wie etwa das Mühlviertel, das Franz Steinmaßl, der Verleger der Edition Geschichte der Heimat, schon vor Jahrzehnten rühmte, indem er es in seiner Verlagswerbung als »das einzige Mühlviertel auf der Welt« bezeichnete. Steinmaßl ist einer jener gar nicht so seltenen Mühlviertler Patrioten, die in ihrem Land überall auf Spuren von Verfolgung und Widerstand stoßen, die im Mühlviertel bis zum Bauernkrieg von 1620 zurück- und über die Ära des Nationalsozialismus heraufführen. Wenn mir das Reisen ins Abgelegene zu beschwerlich geworden sein wird, wird mich einer von ihnen durch sein Mühlviertel geleiten müssen, wo mich zweifellos so viel abstoßen und begeistern, so viel überraschen wird wie in der Ferne.

Dieses Mal war es aber wieder nur ein Abstecher, bogen wir, als wir aus Tschechien heimwärts fuhren, doch bei Freistadt von der Bundes- auf eine Landstraße ab, die zu Ortschaften führte, deren verführerischen Namen Größgstötten, Klein-Schöneben oder Gugu wir nicht widerstehen mochten. Bald sahen wir rechts auf einer Hügelkuppe eine weiße Kirche leuchten, zu der es auf schmaler Straße über ein paar Kurven hinaufging. Nur wenige Fahrminuten von der Bundesstraße entfernt, hatten wir einen Ort wundersamer Ruhe erreicht, das Plateau um die spätgotische Kirche St. Michael ob Rauchenödt. Wir betraten die verlassene Kirche mit der Wehmut derer, denen der katholische Glauben, in dem sie aufgewachsen waren, abhandengekommen ist und die in so vielen Kirchen staunend innehalten, ohne deren Zauber noch ins religiöse Empfinden wenden zu können.

Offenbar war das Schiff der kleinen Kirche vor nicht allzu langer Zeit schneehell ausgemalt worden, und vorne, im etwas niedereren Chor, stand ein fein gearbeiteter Flügelaltar in glänzendem Gold, der den Erzengel Michael sowie die Heiligen Nikolaus und Stephanus zeigte. Der Raum war vollkommen ausgefüllt mit Stille, was uns erst auffiel, als draußen der Wind heftig über die Hügelkuppe zu rauschen begann. Zuhause konnten wir uns in einem Kunstführer überzeugen, dass nicht ausgerechnet wir einen unbekannten Rückzugsort entdeckt hatten, dessen aus Glauben geformte Schönheit auch für die Ungläubigen erschütternd war, sondern dass St. Michael ob Rauchenödt bei frommen Pilgern wie kunsthistorischen Kennern seinen Ruf hatte; selbst Schilangläufer sollen schon gesehen worden sein, die aus der Spur der nicht weit entfernten Loipe traten, heraufstiegen, ihre Bretter abschnallten und ein paar Minuten im Kirchenraum verharrten. Ob sie mit jenen Andachtsräumen ihre Freude gehabt hätten, die einem als »Visionär von Ischgl« bekannt gewordenen Hotelier vorschwebten, der in das riesige Areal der Schipisten im Tiroler Paznauntal befahrbare Kapellen setzen wollte, sodass die Touristen, ohne die Schier abschnallen zu müssen, vorbei an Altären und Kreuzen durch ein discothekenartiges Lichtgewitter würden flitzen können?

In die Kirche St. Michael ob Rauchenödt fällt Licht aus etlichen Fenstern, zwei davon sind rechteckig, klein und gegen Westen gerichtet, durch sie wurde zu Zeiten der großen Seuchen an die Todgeweihten, die die Pest in Büßerscharen durchs Land trugen oder sich, von der Lepra verunstaltet, bis hierher schleppten, die Kommunion gereicht. Auf dem Zettel, der innen an der schweren Holztür mit Reißnägeln angebracht war, stand in Großbuchstaben: »Bitte die Türe richtig schließen, das ist notwendig wegen der Vögel.« Draußen sahen wir sie, die Vögel, die sich hoch über der Kirche und den Wipfeln der Bäume von den Sturmböen treiben und zu verwegenen Kehren und Sturzflügen verleiten ließen.

Wir fuhren dann noch die Weiler und Ortschaften der Gegend ab, in denen sich nur wenige Menschen sehen ließen. In einem Ort namens Waldegg – den ich zuhause auf keiner Landkarte finden konnte, sodass ich vermute, mir das Ortsschild falsch eingeprägt zu haben – gingen wir über einen kleinen, leicht abschüssigen Friedhof, in einem der Gräber war Johann Schmid bestattet, von dem auf dem Grabstein stand, dass er mit seinem Motorrad am 26. August 1978 in der »ČSSR« tödlich verunglückt war. Was mochte einen 19-jährigen damals zu einer Fahrt ins nahe, doch vom Eisernen Vorhang abgetrennte Land bewegt haben, genau zehn Jahre nachdem dort die letzte noch Hoffnung verheißende Reformbewegung innerhalb des kommunistischen Blocks niedergewalzt worden war? Er war bereits 36 Jahre tot und wäre heute dennoch wie damals um fünf Jahre jünger als ich, der ich an ihn, den mir Unbekannten, denke, an seinem Grab, das nicht nur an ihn erinnert, sondern auch an einen Staat und eine Weltordnung, die es nicht mehr gibt.

Ich gebe es zu: Um die Bücher V. S. Naipauls, der jetzt in London im Alter von 86 Jahren gestorben ist, habe ich lange einen Bogen gemacht. Einige der Leute, von denen ich nur wenig halte, haben Jahr für Jahr verlangt, dass er endlich den Nobelpreis erhalte. Andere, auf deren Wort ich etwas gebe, sprachen mir verächtlich von einem Schriftsteller aus der Dritten Welt, der sich Hochmut und Arroganz der einstigen Kolonialherren zu eigen gemacht habe. Es war nicht klug von mir, mich so lange von der Lektüre Naipauls abhalten zu lassen. Er gibt sich zwar redlich Mühe, als misanthropischer Geist nur ja nicht sonderlich sympathisch zu erscheinen. Darin wirkt auch eine gewisse Koketterie, und wenn Salman Rushdie, der ebenfalls von der Peripherie des britischen Kolonialreiches ins Zentrum des zerfallenden Imperiums gezogen ist, Naipaul tadelte, weil dessen Romane allesamt ohne das Wort »Liebe« auskämen, dann legte dieser gerne noch ein wenig nach und bekannte: »Mitleid und Erbarmen sind nicht mein Fall.«

Nun gut, aber was war der Fall dieses Verfassers von Romanen und Reportagen, der einmal zum bedeutendsten Repräsentanten der Commonwealth-Literatur hochgelobt wurde und darüber öffentlichkeitswirksam ergrimmte? Naipaul wollte für das Commonwealth schon deswegen nicht stehen, weil er den ehemals beherrschten Völkern, die er in selbstverschuldeter Unmündigkeit verkommen sah, jedwede schöpferische Kraft absprach. Aber kann einer, der kein Autor des Commonwealth und erst recht kein Schriftsteller der Karibik sein möchte, deswegen schlicht der englischen Literatur zugerechnet werden? Er, der in Trinidad geboren wurde und 1950 mit 18 Jahren nach England kam, mitsamt der Geschichte und der dunklen Haut seiner indischen Vorfahren; der die Handlung seiner Romane auf den Antillen oder in Afrika ansiedelt und seinen Wohnsitz auf dem englischen Land offenbar hatte, um monate-, ja jahrelang in Indien, im Iran, in Indonesien unterwegs zu sein?

Es ist die Heimatlosigkeit, von der Naipaul in seinen großen Reportagen erzählt, und weil sich in seinem eigenen Schicksal der Weg von Abermillionen spiegelt, deren Familien es von hier nach dort verschlägt, ist dieser herrische Einzelgänger kein Hüter einer solitären Identität. Vielmehr zielt alles, was er schreibt, wie von selbst auf die Grundfragen unserer Epoche, und die große Völkerwanderung, die die Kontinente ineinanderschiebt, Religionen und Kulturen verpflanzt und unvorhergesehene Kreuzungen, Synthesen und Konflikte hervorbringt, hat in ihm einen faszinierten Chronisten. Freilich ohne jede Zuneigung, doch mit Ausdauer und Intensität beobachtet Naipaul, was sich in den bevölkerungsreichsten Ländern tut, die aus der kolonialen Unterdrückung nicht zur Freiheit fanden. Nationalismus und religiöser Fanatismus sind ihm dabei nicht weniger zuwider als jene eilfertige Selbstpreisgabe, die so viele Staaten einer überstürzten Amerikanisierung oder grotesken Sowjetisierung zugeführt hat. Das Problem ist nicht die scharfe Kritik, die Naipaul etwa am Ausverkauf der Karibik übt, die zur folkloristisch ausstaffierten Erholungsstation für amerikanische Millionäre verkommen ist. Das Problem ist, dass Naipaul den einstigen Kolonien so oder so keine Chance zubilligt und ihnen verächtlich jenen Teufelskreis aus wirtschaftlicher Verelendung, politischer Despotie, kultureller Verwüstung anlastet, in dem sie gefangen sind.

Als Naipaul 1932 zur Welt kam, wurde Trinidad zur Hälfte von Schwarzen bewohnt, Nachkommen jener rund zwanzig Millionen Sklaven und Sklavinnen, die aus Afrika in die von Europäern ausgeplünderte Inselwelt Westindiens verschleppt worden waren. Und zur anderen Hälfte von 120 verschiedenen Völkerschaften, unter denen Chinesen, Inder, Briten, Portugiesen den größten Anteil stellten. Naipaul entstammte einer Brahmanenfamilie, also der höchsten indischen Kaste, aber seine Vorfahren waren als Kontraktarbeiter nach Trinidad gekommen und hatten es nur zu bescheidenem Wohlstand gebracht. Es ist eine doppelte Heimatlosigkeit, die Naipaul erfährt und die seinem Werk Schärfe und Dringlichkeit verleiht. Da ist die Entwurzelung der Inder, denen die Erinnerung an die eigene Herkunft im fremden Trinidad binnen einer Generation verloren ging. Und da ist die Einsamkeit des Auswanderers aus der Karibik, der sich bis nach London durchkämpft und doch nie in Europa ankommt.

Natürlich ist es die eigene Situation in einer Zwischenwelt, die ihm den Sinn dafür schärfte, dass im zwanzigsten Jahrhundert historisch gewachsene Gemeinschaften zugrunde gehen und die Menschen durch Migration, Industrialisierung, Kulturindustrie in den Zwang geraten, sich fortwährend neue Lebensformen zu erschaffen. Naipaul liebte die Massen nicht, und politische Bewegungen, die an die Massen appellieren, waren ihm verdächtig, gleich was sie auch anstrebten; aber die verachteten Massen, denen er nicht zutraute, ihrer wahren Interessen innezuwerden und ihre Anliegen vernünftig zu verfechten, sind in seinem Werk stets präsent, und keineswegs nur als huschende Schattenbilder des Schreckens. Jedes seiner Bücher spannt den Bogen über die Kontinente, weil es die Geschichte von Menschen entwirft, die von irgendwo gekommen sind und im Sog der sozialen und politischen Ereignisse irgendwohin gespült werden.

Was ich seit jeher mit meinen Reisegeschichten anstrebte: Jeden Ort, und sei er wie ohne Geschichte, als historischen, kulturell geformten Ort darzustellen. Es ist meine Obsession zu zeigen, dass selbst Gegenden, die von der Geschichte scheinbar übersehen oder gerade nur gestreift wurden, ihre Geschichte haben, und dass die Menschen, die dort wie für sich und aus der Zeit gefallen leben, Teil von unser aller Geschichte sind. Ich hatte nie die Absicht, den einen schönen Moment zu bannen und für die Ewigkeit meiner Notiz festzuhalten, sondern gerade umgekehrt das Bild wieder zum Laufen und das erstarrte Ensemble der Figuren wieder in Bewegung zu bringen. An keinem Ort habe ich verweilt, dem ich nicht seine Zeit, Zeitfähigkeit, Zeitwürdigkeit zu geben versuchte. Hätte ich nicht dieses auch mir selbst rätselhafte Verlangen, wäre es mir nicht die Mühe wert, den Koffer zu packen und das Haus zu verlassen.

Plötzlich, in einer fremden Stadt, packte mich eine unerfindliche Angst. Ich hatte die Orientierung verloren, nein, mein Orientierungsvermögen eingebüßt und fürchtete, den Weg zurück ins Hotel, dessen Namen mir entfallen war, nicht mehr zu finden. Schließlich doch dorthin gelangt, konnte ich mich nicht mehr an meine Zimmernummer erinnern, ich musste die junge Frau an der Rezeption fragen, und dann vermochte ich die Tür im zweiten Stock kaum aufzusperren, mehrfach versuchte ich den Schlüssel ins Schloss zu stecken und umzudrehen, und als es endlich klappte und ich die Tür öffnete, schlug mir schnarchender Rauch entgegen. In diesem Zimmer war bis vor kurzem stark geraucht worden und wurde jetzt heftig geschnarcht, und als ich zwei Schritte ins Zimmer trat, sah ich seitlings auf dem Bett einen halbnackten und nur halbzugedeckten fettleibigen Mann in meinen Jahren liegen, der laut wie in einem schweren Rausch im verrauchten Zimmer schnarchte.

Unverzüglich zog ich mich zurück und fragte mich bereits, als ich die Tür zuzog, wie ich mich der jungen Rezeptionistin in ihrer Sprache würde erklären können und welchen erbärmlichen Eindruck ich ihr machen würde. Doch als ich hinunterkam, traf ich an ihrer Statt eine alte, fast schon gebrechliche Dame an, die mich sogleich verstand, sich meinen Schlüssel genau anschaute und sich dann auf ihren krummen Beinen ächzend aufmachte, mich zu meinem Zimmer zu geleiten, das einen Stock über dem lag, welches ich mit dem falschen Schlüssel nach längerem Probieren doch zu öffnen vermocht hatte, und nun hieß sie mich aufmunternd, die richtige Tür selbst zu öffnen, was gleich gelang, und mit mir lugte sie vorsichtig ins Zimmer, in dem sich niemand befand und ich sogleich mein Gepäck entdeckte.

Als unsere Kinder klein waren, wollten wir keine Flugreise ohne sie unternehmen – wir würden sie sonst bei einem Absturz ja alleine zurücklassen. Jetzt, da sie groß sind, uns auf eine gemeinsame Reise nach Vilnius eingeladen und gleich auch die Hotels bestellt und die Flugtickets besorgt haben, verspüren wir die Beklemmung, mit ihnen im selben Flugzeug zu sitzen, weil sie so im Falle eines Absturzes mit uns sterben würden, sie, die uns doch überleben müssen.

Es gibt Städte, die zu besuchen ich mir Jahre vornahm, aber jedes Mal kam etwas dazwischen – eine Verpflichtung, eine Erkrankung, ein Todesfall. Drei Mal waren die Zugkarten nach Genua schon gekauft, die Hotelzimmer bestellt, ich hüte mich, es ein viertes Mal zu wagen, Genua ist von der Liste meiner Städte gestrichen, weil ich, auf gepackten Koffern, nur von einem neuerlichen Unglück erführe. Nach Brescia kamen wir erst beim dritten und letzten Versuch, doch gleich der erste Tag lehrte uns, dass es fatal gewesen wäre, zu früh aufzugeben.

Im Museumskomplex Santa Giulia, der drei Kirchen und Klöster von der antiken Zeit bis zur Renaissance verbindet, könnte man sich tagelang aufhalten, macht sein Parcours doch zweitausend Jahre europäischer Geschichte unmittelbar anschaulich. Es ist begeisternd zu sehen, wie die antiken Skulpturen den Menschen bereits in seiner Individualität erfassten, als Wesen mit einer jedem Einzelnen eigenen Persönlichkeit, und erschütternd zu begreifen, dass die Menschheit dieses Wissen, dieses Können und diese Weltsicht in den Jahrhunderten danach wieder verlor und fast eineinhalb Jahrtausende brauchte, sich selbst wieder auf diese Weise zu entdecken. Nicht dass die Jahrhunderte dazwischen dunkle Epochen gewesen wären, ohne schöpferische Kraft, aber der

Menschheit, zumindest der europäischen, war doch etwas verloren gegangen, was sie bereits besessen hatte. Sie hatte etwas verlernt, was sie längst konnte, und genau das wurde uns so einprägsam vor Augen geführt, dass wir ausgerechnet in einem archäologischen Museum erschrocken eine ganz heutige Erfahrung machten: Ja, die Geschichte kennt auch den Rückschritt, Kenntnisse, die bereits gewonnen waren, können auch wieder verloren gehen, und Errungenschaften, die wie für ewige Zeiten gesichert erscheinen, werden auf einmal gekappt, eingezogen, abgeschafft.

Am späten Nachmittag ging ich den Corso Garibaldi stadtauswärts, der in Brescia kein breiter Boulevard, sondern eine schmale Straße ist und in ein volkstümliches Viertel führt. Nach einigen Hundert Metern öffnete sich die Straße zu einem kleinen Platz gegenüber dem Torre della Pallata, der einst Teil der alten Stadtmauer und später ein Gefängnis war. Auf dem Plätzchen standen die Tische einer Osteria und einer Bar, an denen etliche Greise saßen, die Karten spielten, wobei sie auftrumpfend wie Kinder manchmal eine Karte knallend auf den Tisch schlugen, was von den Gefährten reihum mit Beifall bedacht wurde. Als Patron erwies sich ein Chinese namens Shen Pinshen, der eine tief eingekerbte Hasenscharte hatte und meist mit einem schmutzigen Fetzen um die linke Schulter an der Tür seiner Bar lehnte, um flink den Tisch zu wischen, kaum dass jemand weggegangen war. Aus einem der umliegenden Häuser tappte ein auffallend hässliches altes Paar herbei, das von Herrn Shen Pinshen mit italienischem Akzent als »Bonnie und Clyde« begrüßt und behutsam zu einem freien Tischchen geführt wurde.

Ich saß eine halbe Stunde da und trank den Aperol Spritz, der hier von fast jedem der Gäste getrunken wurde, als ein vom kahlen Kopf abwärts vollständig tätowierter Muskelprotz erschien, der ein schwarzes Ruderleibchen, eine schwarze lange Hose und darunter stark aufgebogene silberne Schuhe trug. Er schaute, als er Platz genommen hatte, grimmig in die Runde, und als unsere Blicke sich kreuzten, ermahnte ich mich, ihn nicht geradewegs zu mustern, weil ihn das womöglich verleiten könnte, aufzustehen, zu mir zu kommen und mich mit einem einzigen Hieb seiner Pranke in den Staub zu schlagen, wo ich als Letztes von dieser Welt seine silbernen Schnabelschuhe sehen würde.

Seine Aversion mir gegenüber war so augenscheinlich, dass ich zahlte und mich entfernte. Ich war noch nicht weit gelangt, da sah ich, dass mir der Glatzkopf folgte, offenbar wollte er mich stellen und das Vergnügen nachholen, um das ihn mein überstürzter Aufbruch gebracht hatte. Er hatte gemerkt, dass ich ihn bemerkt hatte, und begann die rechte Faust drohend in die Höhe zu recken, ich erkannte, dass es zur Flucht zu spät war, also versuchte ich dorthin zu gelangen, wo die meisten Leute standen, und stellte mich in die Reihe, die sich vor einem Eissalon gebildet hatte. Zu dieser war auch er gestürmt, der zu mir trat – und nun, da der Schlag folgen musste, die drohende Rechte sinken ließ und mir zeigte, was er in ihr hielt: meine Geldtasche, die er mir reichte, wobei er seinen Mund zu einem breiten Lächeln öffnete und dabei eine Reihe von Goldzähnen sehen ließ. Goldene Zähne und silberne Schuhe, dachte ich noch, dann klopfte er mir anerkennend auf die Schulter, als wäre es eine besonders noble Handlung von mir gewesen, meine Geldtasche liegen zu lassen und ihn in den glücklichen Stand zu versetzen, einem Fremden beizustehen.

2014–2019

5

Die Vermeidung der Trostlosigkeit

Dieses Mal schlug er nicht aus heiterem Himmel in mir ein. Vielmehr hatte er sich einige Wochen angekündigt, in denen ich ihn zuerst ignorieren, dann in die Schranken weisen, durch stundenlange Stadtwanderungen aus dem Körper rütteln wollte und schließlich doch zu seiner Beute wurde. Den ersten Bandscheibenvorfall hatte ich einige Sommer zuvor in Wien erlitten. Er war mir ohne Vorwarnung in den unter seinesgleichen populären fünften Lendenwirbel gefahren, als ich die Schatzkammer des Kunsthistorischen Museums besuchte, in den durch Klimaanlagen in Eiseskälte gehaltenen Sälen flanierte und mich ein böses Klopfen am rechten unteren Rücken begleitete, sodass ich auf einer der schwach gepolsterten Bänke Rast einlegte und unter wachsenden Schmerzen bedachte, was ich in den nächsten Tagen noch alles in der Hauptstadt zu erledigen hatte. Als ich aufstand, sackte ich vornüber, nicht so sehr, dass es zum Sturz gereicht hätte, doch hinreichend weit, um die unabweisbare Wahrheit zu verspüren, dass die Wirbelsäule, dass mein *Gestell* die Last meines Körpers nicht mehr zu tragen vermochte.

Irgendwie schleppte mich meine Frau aus dem Museum hinaus und die Neustiftgasse hinauf, wo unser Hotel lag, das mir nun zum ersten Mal als Krankenlager diente, bis sie und die von ihr einbestellen Wiener Freunde mich überredeten, endlich doch aufzugeben und mich ins Krankenhaus bringen zu lassen. Von Sanitätern an einem Freitag um 22 Uhr aus einem Hotel im siebten Bezirk getragen zu werden, wenn die jungen Leute ihre Tour durch die Nacht beginnen und die ersten Lokale aufsuchen, das ist nicht ohne Reiz. Jedenfalls hatte sich reichlich Publikum versammelt, als ich auf der Liege in den Krankenwagen geschoben wurde, ein sachkundiges Publikum, wie ich registrierte, das mich mit aufmunternden Worten – »Oida, des wird scho wieda« – in das Krankenhaus Hietzing verabschiedete. Fünf Minuten genoss ich dort die Aufmerksamkeit etlicher Ärzte, die meine Selbstdiagnose Diskusprolaps überprüften und mir für deren Richtigkeit, wie mir schien, kaum Anerkennung zollten, als wären sie gekränkt, dass der Patient wusste, was herauszufinden sie für ihr Vorrecht hielten; darauf wurde ich in ein Zimmer verfrachtet, von dem ich keine Erinnerung mehr besitze, und an einen Infusionstropf gehängt, der alle paar Stunden nachgefüllt wurde.

Als ich morgens erwachte, war ich schmerzfrei und voller Zuversicht, die diensthabende Ärztin, ebenfalls erleichtert, dass wir das Wochenende nicht zusammen verbringen mussten, überreichte mir ein Stanitzl mit drei Tabletten, die ich bei Bedarf nehmen sollte, und legte mir nahe, die Rückreise nach Salzburg möglichst bald anzutreten. Sie wusste, warum Eile angebracht war – ich erfuhr es binnen weniger Stunden. Mit einer lachhaften Notfallration hatte sie mich ins Verderben entlassen, denn kaum war ich im Hotel, begann es leicht, dann stärker, schließlich sehr stark und endlich wie wild zu pochen; auf allen Vieren durch das Zimmer kriechend, vermochte ich mir nicht vorzustellen, jemals wieder einen Zugwaggon erklimmen zu können.

So musste am Sonntag mein Freund Kurt Kaindl, mit dem ich an den Rändern Europas unterwegs gewesen war, aus Salzburg anreisen, er legte auf die Ladefläche des geborgten Lieferwagens die mitgebrachte, nur schwach befüllte Luftmatratze, auf der ich vom missglückten Sommerausflug nach Hause zurückkehrte. Kurt und ich waren auf ungesicherten Behelfsstraßen die Berge Mazedoniens hinaufgefahren und hatten auf sensationellen Rumpelpisten die verlassenen Dörfer der Schwarzmeerdeutschen in der Ukraine erreicht, aber das Verhältnis von Raum und Zeit, das mich seit meiner Jugend beschäftigt, habe ich erst auf der schnurgeraden, gut gewarteten Westautobahn in seiner philosophischen Dimension richtig zu ermessen gelernt. Nach drei Stunden, in denen ich mir Österreich auf ungeahnte Weise erfuhr, erreichten wir Salzburg, Kurt gab mich in der Christian-Doppler-Klinik ab, wo ich eine Viertelstunde später als Patient aufgenommen wurde und zehn Tage im heißesten Sommer seit Menschengedenken verbrachte.

Ich betrat das mir zugewiesene Zimmer, das für vier Personen gedacht, mit mir aber von sechs belegt war, deren Betten dicht nebeneinander aufgereiht waren. Meine Frau, auch in bedrängender Situation bedürftig nach guten Umgangsformen, stellte mich, der ich grußlos eingetreten war, meinen Gefährten der nächsten Tage vor, die in Unterhosen, mit nacktem, schweißglänzendem Oberkörper auf den Betten lagen und den Neuankömmling, als wüssten sie, was ihn erwartete, grinsend betrachteten. Tage? Eher Nächte! Ich war von den sechsen der Jüngste, alle von uns hatten es akut mit der Wirbelsäule, sodass ein jeder beim Umdrehen selbst im Schlaf aufstöhnte. Die Nächte im stickigen, kaum abkühlenden Zimmer sind mir als Versammlung von Greisen präsent, die nicht wussten, wie sie liegen sollten und denen nichts übrig blieb, als sich zu einer die Nächte durchächzenden und durchfurzenden Männergemeinschaft zu vereinen.

Wurde das Abendessen von der unverdrossen freundlichen Hilfspflegerin gebracht, wetteten mein Nachbar in Griffweite, ein betagter Bauer aus dem Flachgau, und ich ein ums andere Mal, in welchem Zustand sich die Frankfurter Würstel befänden, die unter einer blechernen Glocke serviert wurden: Reißverschluss oder nicht? Ich setzte notorisch auf Reißverschluss und gewann damit stets gegen ihn, der damit rechnete, dass er die Frankfurter, wenn er den Deckel vom Teller hob, doch irgendwann nicht der gesamten Länge nach aufgeplatzt vorfinden würde. So brachte ich es in zehn Tagen auf neun Euro Wettgewinn, denn unter den zwei Gerichten, die abends angeboten wurden, standen immer auch Frankfurter Würstel zur Wahl. Der Bauer war der einzige unter uns, der mit seinem Los zufrieden schien, musste er doch endlich nicht im Stall, auf dem Feld, im Haus arbeiten, wozu er sonst offenbar auch in hohem Alter verpflichtet war. Auf dem Nachtkästchen hatte er ein Kofferradio stehen, das er um halb sechs Uhr früh einschaltete, sodass wir aus dem Regionalprogramm nicht nur laute Volksmusik hörten, sondern auch von einer kreischend gut gelaunten Moderatorin erfuhren, wo sich um Salzburg gerade die Kolonnen der Pendler zu regulären Staus verdichteten.

Meine Dankbarkeit der ersten Tage, mit Massagen und Infusionen wohl versorgt zu werden, hatte sich rasch gelegt; die Wut, dass wir uns, weil wir über keine Zusatzversicherung verfügten, an der Schwelle zum Alter oder über diese hinaus wie in einer Jugendherberge unserer Schulzeit zusammendrängen mussten, war niedergebrannt, sodass ich nach und nach in tiefe Verzweiflung sank. Meine Frau erkannte, dass ich hier aus Kränkung und Überdruss nie wieder aufkommen würde, und übernahm es daher entschlossen, meine Entlassung zu erwirken und die Dinge, die vonnöten waren, zu organisieren.

Als bekannt wurde, dass Asma al-Assad, die Frau des syrischen Despoten, der Abertausende seiner Gegner zu Tode foltern ließ, an Brustkrebs erkrankt sei, kamen die Theologen der *Bild-Zeitung* ins Grübeln. Skeptisch fragten sie in der Schlagzeile: »Ist das die gerechte Strafe Gottes?« Die Frage ist vor ihrem abendländischen Hintergrund in mehrfacher Hinsicht interessant. Zum einen setzt sie nicht nur die Existenz Gottes voraus, sondern auch, dass dieser sich um seine Schöpfung kümmert und in deren Entwicklung eingreift; zum zweiten, dass die seiner Allmacht angemessene Form, in der er sich den Menschenkindern zuwendet, die Strafe ist; und drittens, dass sich der allmächtige Gott – das Fragezeichen legt es nahe – nicht zu gut dafür wäre, je nach Laune nicht nur gerechte, sondern auch ungerechte Strafen zu verhängen. Wenn Gott die Frau des Diktators strafweise erkranken ließ, was sagt das über all die anderen aus, die an schweren Erkrankungen leiden oder gar verzweifelt dem Tod entgegensehen? Natürlich, dass auch sie Sünder sind, die sich ihre Schmerzen, ihr Unglück wohlverdient haben.

Von nichts anderem ist in den politischen Debatten, im alltäglichen Streit der Parteien so häufig die Rede wie von der Gerechtigkeit. Keine Partei findet sich, die ihre Anliegen nicht als gerecht anpriese, ja ein Mehr an Gerechtigkeit im gesellschaftlichen Leben herzustellen verspräche. Es gibt also vielerlei konkurrierende Vorstellungen dessen, was für gerecht, und ebenso viele, was für ungerecht gilt. Der eine findet es ungerecht, von dem Geld, das er verdient, gar so viel an

Steuern abgeben zu müssen, der andere empfindet es als ungerecht, dass denen, die mehr als genug haben, steuerlich zu wenig genommen wird, damit der Sozialstaat auch weiterhin finanziert werden könne.

Die Omnipräsenz des Begriffs hat aus diesem einen leeren Sack gemacht, in den jeder stopfen kann, was ihm gerade passt, um es auf dem politischen Ladentisch auszuleeren.

Kein Tag vergeht, an dem die Regierung die Nation nicht von einer flagranten Ungerechtigkeit unterrichtete, dem sie endlich ein Ende bereiten wolle. Natürlich, Menschen, die ihr Leben lang gearbeitet haben und im Alter gedemütigt, empört feststellen, dass ihre Pension so gering ausfällt, dass sie sich aufs Äußerste bescheiden müssen, empfinden das als ungerecht. Und es ist ungerecht, wie sie selbst sich ja auch nicht bloß als Verlierer der gesellschaftlichen Veränderung empfinden, sondern welche sind! Werden sie nach der nächsten Pensionsreform endlich mehr erhalten? Mitnichten, solche Gerechtigkeit streben ÖVP und FPÖ keineswegs an. Stattdessen dekretieren sie, dass diese Pensionisten zwar nicht mehr, dafür aber andere, die über die Jahre weniger in das Sozialsystem eingezahlt haben und einzahlen konnten, künftig viel weniger erhalten werden als bisher. Natürlich haben jene, die nach jahrzehntelanger Arbeit in die Armut geraten, rein gar nichts davon, dass anderen in ausgleichender Ungerechtigkeit selbst das bestritten wird, was früher Mindestsicherung hieß und schon sprachlich bedeutete, dass es eben das Mindeste darstellte, worüber ein Mensch verfügen musste, um am gesellschaftlichen Leben teilhaben zu können.

Der Gerechtigkeit wird auf diese Weise die Bosheit untermengt: Wer wenig hat, soll sich daran erfreuen, dass es anderen noch viel schlechter ergeht als ihm. Wie Arthur Schnitzler im »Buch der Sprüche und Bedenken« sagte: »Wenn der Hass feige wird, geht er maskiert und nennt sich Gerechtigkeit.«

Ungerechterweise bin ich in diesem Frühjahr neuerlich von einem Bandscheibenvorfall aufs Elementare reduziert worden, den Schmerz, die Hoffnung, ihm zu entkommen, den Wunsch, ihm zu trotzen und die Herrschaft über meine Existenz streitig zu machen. Ich hatte lange gespürt, wie er von mir Besitz ergriff, aber ihn selbst durch gymnastische Extraschichten nicht mehr beschwichtigen können. Als ich mir nach einigen Wochen des langsamen Niedergangs eingestehen musste, dass die Sache einfach nicht besser wurde, schickte ich mich in mein Los, von dem ich wusste, dass es einige Wochen oder gar Monate das meine sein, aber auch nicht bis an mein Lebensende über mich verhängt bleiben werde. Denn wer immer einen schweren Bandscheibenvorfall erlitten hat, spricht von dessen demoralisierender Wucht, aber fast ein jeder hat auch den Trost parat, dass er sich eines Tages, wie er gekommen ist, auch wieder entfernen werde, bei den einen nach vier Wochen, bei den anderen nach vier Monaten. Fürs Erste suchte ich meinen Freund Guido auf, zu dessen vielen Vorzügen als praktischer Arzt es gehört, dass er mich als autodidaktisch gut ausgebildeten Patienten fast als Berufskollegen respektiert und er meiner Weigerung, je wieder ein Spital aufzusuchen, solange ich noch bei Bewusstsein bin, verständnisvoll begegnet. So legte er mir täglich die lindernden Infusionen, die keine heilende, aber tröstende Wirkung haben, und überwies mich an eine physiotherapeutische Praxis ganz in der Nähe meiner Wohnung.

Zu dieser tapste ich unsicheren Schrittes, und als ich sie nicht ohne Beklemmung betrat, wunderte ich mich, von zwei geradezu ausgelassenen Frauen beim Vornamen begrüßt zu werden. Es erwies sich, dass die beiden vor mehr als 45 Jahren derselben Clique von Gymnasiasten angehört hatten wie ich, sodass wir einander gleich manch herzergreifende Episode von damals zu erzählen und einige verschollene Gestalten unserer Jugend in Erinnerung zu rufen hatten. Natürlich war es mir lieb, den beiden Mädchen gerade noch rechtzeitig wiederbegegnet zu sein, ehe sie sich als Therapeutinnen in den Ruhestand verabschiedet haben würden. Gleichzeitig war es mir peinlich, ihnen, die mich als mageren Jüngling in Erinnerung haben mochten, meinen teigig aufgequollenen Altmännerleib auf den Behandlungstisch zu legen, auf dem sie diesen in den nächsten Wochen ordentlich durchwalkten und dabei kurzweilige Gespräche mit mir führten, aus denen ich nebenbei erfuhr, dass es sich bei meinem Diskusprolaps gar nicht um einen der bewundernswerten Extraklasse handelte.

Was ich in diesen Wochen begreifen lernte: dass Ablenkungen, wie sie das Fernsehen bietet, oder das Eintauchen in andere Welten, wie sie das Lesen fördert, die Selbstwahrnehmung nur für kurz von dem fundamentalen Erlebnis des Schmerzes abzuziehen vermögen. Fernsehen, Radio, CDs mit Musik, Hörbücher, Lesen, das alles taugt nicht für länger, den hämmernden Schmerz zu vergessen, der Reiz, der von ihnen ausgeht, ist zu schwach. Hingegen gewährte mir das Schreiben, das die ganze Aufmerksamkeit und höchste Konzentration verlangt, längeren Aufschub. Daher legte ich, was ich zum Schreiben benötigte, für jede Nacht bereit, sodass ich nach zermürbenden Stunden oft das Bett verließ, um mich so lange am Schreibtisch zu erholen, bis ich wieder genug Kräfte für den Kampf gegen den Schmerz und um den Schlaf gewonnen hatte. Ich war damals mit der Niederschrift der »Abenteuerlichen Reise durch mein Zimmer« schon ziemlich weit vorangekommen, ausgerechnet in den Wochen der körperlichen Qual und seelischen Anfechtungen aber gelang es mir, zwischen halb drei und fünf Uhr jene ausstehenden Kapitel zu verfassen, von denen ich mir bald sicher war, dass sie zu den heitersten des ganzen Manuskriptes wurden.

Als ich mich im Morgengrauen niederlegte, fiel mir einmal Joseph von Collin ein, der staatsfromme Aufklärer in Diensten des Reformkaisers Joseph II., der vor 250 Jahren einen Satz wie für mich verfasst hatte. Kein edleres Ziel allen geistigen Strebens kenne er als »die Vermeidung der Trostlosigkeit«. Tatsächlich gelang es mir am Sonntag, dem 15. Juli 2018, sowohl die Niederschrift der »Abenteuerlichen Reise« zu beenden als auch das sich auf acht Wochen erstreckende Kapitel meines Lebens, das den Titel »Mein zweiter Bandscheibenvorfall« trägt, zu schließen.

Die Zentralmatura scheint nahezu fehlerfrei verlaufen zu sein, abgesehen davon, dass sie selbst dieser Fehler ist. Eine Bildungsexpertin erklärt im *Standard* aufgeregt, dass leider etwas Entscheidendes an der Zentralmatura nicht verwirklicht worden wäre: Die Themen und Fragen seien zwar bereits für alle gleich, aber bewertet werden die Arbeiten immer noch von Lehrern mit ihren verschiedenen Maßstäben und Temperamenten. Daher fordert sie, natürlich um der Gerechtigkeit willen, dass die Benotung künftig Computer übernehmen. Zur Gerechtigkeit ist der Mensch, dieses fehlbare, von Natur aus zur Korruption neigende Wesen, bekanntlich nicht fähig, dazu braucht es, zumal in der geistigen und moralischen Aufzucht junger Menschen, schon die Gerechtigkeit unbestechlicher Maschinen. Die Schüler sollen nämlich mit dem für sie passenden Stempel auf der Stirn in ihre glückliche Zukunft als selbstbewusste und selbstkritische Menschen entlassen werden. So etwas verficht heute kein Irrer der digitalen Ära, der den Menschen die Verantwortung für ihre eigene Existenz entreißen möchte, weil er sie für verantwortungslose Kreaturen hält, sondern eine, ja, Bildungsexpertin.

Christine Nöstlinger ist gestorben. Wie unpathetisch sie vergangenes Jahr, als sie achtzig wurde und zu zahlreichen Interviews gebeten wurde, von der Traurigkeit ihres Alters zu sprechen wusste! Sie war nicht traurig, weil sie krank war, das Ende nahte und ihr mit achtzig vieles schwerer fiel als früher. Nein, sie war traurig, weil sie wusste, dass sie keine Siege ihrer Sache mehr erleben und längst gestorben sein würde, bis das Pendel, das jetzt so weit ins Asoziale ausschlug, wieder zurückschwingen werde. Ich erinnere mich, was für eine wehe Zuneigung mich ergriff, als ich sie im Radio mit abgeklärter Empörung sprechen hörte – von der Verschlechterung Österreichs, die sie über das eigene Schicksal, den nahen Tod hinaus so traurig machte.

Wem die Welt, wie sie ist, nicht schlecht genug erscheint, der muss seinen Kampf um ihre Verschlechterung auch sprachlich führen und trachten, Worten ihre humane Bedeutung zu nehmen. »Wir wollen denen Hilfe geben, die sie verdienen«, spricht der Kanzler naseweis. Hilfe hat man bisher dem gegeben, der sie benötigt, nun aber gebührt sie jenen, die sie sich verdienen. Warum? Damit der Sozialstaat endlich gerechter werde und jene ausstoße, die seiner bedürfen.

Das Adjektiv ist eine faszinierende Wortart, die einzige, die Steigerungsstufen kennt, den Komparativ und den Superlativ: Unter schnellen Läufern gibt es immer ein paar noch schnellere und einen, der am schnellsten ist. Bei manchen Adjektiven landet man, indem man sie zum Komparativ steigert, jedoch nicht bei einem Mehr, sondern bei einem Weniger. Ein alter Mensch ist, nun ja, alt. Ein älterer hingegen, der sprachlogisch mehr Jahre am Buckel haben müsste als einer, der bloß alt ist, ist hingegen weniger alt als dieser, nur eben nicht mehr jung. Oder ehrlich. Ehrlicher als ehrlich kann man nicht sein, wie sollte das gehen, und als ein österreichischer Bischof forderte, wir alle mögen doch ehrlicher zueinander sein, hat er in Wahrheit nur verlangt, dass wir einander nicht mehr gar so häufig belügen sollen.

Und erst gerecht! Wer gerechter sein möchte als gerecht, ist höchstens selbstgerecht. Wird der Komparativ sprachpolitisch eingesetzt, damit die Dinge gerechter als bloß gerecht werden, verhält es sich meist geradeso wie bei der Steigerung von alt zu älter. Das zuzugeben, wäre am ehrlichsten.

Einige Zeit lang habe ich nur kleine, dann etwas größere Runden durch die Gegend gezogen, jetzt ist mein Rücken so stabil, dass ich auf Kaffeehausstühlen sitzen kann. Gestern, beim ersten Besuch im Café, nahm ein Mann meines Alters neben mir Platz, der mich mit dem kurzbehost Aufdringlichen seines Wesens gleich gegen sich einnahm. Die schwitzende Gemütlichkeit selbst, zwirbelte er an einer körnigen Verhärtung seines Oberschenkels, die er unter der nicht ganz knielangen, zur leichteren Befingerung etwas heraufgeschobenen Hose erspürt hatte. So mit sich beschäftigt, unterhielt er sich mit der Kellnerin, die höfliche Miene machen musste: der verschwitzte Radfahrer im Dress des Olympioniken, der nicht an der Sportlertränke, sondern im Café Labung suchte, und die Kellnerin, die in der großen Hitze dazu verpflichtet war, Kleidung zu tragen, mit der sie auch abends als Besucherin der Festspiele nicht als nachlässig auffallen würde. Verdrossen trottete ich nach Hause und fragte mich, ob dem Schmerz, der hinter mir lag, womöglich der Triumph blieb, den Misanthropen in mir geweckt zu haben? Nein, da konnte ich mich beruhigen, es gibt sie, die Feinde der Zivilisation, über die Gutes zu sagen zu lügen hieße.

Ein Trendforscher redet sich im Radio in Begeisterung darüber, dass die Amerikaner viel flexibler als die lahmen Europäer wären. Er nennt den Vorstandsvorsitzenden eines Weltkonzerns, der in Iowa geboren wurde, in Massachusetts studierte, in Seattle seinen ersten Job hatte und alle drei, vier Jahre innerhalb derselben Firma den Bundesstaat wechselte, bis er ganz oben angekommen war. Anstatt auf einen geglückten Lebenslauf hat er es auf eine erfolgreiche Firmenkarriere gebracht. Und darin sollen wir ihm gefälligst nacheifern, die wir so europäisch reaktionär sind, mitunter dort zu bleiben, wo wir es schön, vertraut, angenehm finden und an der Mobilität nur die freiwillige schätzen, die die seltenere Form davon ist. Denn mobil mussten immer die Untertanen sein, die von da nach dort abkommandiert wurden und keine Heimat haben durften. Wer die Mobilität rühmt und sie den Menschen als Bereitschaft verordnet, nicht schlapp an ihren Gewohnheiten zu hängen, sondern sich jederzeit auf die Beine zu machen, soll auch über die sprechen, die wahrlich mobil sind, mobil sein müssen wie niemand anderer, die Flüchtlinge.

Flüchtlinge aufzunehmen genügt uns nicht, nein, wir fordern von uns, was sie nie verlangt haben würden, nämlich dass sie uns willkommen seien. Da sich seit einem halben Jahrhundert die Kultur nach und nach alles Leben einverleibt, wird auch daraus eine eigene, die Willkommenskultur. Einfach nur völlern oder fasten, das kann jeder, erst Dank der Kultur des Genusses und der Kultur des Verzichts wird was Edles draus. Die Kultur des Streits und die Kultur der Versöhnung, an beidem mangelt es uns, mit der Kultur des Alterns steht es wie mit der Kultur des Bauens, so lala, die Kultur des Ermöglichens kämpft mit der Kultur des Verhinderns, wie die Kultur des Geldes mit der Kultur des Teilens, die Kultur der Korruption mit der Kultur der Transparenz. Hoch geachtet werde die Kultur der Veränderung, gleich was sich verändere und warum es verändert werde, wie ich auch von der Kultur des Wandels und der des Sterbens, der Kultur des Gesprächs und des Schweigens nichts Schlechtes sagen werde. Nur eines stört mich bei der umfassenden Kulturalisierung: Ich wollte immer ein Hinseher, kein Wegschauer sein, aber seitdem ich zum ersten Mal von der Kultur des Hinsehens gelesen habe, freut es mich nicht mehr.

Die Kultur des Willkommens trieb prächtige und seltsame Blüten, schweren Schaden fügte ihr nachhaltig die simple Tatsache zu, dass Flüchtlinge reale Menschen, keine kulturellen Phantasmen sind und daher unter ihnen der edle Flüchtling nur geradeso häufig auftritt wie sonst in allen Sphären der Gesellschaft der edelmütige Mensch. Und gar erst, als wir dahinterkamen, dass sich unter den Flüchtlingen auch viele befinden, die unsere Lebensweise nicht rundweg für erstrebenswert halten, sondern an ihrer angestammten Kultur – selbst wenn diese ihre Länder keineswegs davor bewahrte, in Kriegen zu versinken und Millionen in die Flucht zu zwingen – auch in unserer Welt festhalten wollen. Dann kam die entsetzliche Serie entsetzlicher Anschläge von Paris über Kopenhagen, Brüssel, Nizza, Berlin bis nach Manchester oder London. Und die Erkenntnis, dass sich in den wandernden Scharen der Flüchtlinge auch Verbrecher verbargen, die ihren Heiligen Krieg nach Europa tragen wollten. Und dann war es nicht mehr weit, dass für viele die Asylwerber und die Terroristen in eins verschmolzen.

Rasch ist aus der Gruppe, der das größte Mitgefühl galt, jene geworden, die am meisten verhasst ist, die Gruppe der »unbegleiteten minderjährigen Flüchtlinge«. Was mit der schlichten Tatsache zu tun hat, dass aus diesen Kindern Jugendliche wurden, die gerade dabei sind, Männer zu werden. An bestimmten Plätzen der Städte treffen sie einander, diese Burschen, die meist nicht mehr tun, als zusammenzustehen, zu rauchen, zu warten, die Zeit totzuschlagen. Die Einheimischen sehen sie, wenn sie auf dem Weg zur Arbeit sind, und sie sehen sie wieder, wenn sie von der Arbeit nach Hause gehen, weil sie immer noch dastehen, rauchen, mit dem Handy spielen, zumal sie viel mehr auch nicht dürfen, arbeiten zum Beispiel.

Womit sie, die manchmal einen anmaßenden Eindruck machen und wohl auch machen wollen, heute zu rechnen haben, das ist der völlige Mangel an Empathie, mit dem man ihnen begegnet; mit der mangelnden Fähigkeit, sich ihr Leben, ihren Weg bis zu uns vorzustellen, nein, der mangelnden Bereitschaft, sich ihn überhaupt vorstellen zu wollen. Kinder, die mit elf Jahren von ihren Familien auf einen Tausende Kilometer weiten Weg geschickt wurden und mit vierzehn bei uns ankamen, gelten als Sendboten des Unheils, von denen es niemanden mehr zu interessieren braucht, was sie, unterwegs durch viele Länder, beständig Gefahr und Gewalt, Ausbeutung und Missbrauch ausgesetzt, erlebt hatten, was ihnen zugstoßen ist, in welcher seelischen Verfassung sie hier angekommen sind und welche Fähigkeiten, etwa zum Mitgefühl oder zur Rücksichtnahme, in ihnen verkümmert sein mögen.

Meine Tochter hat als juristischer Beistand ausgerechnet mit dieser Gruppe zu tun, die auf der Flucht die gefährdetste war und allenthalben für die gefährlichste gilt. Sie berichtet sowohl von staunenswert stabilen Jugendlichen, die ihren Weg rasch machen würden, wenn man sie ließe oder gar förderte; als auch von seelisch verwundeten und unberechenbar gewordenen, die sich zu ihrem Unglück überdies in der Pubertät befinden, also begierig und bedürftig nach Anerkennung sind, die sie nirgendwo finden, und die wie alle Pubertierenden zwischen Hochmut und Zerknirschtheit, Phantasien der Allmacht und Gefühlen der Minderwertigkeit schwanken, bald sich selbst hassen, bald die ganze Welt. Und sehnlich mit den auftrumpfenden Gesten der Abwehr das erreichen wollen, was alle Pubertierenden wünschen: den Gleichaltrigen zu gefallen, von ihnen geachtet, bewundert, begehrt zu werden, gerade von den Gleichaltrigen, die hier aufgewachsen sind und sich unbefangen im öffentlichen Raum bewegen, in dem sie selbst nur als Ärgernis, gar als Bedrohung wahrgenommen werden.

Vergangenes Wochenende, Einladung zu einem europäischen Abendmahl. Anwesend zwölf Gäste, alle in sozialen oder sogenannten kreativen Berufen tätig. Gespeist wird vorzüglich, getrunken rege, die letzten Raucherinnen beziehen Stellung am Balkon. Hauptthema: die Flüchtlinge, nein, Österreich und wie die Regierung mitten in der verheerenden Klimaerwärmung soziale Kälteschocks durchs Land jagt, Europa und wie es in der Flüchtlingskrise versagt.

Stimmt alles, hörte ich plötzlich einen sagen, von dem es mich überraschte, wie verdruckst er zu schwadronieren begann. Stimmt alles, aber wie ist es eigentlich dazu gekommen, dass die Europäer selbst es immer für ihr Versäumnis und Verbrechen, ihre Barbarei und Gleichgültigkeit halten, wenn Menschen aus Afrika, dem Nahen Osten, Asien heimatlos, staatenlos werden? Die Millionen, die im Irak, in Libyen, in Syrien keine Lebensaussicht mehr sehen, die verfolgt werden, sich irgendwohin retten möchten: Waren es die Europäer, die ihre Länder zerstört haben? Natürlich, die Kolonialzeit! Stimmt ja. Ginge es nach dem Verursacherprinzip, müssten heute trotzdem die USA Millionen ins Land lassen, aber die denken gar nicht daran und höhnen die dummen Europäer, weil sie es tun. Dabei war es ihr politisches und militärisches Abenteurertum, das die Staatenwelt im Nahen Osten zusammenkrachen ließ. Man darf Saddam Hussein und den anderen Despoten keine Träne nachweinen, aber es waren die amerikanischen Invasionen, die aus grausamen regionalen Konflikten einen Flächenbrand gemacht haben, der Hunderttausenden das Leben kostete und Abermillionen zu flüchten zwang.

Oder die islamischen Staaten, was machen sie? Nein, nicht der Libanon oder Jordanien, in denen Millionen Zuflucht fanden. Aber hätten, beispielsweise, die Herrscher und die wohlversorgten Bürger der Vereinigten Arabischen Emirate je einen Gedanken darauf verschwendet, dass womöglich auch sie dafür zuständig sein könnten, ein paar Zehntausend ihrer unglücklichen Nachbarn aufzunehmen? Nein, auf eine so abstruse Idee sind weder sie noch die Europäer gekommen, schließlich benötigen die Emire der Golfstaaten ihr Geld, um weltweit die populärsten Fußballclubs zusammenzukaufen. Und wer wäre auch so einfältig, Flüchtlinge aus islamischen Staaten ausgerechnet den reichen islamischen Staaten zuzumuten! Großzügig hat Saudi-Arabien angeboten, hunderttausend Zelte zu liefern, in denen Flüchtlinge untergebracht werden können – in Europa. Das schamlose Angebot machten die Saudis in der Überzeugung, dass es aus irgendeinem Grund niemals ihre, sondern die Pflicht der verachteten Europäer wäre, arabische Flüchtlinge aufzunehmen, und zwar gefälligst mit jener religiösen Toleranz und jenem kulturellen Respekt, die in ihrem Land für nichts gelten.

Dass der Kübel des Unmuts rhetorisch so schwungvoll ausgeleert wurde, irritierte die Gäste, von denen einige verhohlen zustimmten, wiewohl wir alle die Tirade für unangebracht, die Argumente für falsch, den Unmut für erschreckend hielten, auch ich, der ich mich fragte, was mir jetzt wieder eingefallen war, so aufzubrausen.

Als Österreich die Ratspräsidentschaft der Europäischen Union übernahm, stellte die Marketingabteilung des Kanzlers diese unter das Motto »Europa schützt«. Schön, aber wovor? Vor der Verarmung? Vor der Klimaerwärmung? Vor der Vermüllung der Erde, der Plastifizierung der Weltmeere? Vor dem Notstand, der in der Versorgung der alten und kranken Menschen in den allermeisten Ländern der Union bereits eingetreten ist? Vor den autoritären Versuchern, die keine schlechte Nachricht über den sozialen Verfall in ihren Ländern dulden und daher die Pressefreiheit einschränken, den Rechtsstaat abbauen, die Überwachung perfektionieren? Vor der Herrschaft globaler Konzerne, die sich einzelne Staaten als Steueroasen halten und sich daranmachen, die Welt als Wirtschaftsunternehmen zu führen? Vor dem großen Sprung zurück, hinter Standards der Zivilisation, von denen wir, schuldhaft naiv, geglaubt hatten, sie wären für ewige Zeiten gesichert und niemand würde es wagen, sie je wieder in Frage zu stellen? Nein, gemeint war natürlich etwas anderes und nicht so vieles, nur eines: Vor nichts wird Europa euch schützen außer vor den Flüchtlingen!

Was trinkt man? Der italienische Innenminister Salvini verbietet sich Kritik des Kommissionspräsidenten der EU: »Ich rede nur mit Leuten, die nüchtern sind.«

Was hätte Juncker antworten sollen? »Ich rede nicht mit Leuten, die statt Wein Blut saufen möchten.«

Unglaublich, was für Barbaren sich in Italien Amt und Macht angeeignet haben! Der letzte italienische Politiker mit tadellosen bürgerlichen Manieren war ein Kommunist. Im Quirinalspalast und im Parlament trug der einstige Partisan Giorgio Napolitano stets Anzug und Krawatte, er beherrschte noch die Kunst zu lächeln, ohne zu feixen, freundlich zu sein, ohne dem Nächsten auf die Schulter zu dreschen, unfreundlich zu sein, ohne vor Geifer zu spucken.

Schaut euch hingegen diesen Salvini an – gestern noch war er der Schreihals einer regionalistischen Bewegung, die den Wohlstand des Nordens nicht mit den armen Regionen im Süden des eigenen Landes teilen wollte, heute ist er Nationalist, der das heilige Italien selbst gegen die ganze Welt retten möchte, gegen die unverschämten Europäer der Union, gegen die bloßfüßigen Afrikaner, gegen die Reichen und die Armen, vor allem aber gegen die inneren Feinde der Nation. Am liebsten politisiert er, wie es auf zahllosen Fotos festgehalten ist, in Badehose mit nacktem Oberkörper, wobei man bereits auf den flüchtigen Blick merkt, dass er nur halb so viel männlichen Eros wie Putin besitzt, der mitunter für Fotografen halbnackt, aber hoch zu Ross paradiert, mit seinem steinharten Brustkorb eine Art von wanderndem Reiterdenkmal seiner selbst.

Kaum war er Innenminister geworden, verlangte Matteo Salvini, dass die in Italien lebenden Roma gezählt, bürokratisch erfasst und gegebenenfalls außer Landes geschafft werden müssten. Seine Ankündigung rief Widerspruch in der italienischen Öffentlichkeit hervor, wobei es mit Manfred Schullian ein Südtiroler Parlamentarier der konservativen SVP war, der es aussprach, dass nämlich die Zählung einer Minderheit von einem »moralischen, historischen und politischen Standpunkt unannehmbar und außerdem verfassungswidrig« sei. Die europäische Kritik hingegen war verhalten, die Union schien mit Wichtigerem befasst, als gegen Pläne aufzutreten, die den Pesthauch von faschistischen Sondergesetzen verströmen.

Und der österreichische Bundeskanzler hatte ohnedies schon vor längerem erklärt: »Wer auf Salvini oder Orbán hinunterschaut, der zerstört die Europäische Union.« Niemand schaut zwar auf die beiden hinunter, sondern viele blicken besorgt, entsetzt oder empört auf sie. Was Kurz prägnant formulierte, zeugt von der grundsätzlichen Verkehrung der Werte und Worte in ihr Gegenteil, sind es für ihn doch nicht mehr die brachialen Chauvinisten und auch nicht die Verfechter der »illiberalen Demokratie«, die Europa zerstören, sondern jene, die vor Rassismus und autoritärem Staatsumbau warnen. Die Rasanz, mit der die österreichische Regierung auch sprachpolitisch neue Fakten schafft, nein, die Fakten neu zusammensetzt, ist atemberaubend.

Vom Dreinhauen. Die schlechte Nachricht lautet: Die autoritären Haudegen schmieden Bündnisse, um mit aggressiven Parolen nicht immer bloß zu renommieren, sondern eine Art von Internationaler der vereinigten Chauvinisten zu schaffen. Die gute Nachricht: Sie sind auf Dauer zur Zusammenarbeit nicht fähig und zerkrachen sich eher früher als später. Erstens weil sie ihre Erfolge gerade der Tatsache verdanken, dass sie jedweden Kompromiss verweigern, selbst jenen, der sinnvoll ist, sondern den Wählern als kompromisslose Dreinhauer imponieren wollen. Und zweitens weil früher oder später die nationalistischen Interessen des einen mit denen des anderen kollidieren. Sieht man, wie Kickl und Salvini, der österreichische und der italienische Innenminister, einander am Rande internationaler Konferenzen feixend umarmen und darin wetteifern, zivilisatorische Normen als Zwangsvorstellung lächerlicher Gutmenschen abzutun, könnte einem bange werden. Gleichwohl kann die italienisch-österreichische Achse der Böswilligkeit keinen Bestand haben. Man denke nur an Südtirol!

Das herrliche Land war über Jahrhunderte Teil der habsburgischen Monarchie und nach dem Ersten Weltkrieg an Italien gefallen, in dem die Faschisten bald mit stupidem Nationalismus die deutschsprachige Bevölkerung drangsalierten und zu italienisieren versuchten. Heute verfügen die Südtiroler freilich über eine schwer erkämpfte Autonomie, die so weit reicht und so gut abgesichert ist wie keine zweite in Europa. Südtirol könnte daher Vorbild sein für andere europäische Regionen, in denen zwischen Volks- und Sprachgruppen sowie Regional- und Zentralregierungen immer wieder Konflikte aufbrechen, die in der Regel keinem der darin Verstrickten nützen.

Als ein paar Abgeordnete zum Südtiroler Landtag die

schlechte Idee hatten, die Republik Österreich möge es den Südtirolern ermöglichen, zu ihrer italienischen als zweite Staatsbürgerschaft die österreichische zu erwerben, war der Wirbel groß. In Italien empörten sich die Chauvinisten gegen den vorgeblichen Anschlag auf die italienische Nation; ihre Empörung war verlogen, denn Italien selbst hat Tausenden von sogenannten ethnischen Italienern und deren Nachfahren in Slowenien wie in Kroatien die italienische Staatsbürgerschaft verliehen. Aber auch die Begeisterung, mit der die österreichische Regierung das Anliegen aufgriff, war befremdlich. Man stelle sich nur vor, was geschähe, wenn die Republik Slowenien eine Delegation nach Klagenfurt schickte, damit diese den Kärntner Slowenen in ihrem Kampf um eine doppelte, slowenisch-österreichische Staatsbürgerschaft beistehe! Ein Sturm der Entrüstung würde durch unser Land fegen.

Mein liebster Südtiroler ist gestorben, er wurde fast neunzig Jahre alt. Er starb, wie es zu seinem Leben passte, denn nichts liebte er mehr als die Musik und die bildende Kunst, und als er sein Haus zum letzten Mal verließ, auf der Treppe strauchelte, die Stiege hinunterstürzte und sich so schwer verletzte, dass er anderntags tot war, wollte er sich gerade auf den Weg zur Vernissage einer Ausstellung mit neuen Bildern Hermann Kremsmayers begeben.

Er hatte nur elf Jahre in Südtirol gelebt, in Meran, wo seine Eltern ein Hotel besaßen, dann übersiedelte die ganze Familie, vor die Zwangsalternative der sogenannten »Option« gestellt, nach Salzburg. Nur ein einziges Mal ist er nach Südtirol zurückgekehrt, um seiner Frau, den Töchtern und Enkelkindern das Haus zu zeigen, in dem er aufgewachsen war. Aber jedes Jahr machte er sich mit seiner Frau, mit der er

67 Jahre verheiratet war, auf nach Italien, einmal, zweimal, so oft es Zeit und Geld nur zuließen, nach Padua, Florenz, in die Marken, und am liebsten nach Rom und Sizilien. Die beiden standen noch im Alter von achtzig Jahren, wenn sie für ein bestimmtes Konzert keine Karten für Sitzplätze erhielten, auf den Stehplätzen des Salzburger Festspielhauses, was ich ein wenig übertrieben fand. Wie ich auch zu bequem dafür gewesen wäre, auf der Heimfahrt von einer italienischen Reise einen Umweg von 140 Kilometern zu machen, nur um nach dreißig Jahren noch einmal ein einziges Gemälde von Mantegna anzuschauen. Sie aber berichteten davon mit einer Begeisterung, der ein wenig Trauer beigemengt war, weil sich eine dritte Besichtigung »wahrscheinlich nicht mehr ausgehen« werde.

Mein Lieblingssüdtiroler war ein wenig größer, aber schlanker als ich, sodass mir seine Sakkos und Mäntel wie angegossen passten. Wenn er sich in hohem Alter ein Sakko aus feinem Tweed kaufte, entschuldigte er das manchmal damit, dass ich es nach seinem Tod ja weitertragen würde. Und so ist es gekommen, dass ich jetzt zwei lässige Sakkos und einen eleganten schwarzen Wintermantel von meinem Schwiegervater übernommen habe.

Das gute Italien (1). Vor zwanzig Jahren kam ich in Süditalien durch Dörfer, die halb verlassen lagen und ganz verödet wirkten. Hierher hatte es immer schon Flüchtlinge verschlagen, im 15. Jahrhundert etwa jene Albaner, die Arbëreshe hießen und, nachdem die Osmanen ihr Land erobert hatten, in einigen Wellen von organisierter Flucht übers Meer an die italienische Küste gelangten. Die Gebiete Kalabriens waren damals entvölkert, weil die Pest, kaum dass sie besiegt schien, mehrfach zurückgekehrt war.

Die Albaner, die von ihren Schiffen sprangen, wurden von den Einheimischen, die ihre Felder und Dörfer alleine nicht hätten bewirtschaften und halten können, jubelnd begrüßt, sie blieben Albaner und wurden Italiener, Garibaldi selbst hat ausdrücklich die Tapferkeit seiner albanischen Soldaten gerühmt, die so zahlreich am patriotischen Krieg für die Einheit Italiens teilnahmen.

Ich kann mich nicht erinnern, damals durch einen Ort namens Riace gekommen zu sein, von der Route her, die Kurt Kaindl und ich durchs Land nahmen, wäre es aber möglich gewesen. In Riace haben die Leute, angeleitet von ihrem gewitzten und standfesten Bürgermeister, ein soziales Experiment gewagt. Mimmo Lucano hatte die Augen aufgemacht und etwas Merkwürdiges gesehen: Hier war sein Ort, den die Hälfte der Bevölkerung verlassen hatte, um in den Norden, in die Industriezonen zu ziehen. Die Häuser der Arbeitsmigranten im eigenen Land verfielen, Schulen wurden geschlossen, Gastwirte gaben auf, Plätze verödeten, das Leben in der Gemeinde war dabei, zu ersterben. Und dort gab es die Hungerleider, die in Lampedusa an Land gegangen waren, nirgendwo sesshaft zu werden vermochten, keine reguläre Anstellung fanden, in der Illegalität der Metropolen untertauchten. War es daher nicht vernünftig, Flüchtlinge einzuladen, es in und mit Riace zu versuchen? Wie vor Hunderten Jahren die Albaner wurden auch diese Neuankömmlinge von den Einheimischen sogleich aufgenommen, denn mit ihnen konnte es vielleicht gelingen, den sterbenden Ort wieder zum Leben zu erwecken. Alte Handwerksbetriebe fanden neue Arbeiter, es gab auf einmal genügend Kinder, die zur Schule gingen, die Cafés sperrten wieder auf, und schon gab es junge Leute, die nicht in die Ferne zogen, ziehen mussten, sondern sich ihre Zukunft zuhause, hier im Süden Italiens, vorstellen konnten.

Das Experiment von Riace geriet so erfolgreich, dass es für die Chauvinisten, die nicht in Riace lebten, aber darüber bestimmen wollten, wie es in Riace zugehe, langsam gefährlich wurde. Dass Afrikaner als Abwäscher, ungelernte Arbeiter, Erntehelfer ohne Arbeitsverträge schufteten, war in Italien seit langem der nützliche Brauch, aber in Riace erfrechten sich die Zuzügler und die Einheimischen, gegen das faschistische Reinheitsgebot des Bluts zu verstoßen, indem sie begannen, gemeinsame Kinder in die Welt zu setzen. Jetzt verkündet Salvini triumphierend, dass der Bürgermeister hinter Schloss und Riegel sitze. Warum? Weil er illegalen Migranten zu legalen Beschäftigungen verholfen hat und in seiner Gemeinde die Integration so hervorragend gelungen ist, dass sie ein schlechtes Beispiel abzugeben drohte.

Das gute Italien (2). Nördlich von Cosenza befindet sich in idyllischer Landschaft eine alte kalabrische Gemeinde, in der zur Zeit des Faschismus das größte Internierungslager Italiens errichtet wurde. Zwischen 1940 und 1943 waren im Lager »Ferramonti di Tarsia« mehr als zweitausend Menschen inhaftiert, die meisten von ihnen Juden verschiedener Nationalität, die irgendwo auf ihrer Flucht durch Europa von italienischen Truppen aufgegriffen wurden, die anderen antifaschistische Italiener, politische Oppositionelle. Das Lager wurde unterhalb von Tarsia errichtet, das mit verwinkelten Gassen einen Hügel hinaufgebaut ist, im Tal des Flusses Crati, das zu jener Zeit noch malariaverseucht war. Viele Gefangene starben an Sumpffieber, die meisten aber überlebten. Sie überlebten dank der Hilfe der Einwohner von Tarsia, die die Gefangenen mit Nahrung und Medikamenten versorgten und ihre Kinder zum Unterricht in die Schule der Gemeinde holten. Und die die Toten des Lagers auf dem Friedhof des

Ortes bestatteten und ihnen Grabstellen inmitten der Reihen von Gräbern der Einheimischen widmeten, sodass dort katholische Dörfler neben Juden von irgendwo aus Europa begraben liegen. Dass sich ihre Vorfahren in finsterer Zeit als Menschen bewährten, darauf sind die heutigen Bewohner von Tarsia zu Recht stolz.

Nun aber haben sie sich etwas Neues einfallen lassen, weil sie nicht im Stolz auf den Mut und die Solidarität von gestern blind für das Elend von heute sein wollten. Rund zwanzigtausend Flüchtlinge sind in den letzten Jahren im Mittelmeer ertrunken, viele hat das Meer nie mehr freigegeben, die Leichen von anderen wurden an die Küsten Italiens gespült. Tausende von ihnen konnten nicht identifiziert werden, weil ihre Leichen ohne korrekte bürokratische Dokumente aufgefunden wurden. Seit Jahren versucht das Institut für Rechtsmedizin in Mailand, den Toten durch Entnahme und Vergleich ihrer DNA, durch die Dokumentation von Fotografien und persönlichen Gegenständen, anhand der Suchmeldungen von Verwandten ihre Persönlichkeit zurückzugeben, ihre Herkunft, Namen, Fluchtgeschichte zu erforschen. Gleichwohl liegen Tausende Namenloser in süditalienischen Küstenstädten in anonymen Gräbern.

Der pensionierte Berufsschullehrer Franco Corbelli und der junge Bürgermeister Roberto Ameruso mochten sich damit nicht abfinden und dachten, Tarsia wäre der geeignete Ort für einen großen Friedhof, auf dem all die Ertrunkenen bestattet werden sollten. Damit deren Verwandte einen zentralen Ort des Gedenkens haben. Damit hier in Tarsia weitergeforscht werde, bis alle, denen der Traum von Europa den Tod brachte, einen Namen auf ihrem Grab stehen haben, die Lebensdaten, den Ort ihrer Geburt.

Während in den wohlhabenden Ländern immer mehr

Gruppen fordern, in ihrer einzigartigen Identität nicht nur anerkannt, sondern bis hin zum eigenen Friedhof auch bestätigt zu werden, also die überfällige Inklusion sogleich neue Abgrenzung, identitäre Abschottung hervorbringt, gehen die Leute von Tarsia es anders an: Sie wissen nicht, ob die Toten aus Nigeria oder Gambia stammten, aus Somalia oder Eritrea, aus dem Irak oder Syrien, Pakistan oder Afghanistan, sie wissen nicht, ob sie Muslime, Christen, Jesiden, Mandäer, Zoroastrier oder Atheisten waren, aber sie wollen sie auf einem gemeinsamen Friedhof bestatten. Zusammen mit ihren eigenen Toten.

Das gute Italien (3). Auf einmal hat es einem weiteren Bürgermeister gereicht, dem von Luzzara, einer Kleinstadt in der Emilia-Romagna. In ihr hat der Sindaco Andrea Costa ein Boshaftigkeitsverbot erlassen. Die Sprache der Öffentlichkeit und der sozialen Medien, so der angewiderte Mann, habe sich dermaßen barbarisiert, dass selbst jene, die das beklagen, sich der Verrohung oft nicht mehr zu entziehen wissen. Costa zeigte dabei nicht denunziatorisch auf andere, sondern irritiert auf sich selbst, und grübelte darüber, was mit ihm geschehen sei, dass ausgerechnet er unlängst einen politischen Gegner gleich zum gefährlichen Idioten stempelte. Freilich, eine Verordnung, die der Gehässigkeit, dem Hass und Hohn im kommunalen Raum sprachpolizeilich beikommen möchte – klingt das nicht gefährlich danach, dass hier jemand von seiner kleinen Republik der Tugend träumt?

Doch Andrea Costa schwebt kein Zwangssystem des Guten, sondern ein kultureller Feldzug vor. Als Sanktion von Reden im Gemeinderat, die ordinär, von Kommentaren im Internet, die denunziatorisch gerieten, empfiehlt er, dass der sprachliche Wüterich ins nahe Padua geschickt werde, um dort in Giottos Kapelle das Wunder der Schönheit zu erfahren und zur ruhigen Betrachtung der Dinge zurückzufinden. Gegen rassistisch imprägnierte Tiraden sieht er die Lektüre von Büchern wie »Ist das ein Mensch?« von Primo Levi vor.

Die Freude an der verächtlichen Rede bestimmt den Streit im digitalen Raum, aber was wir dort als Gefahr erkannt haben, ist in die analoge Welt zurückgeschwappt. Dass es überfällig ist, die öffentliche Rede zu zivilisieren, ist so klar, dass es längst in zahllosen öffentlichen Reden verlangt wird. Im Internet wiederum pflegen Hetzer neuerdings Hetzer empört der Hetze zu bezichtigen, was noch nicht bedeutet, dass sie damit einen Prozess der Selbstreinigung anstoßen wollten. Mittlerweile herrscht ziemliches Gedränge von Saubermännern, die selber sprachlichen Schmutz verbreiten, und von rhetorischen Hooligans, die gekränkt beklagen, dass sie böswillig nur immer missverstanden und in ein falsches Licht gerückt werden. Wie ja heute immer mehr Leute versessen darauf sind, einen dauerhaften Status der Gekränktheit zu erlangen, weil dieser es ihnen erlaubt zu toben, wann und gegen wen immer sie sich dazu getrieben fühlen.

Ak'abal ist gestorben, nur 66 Jahre alt, sein Großvater war Maya-Priester, seine Mutter Analphabetin, er selbst ein großer Dichter, der von seinen indigenen Landsleuten verehrt wurde. Sie kamen von weither, um ihn seine Gedichte vortragen, rezitieren, singen zu hören. In Chiapas las er einmal zu Allerheiligen vor vielen Hundert Menschen auf dem Friedhof, seine Landsleute schoben die Grabdeckel zur Seite, dass ihre Toten mithören konnten, was ihnen ihr Dichter zu sagen, zu weisen hatte. Sie verehrten ihn, wollten sogar einen Berg nach ihm benennen, das hat viele der guatemaltekischen Autoren empört, die die Sprache, in der er dichtete, das Maya-Kiché, für das rückständige Kauderwelsch rückständiger Menschen hielten. Im Haus des Großvaters hatte Ak'abal als Kind in einem Winkel des Dachbodens alte Zeitungen, Kalender, Bücher entdeckt und sie in spanischer Sprache zu lesen gelernt, sie waren versteckt worden, weil der Großvater fürchtete, dass die Buchstaben jene verhexen könnten, die sie entzifferten. Ak'abal hatte sich die spanische Sprache angeeignet, sein erster Gedichtband konnte nur in spanischer Übersetzung erscheinen. Danach aber veröffentlichte er seine Bücher auf Kiché und erst später in spanischer Übersetzung, und von dieser aus gingen sie in die Welt.

Den Nobelpreis hat er nicht bekommen, doch die Schriftsteller, Gelehrten, Kulturpolitiker, die ihn jahrzehntelang wie Aussatz behandelt hatten, zollten der weltweiten Resonanz Ak'abals schließlich Tribut und gedachten, ihn mit dem nach dem bedeutendsten guatemaltekischen Autor, dem Nobelpreisträger Miguel Ángel Asturias, benannten Staatspreis auszuzeichnen und so ehrenhalber zu einem der Ihren zu erklären. Er aber wollte nicht, denn Asturias war zwar ein grandioser Autor, aber auch ein Rassist, der den Indigenen und ihrer Kultur mit gewohnheitsmäßiger Geringschätzung, bestenfalls mit wohlwollendem Paternalismus begegnete. In jener Zeit, als er die höchste Auszeichnung seines Landes ablehnte – was fällt dem Indio eigentlich ein? – gastierte Ak'abal in Salzburg. Am Vormittag nach der Lesung im Literaturhaus hat er mich besucht, und auf seinen ungleich langen Beinen, die ihn nur schlenkernd gehen ließen, ist er die steile Büchertreppe hinauf- und hinuntergewieselt, weil er, das Kind der Analphabetin, noch immer nicht anders konnte, als Bücher, selbst in Sprachen, die er nicht verstand, staunend zu betrachten und sie lächelnd in seinen Händen zu wiegen.

Die Schüler streiken, und alle Lehrer sind begeistert. Keinen traf ich, der geklagt hätte, dass die Schüler beim Erlernen des Lehrstoffes heillos in Rückstand geraten würden, wenn sie freitags, statt in die Schule zu gehen, durch die Straßen zögen, um im Grunde gegen die Generation ihrer Eltern und Lehrer, gegen deren für die Gattung lebensgefährliche Lebensweise aufzutreten. Im Gegenteil, die Lehrkräfte scheinen erleichtert, geradezu glücklich zu sein, dass die Rettung der Welt nicht mehr in ihren, in den Händen der Erwachsenen liegt, sondern dass sie diese Aufgabe, an der sie selber gescheitert sind, den Kindern übertragen konnten. Die Kinder nehmen den Untergang, von dem sie alle Tage in den Medien und auch im Schulunterricht erfahren haben, nicht als theoretisches Problem, über das man gepflegt diskutieren könnte, sondern konkret: als Bedrohung ihrer eigenen Zukunft.

Vor einem halben Jahr trat dieses scheue und selbstbewusste Mädchen, auf den ersten wie den zehnten Blick eher ein Kind als eine junge Erwachsene, in Stockholm in den Schulstreik, und dieses Ereignis wurde gleich weltweit übertragen. Das beobachtete ich mit ablehnendem Vorbehalt.

Hier dieses Mädchen, das körperlich wie seelisch von erbarmenswerter Fragilität schien und bei seinen Auftritten fremdbestimmt, ferngesteuert wirkte; dort die mediale Maschine, die wie von selbst zu laufen begann, gleich Fahrt aufnahm und inzwischen wöchentlich die ganze Erdkugel umrundet, denn überall gehen die Schülerinnen auf die Straße, sogar dort, wo sie nicht mit spöttischem Wohlwollen, sondern Repressalien rechen müssen. Anfangs wirkte Greta Thunberg auf mich, als würde sie ein Programm abspulen, das andere für sie – und natürlich für sich selbst – geschrieben hatten, so mechanisch schien sie bei einem ihr offenbar vorgegebenen Konzept zu bleiben. Aber es erwies sich, dass das zerbrechliche Mädchen eine staunenswert robuste Konstitution besitzt und dass ihr Pathos nicht nur schlicht ist – so peinigend schlicht, dass ich manchmal kaum zuzuhören vermochte –, sondern sie ihre Sache kenntnisreich, klug, glaubwürdig und opferbereit zu vertreten weiß. In dieser kleinen, unerwachsen gebliebenen Frau sehen Millionen junger Menschen nicht so sehr ihr Popidol, das man als unerreichbar ferne Gestalt bewundern würde, sondern ihre verletzliche und zuverlässige Altersgefährtin, die berühmt geworden ist und mit ihrer schwachen, starken Stimme für sie alle spricht.

Verächtlich haben Kritiker »Fridays for Future« als Kinderkreuzzug abgetan, aber das ist falsch, denn Kreuzzüge sind militärische Unternehmungen, bei denen geplündert, geschändet, getötet wird. Eher handelt es sich um einen stetig wachsenden globalen Pilgerzug, der sich unter dem Zeichen der Apokalypse gesammelt hat. Niemals sieht man diese Pilger tanzen, sich umarmen, lustvoll skandieren, stets legen sie sich irgendwann auf den Boden, um sich tot zu stellen, sich als Tote zu präsentieren. Sie feiern nicht frech das Leben, das gute, freie, wie auch immer als schön entworfene Leben, ernst setzen sie in ihren Aufritten vielmehr auf die Dauerpräsenz des Todes, auf die Klimakatastrophe, die Apokalypse. Dieser politische Aktivismus hat etwas unfroh Bußpredigerhaftes, aber man soll die Jüngeren nicht dafür tadeln, dass ihnen angesichts des ökologischen Zustands, in dem wir ihnen die Welt übergeben, das Lachen vergangen ist. Greta, die vielleicht gar nicht lächeln kann, ist der merkwürdigste Medienstar, den man sich vorstellen kann, aber sie ist genau die richtige Identifikationsfigur für jene Millionen, die sich jeden Freitag auf die Straßen legen, weil sie alle Tage fürchten, der ökologische Kollaps stehe unmittelbar bevor. Es ist, als hätte sie ihre Krankheit dazu verdammt, die Angst aller am eigenen

Leib zu durchleiden, und gleichzeitig dazu befähigt, sich der Sache hingebungsvoller zu widmen als die Millionen Jugendlichen, die sich ja nicht immerzu ausschließlich mit dem Überleben der Menschheit beschäftigen können, sondern unter anderem auch damit, ein paar schöne Erfahrungen zu machen, für die man jung sein muss.

Digitale Planwirtschaft, leninistischer Kapitalismus. Die kommunistischen Parteien waren in die Theorie vernarrt, dass der wissenschaftliche Sozialismus die Zukunft planbar mache, in der Planwirtschaft die Vernunft zum Motor der Produktion werde und gesellschaftlicher Reichtum ohne Ausbeutung und Vergeudung erreichbar wäre. Der Kapitalismus war hingegen anarchisch, in seinem steten Drang nach Profit hat er die Dinge, frei von planender Vernunft, fortwährend umgestürzt, erneuert, vernichtet und ungeheuren Reichtum aus Ausbeutung und Vergeudung, Zerstörung und Innovation erschaffen.

Der Hypersuperultra-Kapitalismus hat merkwürdigerweise eine digitale Planwirtschaft zum Ziel. Alles wird berechnet, erhoben, vermessen, damit sich der Ablauf von Produzieren und Konsumieren beschleunigt, bis beides in eins fällt, nein, sich die Chronologie der Dinge verkehrt. Die Konsumenten haben das Angebot bestell- und lieferfertig bereits auf ihrem Smartphone, noch ehe sie wussten, dass sie nach genau diesem suchten; nein, gesucht haben würden, wenn sie nicht schon vorher von der Maschine, die ihre Wünsche kennt, gefunden worden wären. Von Verbrechern wird in der Ära der digitalen Planwirtschaft keine Gefahr mehr ausgehen: Sie werden allesamt bereits verhaftet, ehe sie die frevelhafte Tat hätten verüben können, nicht weil ihre Pläne verraten worden wären, sondern weil Ort, Zeit, Art des Verbrechens algorithmisch berechnet werden: Da kommt der Täter immer zu spät, weil er schon vorher als dieser ausgemacht ist.

Beschleunigung. Die neueste Regierungsidee heißt »Sicherungshaft«, von der die Bevölkerung beschwichtigend erfährt, dass sie nicht für sie ersonnen wurde, sondern speziell für kriminelle Migranten gedacht ist. Das ärgert den burgenländischen Landeshauptmann Doskozil, der nicht akzeptieren will, dass ihm, dem Sozialdemokraten, die rechte Regierung stets mit den besten Ideen zuvorkommt, und darum legt er beleidigt nach: Warum immer die Ausländer bevorzugen? Wir wollen Sicherungshaft für alle, Inländer wie Ausländer, die der Justiz unliebsam aufgefallen sind und gegen die der Verdacht besteht, dass sie ihr auch in Zukunft wieder unliebsam auffallen könnten. Österreich braucht eine Opposition, die sich jagen lässt, bis sie von der Regierung nicht mehr eingeholt werden kann.

Wir wollen den Faschismus! Aber nur ein bisserl, und eh nur gegen die Bösen.

Im Deutschlandfunk wird von den Karnevalsumzügen berichtet. Der Reporter ist hörbar angewidert, als er auf die Frage, ob es zu unliebsamen Zwischenfällen gekommen sei, wahrheitsgemäß berichten muss: »Natürlich hat es auch in diesem Jahr Unbelehrbare gegeben, die sich unbedingt als amerikanische Ureinwohner kostümieren mussten. Aber im Großen und Ganzen waren das unliebsame Einzelfälle in den langen Reihen der ausgelassenen Karnevalisten, die wissen, dass nicht mehr Vorurteile gefragt sind, sondern Phantasie. So war ein Mann zu sehen, der sich dem Umzug als Paket von Amazon angeschlossen hatte, und eine einfallsreiche Frau war gar als das Prinzip Hoffnung verkleidet.« Was für finstere Zeiten, als ich jedes Jahr als Indianer am Schulfasching teilnahm und glaubte, so den Indianern als edlen Menschen und mir selbst als ihrem österreichischen Nachfahr zu huldigen. Was für eine Anmaßung fremden Leids, und so was ausgerechnet von einem Knirps und noch dazu im Fasching!

Julio Llamazares, der sich als Erzähler dem verlassenen Spanien der nördlichen Provinzen widmet, hat einen Roman über einen frechen Volksheiligen verfasst. Genaro Blanco, der Trunkenbold von Léon, wurde 1929, als er sich frühmorgens nach einer durchzechten Nacht an der mittelalterlichen Stadtmauer erleichterte, vom Wagen der städtischen Müllabfuhr überfahren. Zehntausende ziehen seither an seinem Todestag durch die Straßen der Stadt im Nordosten Spaniens, ihr Umzug war einst als Parodie der katholischen Osterprozession angelegt, darum hatte General Franco den Kult um den Trinker verboten, der von den »Vier Evangelisten« – einem Dichter, einem Fußballschiedsrichter, einem Taxifahrer und einem verarmten Aristokraten – begründet worden war. Heute haben die Kleriker keine Angst mehr vor dem ketzerischen Charakter der weltlichen Prozession, sondern dass beim Spektakel mit seinem obligatorischen Massenbesäufnis wieder einige Hüter des Brauchtums ins Koma fallen.

Llamazares huldigt dem rebellischen Kern dieser Tradition. Er ist bekennender Agnostiker, aber ein anderes, ein herrliches Buch des Staunens hat er dem Wunderwerk der spanischen Kathedralen gewidmet. Als Skeptiker ist ihm der Glaube, dass in den Kathedralen Gott wohne, völlig fremd. Was er in diesen entdeckt, ist vielmehr die Gestaltungskraft von Menschen, die Gott preisen wollten und Träume aus Stein, Licht, Harmonie erschufen, Träume, die sie ohne den

Wunsch, ihren Gott zu preisen, nicht würden träumen haben können.

In Neuseeland hat ein Australier 51 Muslime mit der Begründung ermordet, die weiße Rasse in Europa werde von einer islamischen Invasion bedroht. In seinem wirren Manifest, das er vor dem Massaker ins Netz stellte, huldigt er europäischen Feldherren wie dem Österreicher Ernst Rüdiger von Starhemberg, die den Vormarsch der Osmanen im 17. Jahrhundert zurückschlugen, und zitiert Kriegslieder serbischer Freischärler, die vor zwanzig Jahren aufbrachen, um bosnische Dörfer von ihrer muslimischen Bevölkerung mittels Massenmorden zu säubern. In den nächsten Tagen erreichen uns Bilder, die die Welt darüber staunen lassen, über welche Kräfte die neuseeländische Gesellschaft verfügt, wenn sie ihre besten Traditionen verteidigen möchte. Die Regierungschefin Ardern und zahllose Frauen tragen bei den Trauerfeierlichkeiten für die Opfer des Anschlags Kopftücher, Maori-Motorradgangs fahren vor, tanzen ihre rituellen Tänze und postieren sich, nach alter Weise tätowiert, in Ledermontur vor den Moscheen, um die muslimischen Gläubigen zu schützen.

In Deutschland erklärt die AfD den Attentäter flugs zu einem ökologisch orientierten Krieger, der von Greta Thunberg und »Fridays for Future« angeregt worden sei. Der türkische Ministerpräsident Erdogan hat im Attentäter hingegen den versprengten Kreuzfahrer erkannt, der den jahrhundertelangen Krieg des Westens gegen den Islam fortsetzen wollte, und lässt seinen außenpolitischen Sprecher erklären, der westliche Kreuzzug würde von der Türkei in Blut ersäuft werden. Der Vorsteher der größten Moschee Neuseelands, Ahmed Bhamji, hat einen anderen Täter ausfindig gemacht und gegen den Protest seiner neuseeländischen Glaubensgeschwister erklärt, der Mossad, Israel, das Weltjudentum habe sich den Attentäter zum willenlosen Werkzeug erkoren. Bei so viel Protest musste Erdogan nachlegen, er verlangt von der neuseeländischen Regierung, unverzüglich die Gesetze des Landes so zu ändern, dass der Attentäter der Todesstrafe nicht entrinnen könne.

Der Rabbi liest. Der populäre Wiener Rabbiner Paul Chaim Eisenberg war in Salzburg und erzählte im Literaturhaus jüdische Witze. Der Raum war gerammelt voll wie selten, was nicht zu verwundern braucht, wenn man nur an die vielen Enkelkinder von Salzburger Nazis denkt.

Verlangsamung. Einer wie Wolfgang Männer hat mir bisher gefehlt. Den 1948 geborenen Maler, Schnitzer und Weitwanderer habe ich zum ersten Mal gesehen, als er mit Wanderstab, in einer abgeschabten langen Lederhose, am Haupt einen Filzhut, im Gesicht seine von innen leuchtende Weltneugier, vor meiner Tür stand. Und doch kenne ich ihn schon seit Jahrzehnten, ich bin ihm in den Büchern meiner Kindheit begegnet und an manchen Orten, in die es mich als Erwachsenen verschlug. Er ist mir aus den Epen, den Romanen der Romantik, von all den Erzählungen vertraut, in denen ich lesend auf Abenteuer ging; und als Gestalt, die an stillgelegten Bahnhöfen und staubigen Straßen in der Provinz, auf Inseln oder im Gebirge an mir vorüberzog. Sein Bild ist gleichermaßen in meiner Imagination und Erinnerung gegenwärtig: Er ist der Wanderer mit Stock und Hut, der bedächtig ausschreitend, in sich versunken und zugleich der Welt hingegeben seiner Wege geht.

Mag er ein Ziel haben, ist es doch seine Begabung, dieses aus den Augen zu verlieren, sobald sich ihm die Gelegenheit bietet, eine andere Richtung einzuschlagen, vom vorgegebenen Plan abzuweichen oder dort zu verweilen, wo er nur kurz vorbeischauen wollte. In Reichenau an der Rax wohlbehütet aufgewachsen, ist er als junger Mann von der vorgegebenen Bahn abgebogen und gleich beim ersten Mal so weit gegangen, wie ihn die Beine trugen, nach Holland, und von dort per Autostopp und mit dem Schiff weiter nach Skandinavien. Mehr als vier Jahrzehnte ist er schon als bedächtiger Weitgeher unterwegs auf allen Kontinenten, und stets kommt er mit geschnitzten Wanderstöcken zurück, bei deren Bearbeitung und Verzierung er sich mit der Kunst der Einheimischen auseinandersetzte.

Er ist immer Erzähler, ob er schreibt oder schnitzt. Sagt man von einem, er erzähle hölzern, ist damit gemeint, dass seine Sprache unbiegsam, nicht fein nuanciert sei. Gerade umgekehrt gibt Männer dem Holz, dem Hölzernen gleichsam die sprachliche und erzählerische Geschmeidigkeit zurück. Als er Monate in der onkologischen Station eines Krankenhauses verbringen musste, fand er dort bald einen Platz, an dem er tun konnte, was er seit Jahrzehnten tat, nämlich Wanderstöcken all das einzuschnitzen, was er erlebte und erlitt, und die Ärztinnen, Pfleger, Patienten, die ihn bei dieser Arbeit, diesem Vergnügen beobachteten, wussten seine »hölzerne Sprache sehr bald zu lesen«, wie er sagt.

Die Stöcke Männers zeugen im doppelten Sinne von einer rätselhaften wie bewundernswerten Empathie: von der des Schnitzers und Wanderers, der überall der Welt zugetan ist, und sei es an einem Schreckensort wie der Krebsstation; und jener, die ihm von den Menschen entgegengebracht wird, die er trifft und die er bald für seine Arbeit, auch wenn sie diese anfangs für den Spleen eines Kauzes halten mochten, interessieren, begeistern kann. Natürlich gibt es Menschen, die ein besonderes Talent besitzen, Freunde zu gewinnen und noch unter ungünstigen Verhältnissen die Ahnung von Glück zu verspüren. Vermutlich gehört Männer zu ihnen, und doch bin ich mir sicher, dass es das hölzerne Erzählen ist, das ihn dazu befähigt, selbst in bedrückenden Erfahrungen etwas Lichtes zu bemerken und sogar gleichgültige oder gar missgünstige Menschen zu verzaubern.

Der Erzähler und Wanderer taucht bereits am Beginn unserer Kulturgeschichte auf. Als Odysseus möchte ich Wolfgang Männer aber nicht bezeichnen, denn jener Mann auf seinen Irrfahrten wird als listenreich und rachsüchtig gezeichnet, während Männer nicht auf List und Hinterlist setzt, sondern auf die Kraft seiner Arglosigkeit. Als er zum ersten Mal bei mir anläutete, hatte er den Blindband eines geplanten Buches bei sich, in dem Hunderte seiner schulterhohen Stöcke abgebildet und jene Geschichten abgedruckt sind, die er selbst über diese so charmant zu erzählen weiß. Bei weiteren Besuchen hat er mir drei herrliche Wanderstöcke als Geschenk vorbeigebracht, sie sind aus hellem Holz und mit unzähligen Kerben, Ringen, Vertiefungen, floralen Mustern, skripturalen Zeichen versehen: Der erste erzählt Episoden aus seinem Aufenthalt in der Krebsstation, den er als Gelegenheit begriff, auf eine besondere Lebensreise zu gehen, ohne sich vom Ort wegbewegen zu müssen; der zweite berichtet, was meine Frau ihm von ihrem Beruf und aus ihrem Leben erzählt hat, und der dritte ist die Nacherzählung einer Reisegeschichte von mir in der Sprache des Holzes.

Womit ich mir die Geschenke verdient habe? Männer erkor mich nach Lektüre meiner Reisebücher zum Wesensverwandten, aber dabei handelt es sich um einen jener sinnvollen, produktiven Irrtümer, ohne die wir ärmer und dümmer wären. Denn ich bin gar kein Wanderer, erst recht kein praktizierender Philosoph des langsamen Gehens und schon gar kein bedächtiger Mensch. Männer ist ein Lebenskünstler der Verlangsamung, von denen ich im Leben manche traf und die es mit mir in der Regel nicht leicht hatten, denn wie sie durchs Leben gehen, Gespräche führen, die Dinge betrachten, ist mir wesensfremd. Die Geduld, die ich oft genug rühme, geht mir ab, sie ist kein Charakterzug von mir, sondern eine Haltung, zu der ich mich bisweilen zwinge, etwa wenn ich auf Reisen gehe und die Fremde nach ihrem Maß erfahren möchte. Die Selbstdisziplinierung gelingt mir stets nur für kurze Zeit. Dann springe ich wieder wie von selbst vom einen zum anderen, was offenbar die seit je für mich vorgesehene intellektuelle Bewegungsform darstellt.

Vom Altern. Der 65. Geburtstag naht, es gelingt mir nicht, ihn gleichmütig wie den Sechziger zu nehmen. Warum? Weil die fünf Jahre seither so viel schneller vergangen sind, als ich es von dieser Zeitspanne bisher kannte. Und weil diese Beschleunigung noch zulegen wird, ich also damit rechne, dass die Jahre nicht nur immer weniger, sondern auch immer schneller vorübergehen werden. Das ist eine unüberbietbar triviale Klage, die ich gerade so von fast allen vernehme, die ein paar Jahre älter sind als ich. Aber es ist eine neue Klage, denn die Generationen vor uns haben sie nicht erhoben.

Meine Großeltern haben keineswegs geklagt, dass sie zu rasch alt geworden wären. Sie fanden, dass ihr Leben nicht wie im Flug vergangen war. Sie hatten zwei Weltkriege, den Tod einiger ihrer Kinder, den Neuanfang in einem anderen Land hinter sich, ihre Knochen waren morsch, ihre Seelen müde, ihre Gesichter zerfurcht. Und auch mein Vater hat sich nicht erstaunt oder bestürzt gezeigt, dass er eines Tages ins Pensionsalter und dann in eine Art von robuster Hinfälligkeit geraten war. Er war mit seinem Alter identisch und hat sich gerade so alt gefühlt, wie er seiner Geburtsurkunde zufolge und der von ihm gewählten Lebensweise entsprechend tatsächlich war.

Jahrelang hatte meine Schlamperei etwas Pragmatisches, wenn nicht Berechnendes: Ich vergaß Aufträge zu erledigen, die ich ohnedies nicht mochte, versäumte Termine, auf die ich mich niemals hätte festlegen sollen, verlegte Dinge, die mich störten, ich schlampte, wenn es mir das Leben leichter machte.

Es mehren sich die Akte unbeabsichtigter Schlamperei, die Serien störender Vergesslichkeit, die Unfähigkeit, den Überblick über das Wichtige zu bewahren, und die Dinge, die ich benötige, auch auf ihrem Platz vorzufinden.

Ein Verlust. Ich kannte ihn als jähzornigen Mann. Nicht als bösen oder gewalttätigen, nein, als guten Kerl, der nur manchmal von einem gewaltigen Zorn ergriffen wurde. Nach und nach hat er seinen Jähzorn eingebüßt, aber er ist deswegen nicht sympathischer geworden. Es ist, als zeuge der Verlust seines Jähzorns vom Verlust seines Interesses an der Welt. Er macht sich nichts mehr draus. Weder Kränkungen noch Ungerechtigkeiten sind es ihm noch wert, dass er sich darüber aufregte.

Zwei alternde Autoren. Die Bücher des einen werden immer kürzer, aber deswegen nicht besser, weil sein Gedächtnis keine langen Handlungsbögen und Motivketten mehr zuwege bringt und seine Ausdauer stark abgenommen hat.

Die Bücher des anderen werden immer kürzer und immer

besser. Wofür er früher 500 Seiten brauchte, das schafft er jetzt auf 180. Und in fünf Jahren wird er es in 96 unterbringen. Es ist kein langsames Verstummen, sondern – was bei manchen alten Menschen auch körperlich geschieht – ein Verlieren überflüssigen Fetts.

Ilse Helbich. Ohne Haus kommt ein ordentlicher Roman nicht aus. Dies ist der Ort, in dem sich die Geschichte einer Familie spiegelt und verbirgt, die Stätte, in der die Gespenster der Vergangenheit aus und ein gehen, Sinnbild von Aufstieg und Verfall. Am Ende kommen immer die Erben, räumen das Haus leer, verkaufen es oder reißen es ab.

Ilse Helbich hatte sich mit 65 Jahren ein Haus gekauft, weit genug entfernt von Wien, dass die Trennung von der Familie vollzogen war, nah genug, dass Kinder und Enkel sie gelegentlich besuchen kamen. Mit achtzig veröffentlichte sie ihren ersten Roman, die poetische »Schwalbenschrift«, und seither weitere Bände mit Prosa. Mit 85 widmet sie ihrem Haus eine geradezu fürsorgliche Geschichte, denn nichts anderes versucht sie, als dem armen, dem verunstalteten Haus die Würde zurückzugeben.

Als sie es ersteht, ist es roh, unansehnlich, Generationen haben sich an ihm mit Verbesserungen versucht, die Verschlimmerungen waren. Nach zwanzig Jahren hat die Erzählerin die meisten Umbauten wieder rückgängig gemacht, Wände niedergerissen, alte Gewölbe freigelegt. Dann weiß sie, dass sie im ehrwürdigsten Haus des Dorfes, in der uralten Thurn-und-Taxis'schen Poststation wohnt. Sie ist jetzt betagt, aber sie hat ein eigenes, ihr gemäßes Zuhause, nicht nur eine Bleibe. Und erstaunt stellt sie fest, dass ihr über der Arbeit am Haus und an der Literatur die »alte Hoffnungslosigkeit zergangen ist«.

So etwas muss man wohl als lichtes Alterswerk bezeichnen. »Nie zu früh aufgeben!«, ruft es uns zu. Dann können wir uns am Ende vielleicht doch in den Dingen wiederfinden, die wir um uns gruppiert haben, und in der Literatur, wenn sie nur davon erzählt, wie wir lernten, aufmerksam zu werden.

Der Grazer Dramatiker und Regisseur Ernst M. Binder ist gestorben. Das M. steht für Marianne, den Namen seiner ersten Frau, die vor vier Jahrzehnten bei einem Unfall ums Leben gekommen ist. Er hat ihn seither geführt, weil er die Geliebte »in mir begraben wollte«.

Letzte Ordnung machen. Als er begriff, dass seine Tage gezählt waren, begann mein fremder Freund H. sein kleines Reich zu ordnen. Als Erstes verschenkte er das Ersatzservice, zwölf Teller, kleine und große, mit den dazu passenden Tassen. So ging es weiter, bis er nur mehr zwei Gläser, zwei Tassen, je zwei kleine und große Teller und eine Garnitur Besteck überhatte. Dann nahm er sich die Schachteln mit den Ansichtskarten und Briefen vor, die er im Laufe der Jahre erhalten hatte, mit den Zeugnissen, Anerkennungsschreiben, Dokumenten. Am Ende landete alles im Container und beim Müll, bis auf ganz wenige Einrichtungsgegenstände und Kleidungsstücke. Es war, als wollte er sich aus der Welt verabschieden, wie er auf sie gekommen war. Nach 16 Monaten war die Wohnung nahezu leergeräumt, so verließ er sie, als er zum Sterben ins Krankenhaus ging.

Seine Art dagegenzuhalten. Seine Vergangenheit wächst, immer größer wird sie. Aber lebensklug ist er bereits dazu übergegangen, sich um das Große nicht zu scheren. Sein wachsender Reichtum ist das immer Kleinere.

Meine Lieblingsgreisin. Heiteren Sinnes sagt sie mir, dass sie Lust hätte, eine Liste zu erstellen mit all den Dingen, für die es jetzt zu spät sei.

Ein Abend unter Freunden. Wir erzählten einander Geschichten aus der gemeinsamen Vergangenheit, aber bei fast allen waren wir uneins. Der Streit kam nicht vom Fleck, weil um uns die Erinnerungslücken wuchsen.

N. erzählt mir vom Besuch bei ihrer Mutter im Pflegeheim, die zum Abschied einen Wunsch geäußert habe: »Am liebsten würde ich aufschlafen und nie mehr einwachen.«

Er geht durch die Straßen, die er kennt, und hofft, etwas Neues zu entdecken. Er findet nichts und fragt sich, ob sich nichts geändert hat oder er die Fähigkeit verliert, geduldig hinzusehen.

Meine ordinäre Demenz: Am Ende der Woche nicht sagen können, womit ich sie herumgebracht habe.

Ein schwerer Fehler: seinen Gegnern treu ergeben bleiben. An der Feindschaft festhalten heißt seine Feinde an der eigenen Biographie mitschreiben lassen.

Ich will immer alles verstehen. Einzig um das, was mich antreibt, habe ich mich nie gekümmert, ich habe mich als das mir Gegebene schlichtweg akzeptiert. Darum habe ich in meinem 65. Jahr keine Ahnung, was meine innersten und stärksten Antriebskräfte sind. Es nicht zu wissen, beruhigt mich sehr. Auch meine Schwächen habe ich weder zu verstehen, zu begreifen noch abzumildern, loszuwerden versucht, sondern mich mein Lebtag bemüht, gut mit ihnen auszukommen. Und da ich genügend von ihnen hatte, war das ein anspruchsvolles Programm, an dem ich nicht rundweg gescheitert sein möchte.

Bedenke, was der tschechische Regisseur Jiří Menzel bei der Feier zu seinem achtzigsten Geburtstag sagte: »Abgesehen davon, dass ich ein Genie bin, ist allzu große Bescheidenheit mein einziger Fehler.«

April 2018 – Mai 2019

Epilog

Am 18. Mai 2019 stand ich in der Holzkapelle Maria Schutz auf einem Hügel oberhalb des Dorfes Kostryno und staunte über die Anmut dieses in den Wäldern Transkarpatiens versteckten Bauwerks, als mich Jubel von draußen aus der Versenkung riss. Am Tag nach meinem 65. Geburtstag war ich in die Ukraine geflogen, um in Drohobytsch an einem Treffen teilzunehmen, das außer dem universitären Austausch auch der politischen, wirtschaftlichen, kulturellen Zusammenarbeit zwischen der Oblast Lwiw und dem Bundesland Salzburg gewidmet war. Das Programm war dicht gedrängt, und die Teilnehmer, die aus ganz Österreich gekommen waren, wurden von den Gastgebern mit Imbissen, Komplimenten, Schnapsverkostungen, Stadtführungen, Bibliotheksbesichtigungen verwöhnt. Als das Treffen nach drei Tagen zu Ende ging, schlossen sich einige der Autorinnen und Wissenschaftler einer Reisegruppe an, für die Jaroslaw Lopuschansky, ein charismatischer Professor der Universität Drohobytsch, eine Fahrt durch Transkarpatien organisiert hatte. Es handelte sich um rund drei Dutzend im Pensionsalter angekommene Österreicher und Österreicherinnen, die einem Verband katholischer Akademiker angehörten und jenes weltoffene, weltneugierige Bildungsbürgertum repräsentierten, das sich in seiner alten bürgerlichen Partei kaum mehr heimisch fühlen konnte, war diese doch in den Besitz einer Jugendbewegung übergegangen, deren einzige Vorstellung von Bildung im Bilden von Netzwerken bestand. Die noch auf traditionelle Weise hochgebildeten Leute unternahmen jedes Jahr eine Reise durch historische Regionen der Donaumonarchie und machten sich nun daran, zum ersten Mal Transkarpatien, das Grenzland zwischen Ungarn, der Slowakei und der Ukraine, zu erkunden. Der Westen der Ukraine ist eine kontaminierte Landschaft Europas, wie Martin Pollack es genannt hat, man fährt über Schlachtfelder und vorbei an Stätten der Vernichtung, wo die Schtetl-Juden von den Nationalsozialisten zusammengetrieben und ermordet worden waren.

Am Samstag waren wir mit unserem Bus von Uschhorod, seit je die kleine Metropole im national reich aufgefächerten Transkarpatien, rund sechzig Kilometer in südlicher Richtung gefahren, bis wir in Kostryno einen Halt einlegten. Alle, selbst die ältesten der katholischen Akademiker, die nicht mehr gut bei Fuße waren, stapften den Hügel hinauf, auf dem die Kapelle in wundersamer Ruhe stand. Ein zugleich scheuer und selbstbewusster Dreißigjähriger empfing uns, seine schwarzen Mönchskleider wie seine Stiefel waren lehmig verschmutzt von der Arbeit im Wald. Er stellte sich als Abt des Klosters vor, das neuerdings wieder von einer Handvoll junger Männer bewohnt wurde, und erzählte mit leiser Stimme, wie er hierher, an diesen abgelegenen Ort gekommen war. Mitten im Leben hatte er den Ruf Gottes vernommen und hinter sich gelassen, was er sein altes Leben vor der Erleuchtung nannte. Als er ins Kloster eintrat, habe er ein dreifaches Gelübde abgelegt: Der Gehorsam galt Gott allein, keiner Kirchenobrigkeit; die Armut verstand sich in dieser Welt der Lüge, des Scheins, der Käuflichkeit von selbst; und die Keuschheit? Als er bei ihr angelangt war, blickte er in seiner Demut fast ein wenig hochmütig in die Runde, aus der ihn nicht nur etliche Männer, sondern auch ein paar junge und mehrere ältere Frauen neugierig anblickten. Der ernste junge Mann war für Scherzworte, mit denen er die Situation hätte überspielen können, nicht zu haben, überhaupt stand ihm, der sich seiner Mission als Abt eines russisch-orthodoxen Klosters im äußersten Westen der Ukraine in jeder Geste, jedem Satz bewusst zu sein schien, der Sinn nicht nach Späßen. Die Stimmung in der dunklen, von flackernden Kerzen nur schwach erleuchteten Kapelle war ernst, geradezu feierlich, doch draußen wurde auf einmal gelacht.

Als ich nachschaute, sah ich einige aus unserer Fahrgemeinschaft um den Musilforscher G. stehen, und fast alle lachten sie, oder sie schüttelten ungläubig den Kopf, die Kongressteilnehmer aus Salzburg, Graz, Innsbruck und die katholischen Akademiker aus Wien. Was war geschehen? Der stets hilfsbereite G., als Jüngster mit der digitalen Technologie am besten vertraut, hatte über sein Smartphone eben, kurz nach 14 Uhr des 18. Mai 2019, vor der Kapelle Maria Schutz in Kostryno in Transkarpatien erfahren, dass ein Video, aufgenommen in Ibiza, Österreich in seinen politischen Grundfesten erschütterte. Was er von dem Video und der Pressekonferenz des Vizekanzlers Strache berichtete, war bestürzend und abstoßend, aber nach einer Schrecksekunde fand es doch niemand überraschend, sieht man davon ab, dass es nicht vorherzusehen war, dass ein solches Dokument der Selbstoffenbarung an die Öffentlichkeit gelangen könnte. Das Charakterbild, das Strache, berauscht vom Alkohol und der halluzinierten Machtfülle, die ihm zum Greifen nah schien, von sich selber zeichnete, unterschied sich nicht so sehr von dem, das sich ein jeder in den vergangenen Jahren von ihm hatte machen können. Bald waren alle Mitreisenden auf dem kleinen Platz vor der Kapelle versammelt, ein erregtes Palaver setzte ein, das zu einem nahezu einhelligen Ergebnis kam: dass diese Koalition aufgekündigt werden und die Regierung zurücktreten müsse; eine Regierung, die ihre Ziele resolut in einer Art von eisiger Überhitzung verfolgt hatte, sodass sie sich einiger Erfolge rühmen durfte, die mir als echte soziale und zivilisatorische Rückschritte erschienen.

Ich wusste damals noch nicht, dass sich die politischen Ereignisse überstürzen würden, die Koalition, die es niemals hätte geben dürfen, auseinanderbrach, dem Bundeskanzler das Vertrauen im Parlament entzogen wurde, von dem er sich, voller Verachtung für Wesen und Wert des Parlamentarismus, trotzig mit den Worten verabschiedete, »das Parlament hat bestimmt, das Volk wird entscheiden«. Ich wusste nicht, dass der Bundespräsident die Schönheit und Eleganz der Verfassung rühmen würde, an der er all die ungewöhnlichen Dinge bemaß, die folgten: etwa eine Übergangsregierung aus Experten, die bald eine bedenklich hohe Zustimmung in der Bevölkerung fand, als würden es die Österreicher bevorzugen, ihre Republik nicht mehr von Politikern regieren, sondern von Beamten verwalten zu lassen. Ich verschwendete keinen Gedanken darauf, dass sich nach einigen Monaten eine andere Regierung bilden würde, der halb Europa interessiert zuschaute, wie ihr Experiment – die Koalition zwischen einer neokonservativen und einer altgrünen Partei – ausfallen werde. Und ich hatte keine Ahnung, dass jenes Video, von dem wir in Kostryno erstmals hörten, uns noch Jahre später beschäftigen würde. Der Abgrund, der sich auftat, wurde immer tiefer, bis schließlich jene, die der Käuflichkeit und Korruption verdächtigt wurden, diese gar nicht mehr bestritten, sondern als läppische Usance des politischen Geschäfts rechtfertigten und der Präsident des Nationalrats die Lüge zu einer Option erklärte, die zu wählen Politiker sogar bei Befragungen durch einen parlamentarischen Untersuchungsausschuss das Recht haben sollten.

Für das ganze Jahr 2019 hatte ich kleine und größere Reisen geplant und mich auf eine für meine Verhältnisse lange Lesetour begeben. Doch hatte ich, den Abt vor Augen, der aus dem Getriebe der Welt in das Gebet im Wald geflüchtet war und über sich vom Sonnenaufgang zum Sonnenuntergang den Wechsel von Arbeit und Kontemplation verfügt hatte, keineswegs befürchtet, dass ich im Spätherbst zu schwächeln beginnen könnte. Nach einem Wort des spanischen Erzählers Rafael Chirbes hatte ich mich stets als »sesshafter Reisender« gefühlt, als einer, der häufig aufbrach, aber auch gerne zurückkehrte. Ausgerechnet in dem Jahr, in dem ich die »Abenteuerliche Reise durch mein Zimmer« veröffentlichte, hatte ich mich jedoch zu lange aus diesem entfernt, sodass ich mich in der Fremde nach dem Zimmer zuhause, nach der Sesshaftigkeit zu sehnen begann und ich mir schließlich all die Städte, in die ich geriet, nicht mehr erschloss, sondern antriebslos in Hotelzimmern herumsaß.

Ich wusste noch nicht, dass ich, unzufrieden mit mir selbst nach Hause zurückgekehrt, am 5. Dezember 2019 in Salzburg ins Mozarteum gehen würde, weil meinem Freund Hans Eichhorn der Georg-Trakl-Preis für Lyrik überreicht wurde. Aber als ich ihn sah, wie er, ausgekargt von schmerzhafter Erkrankung, langsam in einem um ihn schlenkernden, viel zu groß gewordenen Anzug auf die Bühne trat und mit fester Stimme seine Dankesrede hielt, die eine grüblerische, doch selbstbewusste Abschiedsrede an das Leben war, begriff ich, wie vermessen es war, mir selbst leidzutun, weil mich die lange Reise ermüdet hatte, wo doch für meinen Freund das Ende aller Reisen nahe war. Eichhorn war Dichter, Maler – und Berufsfischer, einer der letzten vom alten Stand der Attersee-

Fischer. Er hatte mich auf seinem Boot zwei Mal mitgenommen, und damals lernte ich das Staunen darüber, dass die ebene, eintönig gleiche Fläche, als der sich mir der See darbot, für ihn eine abwechslungsreiche Landschaft aus Wasser war. Mit seinem See hat er nie abgeschlossen, in Hunderten Gedichten hat er seine ewige Präsenz beschrieben, in Hunderten Bildern seine stete Veränderung festgehalten.

Drei Monate später, im März 2020, würde sich eine große Trauergemeinde in der Kirche Attersee versammeln, dann auf den Friedhof ziehen und schließlich im größten Wirtshaus der Region dicht an dicht beisammensitzen, wo es bald laut und dem Anlass angemessen lebendig zuging. Die Leute erzählten einander, wie sie den Verstorbenen kennengelernt und wann sie ihn zum letzten Mal gesehen hatten, und so reihten sich Anekdoten, wahre und erfundene Geschichten aneinander, deren Held stets der abwesend Anwesende war. Die Trauergäste waren von weit hergekommen und aus der Gegend um den Attersee, Gescheiterte und Erfolgreiche, Bauern und Bohemiens, die ganze soziale Sippschaft eines Lebens. Es war, wie es sein soll: Ein Begräbnis ist keine intime Verabschiedung, bei der jeder in seine eigene Trauer versinken mag, sondern ein Tribut an den Toten, zu dem sich ganz verschiedene Menschen für kurz zu einer Gemeinschaft vereinen. Es war das letzte Begräbnis alter Zeitrechnung, an dem ich teilnahm, denn wenige Tage später verkündete die österreichische Regierung den Lockdown, dessen sinnvolle Vorschriften dem widersprachen, was bisher ein Begräbnis ausgemacht hatte und uns, den Lebenden, bei der Verabschiedung teuer gewesen war.

An jenem Maitag im Wald von Kostryno wusste ich von all dem noch nichts, nichts vom Tod dieses einen besonderen Menschen, nichts von der Pandemie, die den Tod vielen bringen würde, von denen auch ein jeder ein besonderer Mensch war, und ich beschäftigte mich auch noch nicht mit der Frage, wie wir in sieben Monaten den Silvesterabend 2019 verbringen würden, zumal wir es seit Jahren ohnedies auf dieselbe Weise hielten. Stets fand sich bei uns dieselbe Runde von Freunden ein, die nie einer Meinung waren, sodass die Gespräche meist heftig hin und her wogten und in der Rückschau aufs vergangene und im Ausblick aufs neue Jahr mit witzigen Wortgefechten und freundschaftlichem Spott nicht gespart wurde. Doch dieses Mal wollte sich die gewohnte Silvester-Stimmung nicht einstellen. Eine von uns rühmte die Jugend der Welt, die mit Greta Thunberg ihre Zukunft zu verteidigen begonnen habe, ein anderer höhnte über die Inszenierung von Gretas Atlantiküberquerung auf einer Hightech-Segelyacht, die einem Geschäftsmann aus der monegassischen Fürstenfamilie gehörte, ein dritter langweilte, je heftiger er über Trump zeterte, die anderen Gäste nur umso mehr, eine vierte begann von den Enkelkindern zu reden, die zu bekommen ihre Töchter sie immer aufs Neue hinhielten, und langsam sickerte der Verdruss in die Unterhaltung.

Immerhin einer sah frohen Mutes in die Zukunft: ich. Auf die Frage, was mir 2020 bringen werde, konnte ich erleichtert ankündigen, dass ich dieses Jahr überwiegend zuhause zu verbringen gedachte. Von Lesungen und Tagungen würde ich mich fernhalten und den Stubenhocker in mir, dem ich allzu lange keine Chance zur Entfaltung mehr geboten hatte, wieder in sein Recht setzen. Aufs Schönste stand mir vor Augen, dass ich mich, statt im Zug oder in irgendeinem Hotelfoyer zu sitzen, endlich einem lange aufgeschobenen Projekt würde widmen können: dem Aufräumen des Dachbodens, auf dem sich das Gerümpel und die Erinnerungsstücke von 25 Jahren angestaut hatten. Ich wusste, als ich im Mai 2019 vor dem Kloster in Transkarpatien stand, weder, dass ich am Ende des Jahres auf solche Ideen kommen würde, noch, dass sich meine privaten Pläne für 2020 in manchen mit jenen Verordnungen für ein reglementiertes Leben vereinbaren ließen, die in diesem Jahr von den Regierungen in aller Welt erlassen wurden.

Ich hatte mir bereits 2014, zu meinem sechzigsten Geburtstag, vorgenommen, genau fünf Jahre lang Tagebuch zu führen und aufzuschreiben, was mir auffiel und was ich mir ausgemalt, vorgestellt, erträumt, gedacht hatte, und dann aus den Aufzeichnungen – die schließlich zwanzig Hefte mit meiner auch von mir selbst nicht leicht zu entziffernden Schrift füllten – ein Journal zu bauen, das für meine Anwesenheit auf der Welt und in meinem eigenen Leben zeugen würde. Nichts hatte mich davon abbringen können, fast täglich ein paar Zeilen niederzuschreiben, einen Gedanken, eine Beobachtung festzuhalten, weder Tage des Glücks noch des Verdrusses, nicht Faulheit und auch nicht konzentrierte Arbeit, nicht die Geselligkeit, nicht öffentlicher Streit und auch nicht Krankheiten oder Sorgen. Und jetzt, fünf Jahre später, würde ich mich durch nichts davon abbringen lassen, mich dieser Chronik zu widmen, um mir diesen einen Abschnitt meines Lebens so zu vergegenwärtigen, dass ich mich selbst in meiner Zeit würde entdecken können. Und während ringsum alle darangingen, ihre Corona-Tagebücher zu schreiben, habe ich den Verlockungen widerstanden, an der gegenwärtigen Gegenwart mitzuschreiben. Denn um Mitschrift ist es mir nie gegangen, und die Geschichte hat kein Ende, ein Buch aber schon.

Inhalt

Karl-Markus Gauß

Abenteuerliche Reise durch mein Zimmer

224 Seiten. Zsolnay 2019

Abenteuer suchen viele in der Ferne, Karl-Markus Gauß findet sie in nächster Nähe: im Reich der Gegenstände. Er begibt sich auf eine Reise, für die er sein Zimmer nicht zu verlassen braucht, mit der er uns aber durch verschiedene Zeiten und viele Länder führt. Es sind stets die Dinge des Alltags, die er preist und in denen er die Vielfalt und den Reichtum der Welt entdeckt. Dadurch erfahren wir von tapferen und merkwürdigen Menschen, von entlegenen Regionen, unbekannten Nationalitäten und nicht zuletzt von den Vorlieben des Verfassers selbst.

»Funkelnde Erzählstücke, ein kluges, geschichts- und geschichtensattes Buch.«

Manuela Reichart, Deutschlandfunk

»Vielleicht ist Gauß tatsächlich vor allem das: ein großer Philosoph des Verschwindens, des Verschwindenden, der Menschen und Dinge, Verstummtes und Vergessenes ins Gedächtnis retten will.«

Andreas Wirthensohn, *Wiener Zeitung*

Karl-Markus Gauß

Die unaufhörliche Wanderung

Reportagen

208 Seiten. Zsolnay 2020

Was man immer schon von Karl-Markus Gauß lesen wollte: Ob er über einen muslimischen Sommelier im albanischen Berat berichtet oder die verblüffende Geschichte des größten Truppenübungsplatzes Mitteleuropas erzählt, ob er den Reichtum der europäischen Sprachen preist oder die sensationshungrigen Gaffer von heute mit den Besuchern der Gladiatorenkämpfe von einst kurzschließt, immer folgen wir den Spuren eines feinfühligen Flaneurs, der aus Einzelheiten ein welthaltiges Ganzes formt.

»Erneut zeigt sich Gauß als eminenter Kenner der osteuropäischen Kulturen und als kritischer Beobachter der Zeitgeschichte. Die Gabe anschaulicher Schilderung verbindet sich bei ihm mit gedanklicher Prägnanz.«

Manfred Papst, *NZZ am Sonntag*

»Begegnungen, Beobachtungen und Betrachtungen – Karl-Markus Gauß versteht es nicht nur, sein Interesse auf das Entlegene zu richten, sondern das Gesehene auch auf stilistisch feine, zuweilen ironische, manchmal anteilnehmende, immer aber präzise Weise in Literatur zu verwandeln.«

Ulrich Rüdenauer, *Südwest Presse*